비즈니스 모델을 혁신하는
5가지 길

비즈니스 모델을 혁신하는 5가지 길

초판1쇄 발행 2019년 9월 10일

지은이 은종성
펴낸이 제이슨
펴낸곳 도서출판 책길

신고번호 제2018-000080호
신고년월일 2018년 3월 19일

주소 서울특별시 강남구 테헤란로2길 8, 4층 (우.06232)
전화 070-8275-8245
팩스 0505-317-8245
이메일 contact@bizwebkorea.com
홈페이지 bizwebkorea.com / oneceo.co.kr / interviewer.co.kr
페이스북 facebook.com/bizwebkorea   **인스타그램** instagram.com/bizwebkorea
블로그 blog.naver.com/bizwebkorea   **유튜브** youtube.com/c/jongseongeun

ISBN 979-11-963976-3-0 03320

이 도서의 국립중앙도서관 출판예정도서목록(CIP)은 서지정보유통지원시스템 홈페이지(http://seoji.nl.go.kr)와 국가자
료종합목록 구축시스템(http://kolis-net.nl.go.kr)에서 이용하실 수 있습니다.(CIP제어번호: CIP2019031711)

비즈니스 모델을 혁신하는
5가지 길

은종성 지음

5 BM-innovation ways

책길

추천의 말

혁신을 정의하라고 하면 새롭고 놀라운 것을 창조하는 과정이라고 말하지만, 그 비결은 행운이나 예술의 영역에 속하는 것이라 오해하며 막막해한다.

이 책은 5가지 차원으로 혁신을 바라보며 실행에 옮길 수 있는 구체적인 가이드를 제시함과 동시에 고객이 지금껏 느낀 가치에 새로운 변화를 일으키는 활동이라는, 혁신의 진짜 정의를 이야기한다.

유정식 inFuture Consulting 대표, 《착각하는 CEO》 등의 저자

비즈니스 모델의 혁신을 위해서는 다양한 관점을 견지할 필요가 있다. 요즘과 같이 빠르게 변화할 뿐만 아니라 트렌드가 쉽게 변화하는 시대에는 그 변화에 맞게 다양한 관점을 가져가는

것이 매우 중요하기 때문이다. 그러므로 비즈니스 모델도 다양한 관점에서 바라보는 게 중요하다고 할 수 있다.

비즈니스 모델에 대한 다양한 관점을 알아가기에는 많은 시간과 노력이 필요하다. 이런 점에서 《비즈니스 모델을 혁신하는 5가지 길》은 비즈니스 모델 혁신을 고민하는 기업과 개인에게 여러 가지 측면에서 도움이 될 것이다.

박성혁 컴퍼니D 대표, 비즈니스 모델 · 경영혁신 전문가

은종성 박사는 참 열심히 공부하는 학자이자 비즈니스맨이다. 같은 분야를 공부하는 학자로서 존경하지 않을 수 없다. 그는 또한 새로운 비즈니스 환경 속에서 끊임없이 자기혁신을 통해 가치 있는 비즈니스 모델을 성공적으로 만들어가고 있다.

은종성 박사의 이번 책은 격변의 시대를 살아가야 할 기업들에게 비즈니스 모델을 혁신하는 5가지의 길을 제시하고 있는데, 풍부한 관련 사례와 깊이 있는 이론적 설명이 혁신에 관심 있는 독자들에게 교과서적이면서도 실용적인 지침을 제시하고 있기에 꼭 권하고 싶은 책이다.

송인암 대전대학교 경영학과 교수, (사)한국산업경제학회장

비즈니스를 둘러싼 불확실성이 점점 높아지고 있는 상황에서 비즈니스에 대한 혁신과 새로운 방향의 모색은 크기에 상관없이 모든 기업에게 점점 중요해지고 있으며, 기업의 생존을 위한

혁신의 노력은 이제 선택이 아닌 필수가 되어 가고 있다. 이런 상황에서 《비즈니스 모델을 혁신하는 5가지 길》은 기업이 당면한 혁신에 대한 내외부적인 압박과 고민을 해소하고 미래로 나아갈 방향을 제시하는 안내자가 될 것이다. 특히, 책에서 제시하는 경쟁과 비경쟁, 고객, 내부 그리고 비즈니스 모델 관점의 프레임워크는 비즈니스를 성장시키는 열쇠가 될 것이다.

최환진 이그나잇스파크 대표, 비즈니스 액셀러레이터

저녁 8시가 되면 도시가 어두워지고 있다. 택시는 손님이 없다고, 상점은 장사가 안 된다고 아우성이다. 경제 문제인가 봤더니 오프라인과 온라인 간 양극화가 커지고 있다. 전체적으로 산업구조의 변화가 일어나고 있으며, 다른 한편에선 산업 간 융합에 따른 업태 간 경계가 붕괴되고 있다. 이런 시작은 스마트폰을 중심으로 온오프라인이 연결되면서 제조와 생산영역에 걸쳐 변화를 만들어내고 있기 때문이다. 이마트와 쿠팡이 경쟁하고, 개인택시와 우버가 경쟁할 뿐만 아니라 앞으로는 자율주행과도 경쟁할 예정이다. 동네만 배달하던 시대에서 지역을 떠나 어디든 24시간 배달이 가능해졌다. 이 책은 이에 대한 현실을 직시하고 통찰력을 통해 비즈니스 모델을 혁신할 수 있는 방법을 제시하고 있다.

홍순성 스토리텔링 영상 제작자, 《나는 1인기업가다》 등의 저자

모든 기업에게 비즈니스 모델은 항상 고민거리일 수밖에 없다. 이 책은 경쟁, 기업, 고객 등의 개념을 바탕으로 비즈니스 모델의 혁신에 어떻게 접근할지를 체계적이면서도 풍부한 사례와 함께 제시하고 있다. 모두가 혁신을 외치고 있으나 진정으로 혁신을 창출하는 기업은 찾아보기 쉽지 않다. 이 책을 통해 한국에도 혁신적인 비즈니스 모델을 적용해 새로운 가치를 만들어내는 기업이 많아지기를 바란다.

최윤섭 디지털 헬스케어 파트너스 대표, 《의료 인공지능》 등의 저자

시작하는 글

가족, 친구, 직장 동료의 상품 구매과정을 지켜보면 공짜로 주어도 안 쓸 제품을 높은 금액으로 구입하는 경우가 종종 있다. "가격이 비싼 것 같은데 왜 구입했어?"라고 질문하면 '꼭 필요해서'라는 답변보다는 '이미지가 좋아서', '그냥 마음에 들어서' 등 감각적이고 충동적인 이유를 들을 때가 많다. 여기서 높은 금액이란 내 생각에 높은 것일 뿐, 제품을 산 사람은 적정하다고 느끼는 합리적인 가격을 말한다. 즉, 값이 비싸더라도 본인이 가치를 느끼면 그것은 적정한 가격이 된다는 말이다.

이러한 현상은 왜 나타날까? 사람마다 원하는 바가 다르기 때문이다. 예를 들어, 스마트폰의 연장선상에서 건강관리를 할 수 있는 스마트워치를 구매하고 싶어 하는 사람이 있는가 하면, 자신의 정체성을 표현할 수 있는 패션의 관점에서 전통적인 디자인과 기능을 가진 시계를 선호하는 사람도 있다. 이처럼 소비자는 자신의 취향이나 그가 속한 사회와 문화에 따라 서로 다른 반응을 보이기 마련이다.

소비자가 구매하는 것은 제품이 아니라 가치임을 인정한다면 고객에게 새로운 가치를 주는 모든 활동이 혁신의 대상이 된다. 나일론 기술은 인류의 의생활에 변화를 가져온 위대한 기술혁신이다. 반면, 샤넬은 치마 밖으로 여성의 다리가 나오는 스타일을 제안함으로써 디자인 혁신을 가져왔다. 샤넬의 디자인 혁신이 나일론 기술혁신에 비해 가치가 낮다고 평가할 수는 없다. 혁신은 위대한 발명가나 리더십이 충만한 리더가 이끄는 작업이 아니라 모두가 참여할 수 있고, 모두가 만들어갈 수 있기 때문이다.

성공한 기업들의 비즈니스 모델을 분석해 보면 과거에도 존재했던 방식이 많다. 예를 들어, 질레트가 100년도 전에 선보였던 면도기와 면도날 비즈니스 모델은 잉크젯 프린터와 프린터 카트리지, 네스프레소 커피머신과 커피캡슐 등에 적용되어 큰 성공을 거두었다. 에어비앤비와 우버로 대표되는 공유경제 비즈니스 모델도 과거에 임대라는 형태로 존재했던 방식이고, 구글과 네이버의 광고 비즈니스 모델은 과거 신문과 텔레비전이 사용했던 방식이다. 서브스크립션으로 불리는 구독 비즈니스 모델은 신문과 우유 배달에서 진화한 방식이다.

'하늘 아래 완전히 새로운 것은 없다.'라는 말에서 알 수 있듯, 완전한 무(無)에서 새로운 유(有)를 만들어내는 것만이 혁신은 아니다. 고객에게 새로운 가치를 주려는 모든 활동이 혁신이 될 수 있다. 다만, 과거처럼 기존의 제품과 서비스를 보완하고 개선하는 형태는 소비자들의 선택을 받기가 갈수록 어려워질 수밖에 없다는 점에 유의해야 한다. '혁신'을 기존의 '효율성'이나 '개선' 정도의 의미로만 해석해서는 안 된다.

그럼 비즈니스 혁신은 어떻게 시도해야 가능할까? 이에 대한 방법론으로 나는 이 책을 통해 비즈니스 모델을 혁신하는 5가지 길, 즉 '5BM-Innovation Ways'라는 개념을 제안한다. 비즈니스 모델 혁신에 대한 다양한 시각을 하나의 프레임으로 담아낸 '5BM-Innovation Ways'는 혁신을 '① 경쟁으로 바라볼 것인가?, ② 비경쟁으로 바라볼 것인가?, ③ 기업 중심의 내부역량 혁신을 할 것인가?, ④ 고객 중심의 경험을 혁신할 것인가?, ⑤ 이 모든 것이 유기적으로 맞물려 있는 비즈니스 모델 관점으로 바라볼 것인가?'로 구성하고 있다.

기업에게 비즈니스 모델 관점의 사고가 필요한 이유는 기업의 전략은 프로세스와 연결되어야 하기 때문이다. 어떻게 실행할 수 있을지를 고려하지 않고 새로운 것만을 발견하는 창의성은 무의미한 활동에 지나지 않는다. 반대로 지금 당장 할 수 있는 것에만 집중하는 일 또한 기업의 미래를 불투명하게 만들 뿐이다.

기업마다 놓여 있는 상황이 다르므로 '비즈니스 모델을 혁신하는 5가지 길'이 모든 기업에게 해법이 될 수는 없다. 그리고

'5BM-Innovation Ways'는 새로운 방법론이라기보다는 기존의 방법론을 하나의 프레임으로 해석한 이론이다.

오랫동안의 경험과 연구로 태어난 이 책이 기업의 비즈니스 모델 혁신에 실질적인 도움이 되기를 바란다.

은종성

Contents

● 1장 ●

비즈니스를 어디에서 혁신할 것인가?

● 2장 ●
첫 번째, 경쟁 관점의 비즈니스 모델 혁신

● 5장 ●
네 번째, 고객경험 관점의 비즈니스 모델 혁신

● 6장 ●
다섯 번째, 비즈니스 모델 관점으로 통합하라

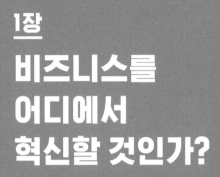

1장

비즈니스를
어디에서
혁신할 것인가?

1

비즈니스 모델 혁신이
왜 중요한가?

혁신은 어느 시대에나 존재했다

'디지털 트랜스포메이션', '파괴적 혁신', '4차 산업혁명' 등의 표현을 써가면서 기업과 개인이 혁신을 이야기한다. 재미있는 것은 '혁신'이라는 표현이 과거에도 존재했다는 점이다. 10년 전에 출간된 경영서에도, 20년 전에 출간된 경영서에도 혁신이라는 표현은 어렵지 않게 볼 수 있다. 이는 4차 산업혁명 시대가 되었기 때문에, 디지털로 전환되는 시대이기 때문에 '혁신'을 해야 하는 게 아님을 알려준다. 슘페터(Schumpeter)의 말처럼 자본주의는 경제구조 내부로부터 끊임없이 변혁이 일어나 낡은 것을 파괴하고 새로운 것을 만들어내는 창조적 파괴의 과정이 핵심이기 때문이다.

그럼에도 새로운 환경에 놓인 기업과 개인은 변화를 선택하기보다는 저항을 선택할 때가 많다. 특히, 자신에게 낯설고 익숙하지 않은 변화일수록 더 완강하게 저항한다. 카카오와 택시 회사 간의 갈등이 대표적이다. 현행법상 승차 공유로 돈을 버는 행위는 위법이다. 여객자동차 운수사업법에 따르면 사업용 자동차가 아니면 자가용을 유상으로 제공하거나 임대해서는 안 되게 되어 있다. 물론, 이를 알선하는 행위도 법 위반이다.

택시와 대립하고 있는 새로운 형태의 차량 공유 서비스 문제는 생각보다 단순치 않다. 택시는 국가가 면허를 주는 규제 운수 시장이므로 면허 없이 운수 영업을 하면 불법이 된다. 개인이 자신의 자동차로 택시 영업을 해서는 안 된다는 뜻이다. 택시 면허가 돈으로 거래되는 이유가 여기에 있다. 택시에 대한 권리를 국가와 사회가 보장해 주기 때문에 높은 권리금으로 거래가 될 수 있다는 말이다. 면허의 수는 제한되어 있고, 이는 일종의 기득권으로도 불린다.

이런 상황에서 차량 공유 서비스를 국가가 허용하게 되면 택시 영업의 시장질서는 깨질 수밖에 없다. 택시 권리금은 추락할 게 뻔하고, 그렇게 되면 수많은 사람들이 경제권에 심각한 타격을 입게 된다. 사실 택시 면허를 기득권이라고 분류하기에는 무리가 있다. 면허를 가진 이들은 성실히 한 푼 두 푼 모아 겨우 국가가 정한 대로 면허를 사고, 그걸 수단으로 생계를 유지해 온 우리의 이

웃 서민들이다. 혁신에 방해된다면서 그들을 사지로 몰아넣는 행위는 옳은 방법이 아니다.

또 그들에게 택시를 그만하고 다른 일을 찾아보라고 하기도 어려운 상황이다. 택시업계와 차량 공유업체는 협상의 파트너가 될 수 없다. 택시업계가 일방적으로 빼앗길 수밖에 없는 시장이기 때문이다. 그들이 거리로 나와 시위를 할 수밖에 없는 이유이기도 하다.

하지만 다른 한쪽의 주장도 충분히 설득력이 있다. 자동차는 소유보다는 공유의 개념으로 변화하고 있다. 제품이라기보다는 서비스로 바라보아야 한다. 이를 '모빌리티 서비스(Mobility as a Service, MaaS)'라고 정의하기도 하는데, 모빌리티 서비스 플랫폼을 통한 자율주행은 일반인의 삶은 혁신적으로 개선하겠지만, 세상의 모든 직업 운전자들에게는 엄청난 재앙이 된다. 택시업계는 자신들의 기득권을 지켜 달라고 하고, 차량 공유업체는 비효율을 제거해야 한다며 대립하는 사이에 운전이라는 직업 자체가 없어지기 시작할지도 모른다.

택시업계와 차량 공유업체의 충돌은 많은 산업에서 나타날 수 있는 하나의 단면일 뿐이다. 이처럼 새로운 혁신이 기존의 일자리를 없애는 문제로 이어질 가능성이 높으므로 국가적으로 혁신에 따른 안전장치가 준비되어 있지 않으면 큰 사회적 비용을 지불할 수밖에 없다. 결국, 혁신을 장려하면서도 혁신으로 도태되는 사람들을 보호하면서, 그들을 재교육시켜 다시 사회의 구성원으로 살아갈 수 있도록 해야 한다. 필요한 재원은 혁신을 통해 이윤을 거둔 기업이 내도록 하면 된다. 혁신은 이처럼 생각보다 간단한 문제가 아니다.

혁신은 또 마음가짐의 문제이기도하다. 앞으로 100년 동안 세상이 변하지 않는다면 우리에게 미래는 100년도 넘게 남은 일이지만, 앞으로의 10년이 과거 100년보다 빨리 변한다면 미래는 우리 코앞에 와 있는 것이기 때문이다. 생각에 따라 혁신을 대하는 태도가 달라진다는 뜻이다. 그런데 여기서의 문제는 새로운 환경에 놓인 기업과 개인은 혁신을 실천하기가 어렵다는 점에 있다. 아는 것과 실천하는 것은 다르다.

잊지 말아야 할 역사적 사실이 하나 있다. 기술이 가져다준 편리함에 인간은 너무나도 빠르게 적응할 뿐만 아니라 편리함을 경험한 인간은 과거로 돌아가지 않는다. 기득권을 지키려는 기업이 파업을 해도, 정부가 규제를 만들어내도 편리함과 효율성을 본능적으로 추구하는 인간의 관성은 거스를 수 없다. 새로운 시대에 적응하고 안 하고는 선택이 아니라는 말이다.

동네 카페의 혁신은 스타벅스를 이겨보려는 마음에서 시작되는 것이지 스타벅스의 신규 출점을 막아달라는 요구에서 생기지 않는다. 비싸다고 외면하던 편의점으로 소비자를 이끈 혁신상품은 '가까운 거리 편의점 출점제한'이라는 규제가 아닌, 동네 슈퍼마켓에서는 볼 수 없던 다양한 포인트 적립과 이벤트 상품들이었다.

고통스럽지만 시장의 모든 존재에게 혁신은 숙명이다. 택시기사도, 편의점 주인도, 우리 모두의 직업도 마찬가지다.

혁신이 어려운 몇 가지 이유들

변화가 급속도로 빨라지고 있는 환경에서 기업이 생존하기 위해서는 지금까지와는 전혀 다른 방식의 대응이 필요하다. 혁신은 특정한 목적을 이루기 위한 수단일 수도 있고, 그 자체가 목적이 될 수도 있다. 목적이 어떻든 혁신은 기업활동 전체에 큰 영향을 미친다. 주의할 점은 혁신은 회의실에서 만들어지지 않는다는 사실이다. 기업은 혁신 그 자체를 살아 있는 유기체처럼 다루어야 하며, 기업활동 전반에서 자연스럽게 배어 나와야 한다.

또 혁신의 필요성은 이해한다 해도 실행하기는 쉽지 않다. 아직은 시기상조라는 이유로, 당장 이익을 내기 어렵다는 이유로, 큰 투자가 필요하다는 이유로, 내부역량이 부족하다는 이유로 현상을 유지하려 하거나 저항을 선택하는 게 일반적이다. 변화가 크고 불확실할수록, 익숙지 않은 것일수록 혁신의 방향에 서기란 어려운 법이다.

기업들도 스스로 변해야 한다는 사실을 알고 있다. 그리고 이를 위해 직원들을 교육시키고, 프로세스를 개선하고, 새로운 시스템을 도입해 왔다. 하지만 문제는 노력이 아니다. 대응방식 자체가 잘못되었다는 데 있다. 에어비앤비(Airbnb)는 단 한 칸의 방도 없이 세계 최대의 숙박 공유 서비스로 자리매김했고, 우버(Uber)는 승객과 택시를 앱으로 이어주는 혁신적인 서비스로 운송업을 재정의하기에 이르렀다. 이처럼 제조, 서비스, IT 등 모든 산업에서 기존과는 다른 혁신적인 방식으로 접근하는 기업들이 증가하고 있다.

이런 상황에서 기존 기업의 대응방식인 '더 기획하라, 더 열심히 일하라, 더욱더 고객 친화적이 돼라, 더 장기적인 안목을 가져라' 등의 요구는 오히려 상황을 악화시키는 결과를 낳고 말았다. 신속한 시장 대응, 전사적 품질경영, 프로세스 리엔지니어링 같은 방법들도 더 이상 효과가 없기는 마찬가지다. 이미 투자된 설비, 기존 조직구조 등 내부 차원의 효율성과 안정성을 너무 고려하다 보니 기업의 대응방식 자체가 처음부터 본질적인 혁신에 다가갈 수 없었던 것이다. 심지어는 변화의 방향 자체가 왜곡되어 수습 차원에서 일이 진행되는 경우도 발생한다. 이런 형편이니 고객의 변화를 따라가지 못하는 기업의 대응방식은 기업 간 차이를 점점 벌려놓을 수밖에 없다.[1]

기업 환경의 변화도 영향을 미친다. 대부분의 산업이 성숙기에 접어들었으며 글로벌 기업들과 경쟁을 해야 한다. 가격을 무기로

---

1   클레이튼 M. 크리스텐슨 《혁신기업의 딜레마》 참조.

저가시장을 잠식했던 중국산 제품들은 언제부터인가 디자인이나 품질 면에서 경쟁력을 갖추기 시작했다. 치열한 경쟁 속에서 남들과 비슷한 제품이나 서비스는 더 이상 차별성이 없다. 기존 제품과 서비스와는 확연히 다른 것, 고객이 지금까지 경험하지 못한 것을 제공하고 싶은데 말처럼 쉽지 않다. 기업의 내부역량이나 시스템이 뒷받침되지 않는 상태에서의 혁신은 남의 이야기일 뿐이다.

시장에서 기회를 엿보았으나 타이밍이 안 맞을 때도 있다. 경쟁기업보다 더 좋은 제품을 만들어, 더 높은 가격에 팔아, 더 많은 이익을 내기 위해 앞으로 내달리다 시장의 요구 이상으로 너무 앞서나가는 경우이다. 성능과 가격 면에서 고객들의 니즈를 훌쩍 뛰어넘어 궁극적으로 그들이 지불할 의사가 있는 합리적인 가격보다 훨씬 더 높은 사양의 비싼 제품을 내놓는다.

새로운 시장은 기업이 혼자서 만들어낼 수 없다. 소비자들이 받아들일 준비가 되어 있어야 하고, 경쟁기업들도 적절히 참여해야 한다. '4차 산업혁명'의 실체가 없다고 평가되는 이유도 기업이 바로 적용할 수 있는 인프라가 부족하기 때문이다. 값비싼 스포츠카도 잘 닦인 고속도로와 주유소가 완비되어야만 그 가치를 발휘할 수 있다.

정보 수집방식의 한계도 문제이다. 기업이 현재 파악하고 있는 고객의 니즈나 시장에 대한 정보는 기존의 사업영역 범위에서 확보된 게 대부분이다. 고객의 의견, 개선 아이디어, 경쟁자 정보 등 수집된 정보 자체가 새롭지 않은, 이미 발생한 정보라는 말이다.

이러한 정보로는 기존 상품이나 사업영역에서 발생한 문제점을 어느 정도 개선할 수는 있으나 그동안 표현되지 않았던 잠재 니즈를 파악하는 데는 한계가 있다.

또 정보의 수집활동에서 정보의 단절도 발생한다. 연구개발, 기획, 마케팅 부서 등 조직의 각 분야에서 시장 상황과 고객의 니즈 등 다양한 정보를 수집하지만, 자신들의 업무 범위 안에서 제한적으로 수집하는 경우가 많다. 각 부문 간 정보의 공유가 있다 해도 필요하다고 생각하는 범위 내에서만 이루어진다. 새로운 시장은 기업 전체 차원에서 면밀하게 대응해야 확보할 수 있다. 따라서 기업 전체 관점에서 시장과 고객에 대해 더욱 확대된 정보를 지속적으로 수집, 분석, 공유함으로써 시장 변화에 대한 통찰력을 갖춘 후 대응해야 한다.

혁신은 누구에게나 어렵다

변화보다는 현상을 유지하려는 행동을 '현상유지편향'이라고 한다. 경제학자 윌리엄 새뮤얼슨(Paul Samuelson)과 리처드 잭하우저(Zeckhouser)의 연구에서 확인할 수 있다.

윌리엄 새뮤얼슨과 리처드 잭하우저는 대학생을 세 집단으로 나누어 실험을 했다. 첫 번째 집단에게는 대학 로고가 새겨진 머그컵과 스위스 초콜릿바를 선택하게 했고, 두 번째 집단에게는 머그컵을 먼저 준 다음에 스위스 초콜릿바와 교환할 수 있도록 했다. 그리고 세 번째 집단에게는 스위스 초콜릿바를 먼저 준 다음에 머그컵과 교환할 수 있도록 했다. 실험 결과 첫 번째 집단은 56%가 머그컵을 선택했고, 44%가 스위스 초콜릿바를 선택했다. 재미있는 점은 두 번째 집단과 세 번째 집단의 선택이었다. 두 번째 집단에서 머그컵을 초콜릿바와 교환한 학생은 11%였고, 세 번째 집단에서 초콜릿바를 머그컵으로 바꾼 학생은 10%였다. 90%의 참여자가 처음 받았던 물건을 유지한 것이다.[2]

현상을 유지하려는 이 같은 성향은 우리 주변에서도 흔히 볼 수 있다. 강의장 좌석은 지정석이 아님에도 대체로 앉던 자리에 앉게 된다. 운전을 할 때도 새로 생긴 도로보다는 익숙한 도로로 다니고, 미용실을 갈 때도 가던 곳만 간다. 자동차를 살 때도 비슷한 결과가 나타난다. 그랜저와 K7 사이에서 고민하던 사람이 그랜저로 결정하는 순간 그 차에 다른 차와는 비교할 수 없을 정도의 가치를 부여하게 되는데, 단점보다는 장점만을 보게 되며, 평소에는 눈에 들어오지 않던 TV 광고가 더 가깝게 느껴지기도 한다.

사람들은 과거부터 해오던 방식을 유지하고 싶어 한다. 자신이 변하지 않아도 큰 문제가 안 된다면 현상을 유지하게 되어 있다. 우리가 흔히 말하는 '복지부동'은 인간이 생래적으로 갖고 있는 문

---

2   문준연 지음 《이노베이터는 왜 다르게 생각할까》 참조.

제일 뿐 특정 직업군에 속하기 때문에 나타나는 현상이라고는 볼 수 없다.

그럼에도 혁신을 이야기할 수밖에 없는 이유는 변화의 속도 때문이다. 이언 모리스는 책 《가치관의 탄생》에서 "인간 가치관의 관점에서 향후 100년 동안 벌어질 변화는 지난 10만 년 동안의 변화보다 훨씬 광범위해질 것"이라고 예측했다. 그리고 돌아보면 우리의 삶은 변화를 받아들이는 정도에 따라 삶의 질이 달라져 왔음을 알 수 있다.

스마트폰으로 기차표를 예매하는 사람과 역 창구에 가서 기차표를 예매하는 사람 중 누구의 삶의 질이 높을까? 클릭 몇 번으로 생수를 배달시키는 사람과 마트에 가서 직접 무거운 생수를 구매하는 사람 중 누구의 삶의 질이 높을까? 빠른 속도로 변하는 세상에서 과거를 그리워하는 사람들은 사회와 점점 멀어질 수밖에 없다.

젊은이는 미래를 이야기하고, 중년은 현재를 이야기하고, 노인은 과거를 이야기한다는 말이 있다. 이는 비단 나이만을 의미하는 표현이 아니다. 현상을 유지하려 하기보다, 변화를 거부하기보다 적극적으로 세상과 소통하고 변화를 받아들이는 사람이 젊은이라는 의미를 담고 있다.

2
비즈니스 모델을 혁신하는 5가지 길

비즈니스를 어떻게 혁신할 것인가?

혁신은 바라보는 사람에 따라 상대적인 의미를 가진다. 테슬라 전기자동차는 현대자동차와 같은 내연기관 중심의 자동차 회사에겐 새로운 관점의 혁신이다. 테슬라는 자동차를 다른 관점으로 접근하기 때문에 기존 자동차 회사들의 핵심역량을 무력화시킨다.

그러나 소비자 입장에서 전기자동차는 기존의 차와 큰 차이가 없는 점진적 혁신에 해당한다. 휘발유에서 전기로 연료를 충전하는 방식만 바뀌었을 뿐 소비자 편익이 급진적으로 바뀐 게 아니기 때문이다. 이처럼 혁신은 주도하는 사람에 따라, 비교 대상에 따라, 놓여 있는 상황에 따라, 기술의 발전 방향에 따라 관점이 달라질 수 있다.

실행하는 주체에 따라서도 혁신은 상대적인 의미를 가진다. 신한은행과 카카오는 간편송금 서비스를 제공하고 있지만, 두 기업이 간편송금을 출시하기까지의 경로는 매우 다르다. 카카오톡을 중심으로 한 IT 회사인 카카오에게 금융업으로의 전환은 여러 가지 제약조건을 해결해야만 하는 큰 도전에 해당했다. 반면, 금융업이 주요 업무인 신한은행에게 간편송금 서비스 도입은 별로 어려운 일이 아니었다. 카카오에게 간편송금은 기업이 걸어온 길을 크게 수정해야 하는 일이었지만, 신한은행에게 간편송금은 현재의 경쟁력을 확장하는 수준일 뿐이었다.

또 혁신은 시간의 흐름에 따라서도 상대적인 의미를 가진다. 과거 아이폰은 산업 전반을 바꾸어 놓은 혁신이었지만 지금은 일반적인 것이 되었다. 아이폰이 처음 나온 이후 모든 것에 열광했던 사람들도 스마트폰 기술이 대중화되면서 이제는 몇 개의 기능이 조금씩 개선되는 정도에 불과하게 되자 더 이상 출시될 때마다 열광하지 않는다. 혁신은 하나의 단편적인 사건이 아니라 비즈니스 혁신에 대한 다양한 시각과 관점이 종합적으로 어우러져야 함을 우리는 이 아이폰의 예로 알 수 있다.

그럼 어떻게 해야 비즈니스 혁신을 시도할 수 있을까? 이에 대한 방법론으로 필자는 이 책에서 비즈니스를 혁신하는 5가지의 길, 즉 '5BM-Innovation Ways'라는 개념을 제안한다. 비즈니스 모델을 혁신하는 5가지의 길은 혁신에 대한 다양한 시각을 하나의 프레임으로 담아낸 것이다.

'5BM-Innovation Ways'라고 이름 붙인 이것은 혁신을 '① 경쟁으로 바라볼 것인가?, ② 비경쟁으로 바라볼 것인가?, ③ 기업 중심의 내부혁신을 할 것인가?, ④ 고객 중심의 경험을 혁신할 것인가?, ⑤ 이 모든 것이 유기적으로 맞물려 있는 비즈니스 모델 관점으로 바라볼 것인가?'로 표현할 수 있다.

경쟁 관점의 혁신은 어느 정도 시장이 고정되어 있다는 전제 아래에서의 지속적 개선을 이야기하고, 비경쟁 관점의 혁신은 새로운 시장의 발견과 같은 창조적 시각으로 바라볼 수 있다. 내부 관점의 혁신은 기업 내부에서의 혁신을 위한 끊임없는 움직임을 말하고, 고객 관점의 혁신은 고객 입장에서 어필하는 다양한 자극을 긍정적으로 받아들이는 것을 의미한다. 그리고 내부 관점, 고객 관점, 경쟁 관점, 비경쟁 관점의 정 중앙에는 비즈니스 모델 관점의 혁신이 존재한다. 혁신은 개별적으로 진행되는 사건이 아니라 여러 가지 요소가 복합적으로 결합되어 발생하는 것이기 때문이다. 물론, 서로 다른 유형의 혁신들은 다른 종류의 지식, 경험, 자원을 필요로 하며, 이는 산업의 경쟁자와 소비자에게도 다르게 영향을 미친다.

이것을 하나의 그림으로 나타내면 다음의 '비즈니스 모델을 혁

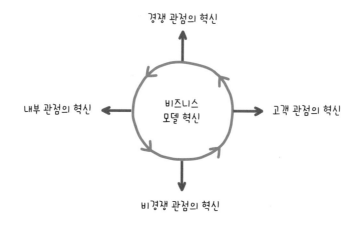

비즈니스 모델을 혁신하는 5가지 길
(5BM-Innovation Ways)

신하는 5가지 길'과 같다. 여기서 5가지의 축은 방향성을 설명하기 위해 편의상 정한 것일 뿐 어떤 방향이 더 좋음을 의미하지 않으므로 오해 없길 바란다.

첫 번째 길, 경쟁 관점의 비즈니스 모델 혁신

경쟁 관점의 혁신은 기업이 살아남기 위해 취할 수 있는 근본적인 옵션에 대한 이야기이다. 경쟁 관점을 설명하는 논리는 하버드대학교 경영대학원의 마이클 포터 교수의 《경쟁우위》에 나와 있다. 그에 따르면 기업은 전체 시장에서 경쟁할지 아니면 시장을 좁

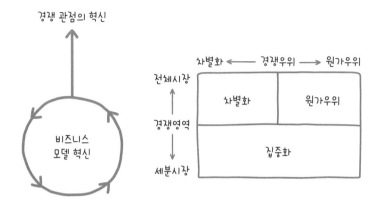

경쟁 관점의 비즈니스 모델 혁신

혀 틈새시장에서 살아남을지를 결정하고, 이후 선택한 시장에서 '원가우위로 싸울지', '차별화로 싸울지'를 결정해야 한다고 한다.

규모의 경제 및 학습과 경험을 통한 원가절감을 '원가우위 전략'이라 하고, 독특한 차별점이나 부가가치를 높여 파는 것을 '차별화 전략'이라고 한다. 또 틈새시장만을 공략하는 것을 '집중화 전략'이라고 하는데, 이는 다시 '원가 집중화'와 '차별적 집중화'로 구분된다.

원가우위 전략은 품질이 낮은 제품을 저렴하게 판매하는 박리다매와는 다른 개념이다. 원가는 낮지만 판매하는 상품의 품질은 경쟁자들의 것과 맞먹거나, 적어도 소비자들이 받아들일 수 있는 수준까지는 달성해야 한다.

코스트코는 멤버십 회원들을 모집해 창고형 할인매장에서 가격 경쟁력이 있는 상품을 판매하는데, 멤버십 회원들이 연간 회비를 내기 때문에 저렴한 가격을 위해 모든 역량을 집중한다. 대표적으로 하나의 국가에서는 하나의 카드만을 사용하도록 하는 제도를 들 수 있다. 하나의 카드사를 독점 구조로 지원함으로써 카드사에게 회원들의 매출을 몰아주면서 수수료를 낮추는 제휴를 통해 원가우위를 추구하는 전략이다. 이런 전략들이 규모의 경제, 학습곡선효과, 경험곡선효과로 이어지면서 원가를 더욱 절감시키는 형태로 발전한다.

생산원가나 공급원가가 낮아지면 기업들은 더 많은 선택을 할 수 있다. 예를 들면, 유통채널에 대한 판매 인센티브를 높임으로써 동기부여 수단으로 활용할 수 있다. 또 행사 등을 마련해 고객과 직접 커뮤니케이션을 진행할 수도 있다. 원가우위가 있는 기업은 다양한 마케팅 활동을 통해 브랜드 가치를 높이거나 고객 서비스를 강화할 수 있게 되는 것이다.

차별화 전략은 독특한 차별점으로 경쟁하는 걸 말한다. 나이키를 위협하는, 스포츠웨어의 신흥 강자로 떠오른 언더아머(Under Armour)는 스스로를 단순한 스포츠 의류가 아닌, 운동선수의 능력을 최대한으로 발휘할 수 있게 해주는 기능성 퍼포먼스(Performance) 의류라고 정의한다. 이렇게 나이키나 아디다스와 같은 기존 스포츠 의류 브랜드와는 차별화된 카테고리를 만들어내면서 새로운 시장을 창출했다는 평가를 받고 있다.

언더아머와 같은 차별화를 달성하려면 한 기업이 그 기업이 속한 산업 내에서 소비자들에게 폭넓게 인정되는 독특한 영역을 가져야 한다. 이때 차별화에 영향을 미치지 않는 모든 영역에서 비용을 감소시키기 위한 노력을 병행해야 하는데, 단순히 비싸게 판매하는 것이 차별화가 아니라는 점에 유의해야 한다.

경쟁시장에서 살아남으려면 기업은 제품과 서비스를 차별화하거나, 여의치 않으면 경쟁 장소를 달리하거나, 그것도 안 되면 낮은 가격으로 경쟁하거나, 그마저 어려우면 틈새시장을 찾아야 한다. 이 틈새시장에 대한 게 바로 집중화 전략이다. 집중화 전략은 전체 시장이 아닌 작은 시장에 몰두하는 전략으로, 과잉충족(텔레비전 리모콘처럼 더 많은 기능의 추가 등)되고 있는 시장의 틈새를 공략하는 원가 집중화와 과소충족(이전까지는 제공되지 않던 서비스 등)되고 있는 틈새를 공략하는 차별적 집중화로 다시 구분된다. 집중화 전략에서는 시장의 특성 및 독특성을 빨리 이해하고, 이를 바탕으로 틈새시장 특성에 맞는 상품을 개발해내는 일이 중요하다.

원가우위 전략, 차별화 전략, 집중화 전략은 지난 수십 년간 기업의 전략수립에 활용되어 온 방식이다. 하지만 디지털 기술이 발전하면서 경쟁의 양상과 패턴이 바뀌고 있다. 네이버와 구글처럼 서비스는 무료로 제공하고 이를 바탕으로 광고를 유치해 수익을 만들어가는 방식이나, 코스트코와 같이 제품은 낮은 가격으로 판매하지만 연회비를 받아 추가 수익을 만들어가는 방식도 기존의 경쟁전략으로는 설명되지 않는다. 게다가 IT 기업인 카카오가 금융업을 혁신하고, 쏘카가 차량 공유 서비스를 혁신하고 있는 모습은 경쟁이 같은 업종 간 기업에 의해서만 촉발되지 않는다는 사실을 보여준다. 최근 많은 기업들이 이러한 방식을 통해 대기업을 능가하는 실적을 거두거나 새로운 질서를 만들어가고 있다는 걸 알아야 한다.

두 번째 길, 비경쟁 관점의 비즈니스 모델 혁신

비경쟁 전략은 원가우위와 차별화를 동시에 추구한다는 개념이다. 프랑스 인시아드 경영대학원 김위찬 교수의 블루오션 전략이 대표적인 비경쟁 전략에 해당한다. 본질은 경쟁이 아니라 창조적 역량이라고 보는 게 블루오션의 개념이다. 이를 통해 기존에 존재하지 않던 신시장을 만들어내거나, 사용하지 않던 사람들을 사용자로 전환시킬 수 있다고 한다. 블루오션 전략에 따르면 사양산업이란 없다. 변화하지 않고 기존 방식대로만 하다 죽어가는 사양기업이 있을 뿐이다. 불황은 모두가 움츠리는 침묵의 시대이자 새로운 혁신을 할 수 있는 시대라고 정의되기도 한다.

비경쟁 관점의 비즈니스 혁신을 설명할 수 있는 기업으로 홈퍼니싱을 표방하는 이케아를 들 수 있는데, 이케아의 원가절감 노력은 눈물이 겨울 정도다.

이케아에서 판매되는 가구에는 앞뒤가 뭉툭한 볼트 대신 끝을

뾰족하게 다듬은 볼트가 사용된다. 뾰족한 볼트를 사용하면 쇠의 사용량이 줄어들뿐만 아니라 무게가 가벼워져 운반비용이 절감되기 때문이다. 이케아가 제품 자체를 최소한의 원가로 만드는 비결은 이처럼 제작과정 전반에서 드러난다.

분업화를 통한 원가절감도 비용우위에 큰 몫을 담당한다. 스웨덴의 엘름홀트 공장에서는 장식장의 문을 생산하고, 임금이 싼 터키 공장에서는 장식장의 몸체를 생산하고, 볼트와 너트는 중국이나 베트남 등에서 생산해 각자가 판매처에 공급하는 방식이다.

운반비 또한 최소화하기 위해 어떤 제품이든 납작하게 포장하는 플랫팩(Flat Pack) 시스템을 만들어냈다.

이케아의 원가우위 전략은 원자재 조달에서부터 디자인, 제조, 물류, 매장 운영 등 전 과정에서 비용을 최소화시키면서 최저가

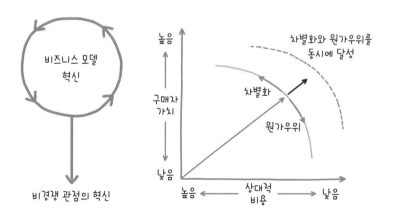

비경쟁 관점의 비즈니스 모델 혁신

시스템을 유지하고 있다.

이케아는 차별화 전략에서도 뛰어나다.

국내에서 처음으로 문을 연 이케아 광명점에는 실제 주거공간을 재현해 놓은 쇼룸이 있다. 쇼룸이 달라 봐야 얼마나 다를까 생각할 수 있지만 디테일에 큰 차이가 있다. 가구의 서랍을 열면 잘 개어진 옷이 나오고, 세탁기를 열어보면 빨기 위해 넣어둔 옷가지가 들어 있다. 예쁘게만 보여주려는 게 아니라 우리의 라이프 스타일을 그대로 재현해 놓았다. 신혼부부를 위한 룸, 혼자 사는 1인 가구를 위한 룸, 평범한 4인 가족을 위한 룸 등 다양한 콘셉트를 매장에 구현해 여기에서 그냥 살아도 되겠다는 생각이 들도록 디테일 면에서 차별화하고 있는 것이다.

이케아의 이 같은 차별화 전략은 궁극적으로 고객경험과 맞닿는다. 가구를 만져보고, 사용해 보고, 구매할 제품을 스스로 선택하는 경험이 불편함 없이 설계되어 있는데, 이러한 경험이 행복으로 바뀌는 순간 고객은 지갑을 열게 된다. 이는 모든 기업이 꿈꾸는 미래의 모습이라고 할 수 있다.

디지털을 중심으로 한 산업 간의 융합에 의해 비경쟁 관점의 비즈니스 모델 혁신은 다양한 형태로 증가하리라 예상된다. 에어비앤비가 처음 나왔을 때 자신들의 강력한 경쟁자임을 분명하게 인식한 호텔이 얼마나 되었을까? 아마도 호텔업계에서는 자신들의 적이라는 인식조차 하지 못했을 가능성이 높다. 에어비앤비는 스마트폰을 중심으로 한 플랫폼 비즈니스였으므로 유형의 물리적 자산을 보유하고 있는 호텔들이 경쟁자로 인식하기는 쉽지 않았으리라 생각한다. 하지만 그렇게 안일하게 대응하는 사이에 전 세계에서 가장 큰 숙박 공유 서비스 업체로 성장한 에어비앤비는 '어디에서나 우리 집처럼(Belong Anywhere)'을 모토로 전 세계 어디서도 집에 있는 것 같은 혁신적인 여행을 가능케 했다.

서로 다른 기술과 기술, 기술과 제품, 기술과 서비스의 결합이 새로운 비즈니스 모델을 만들어내고 있다. 산업 간 경계는 점점 더 불투명해지고 있으며 신기술, 신산업, 새로운 서비스의 등장은 이전과 다른 경쟁의 룰을 만들어내고 있다. 지금까지 경험해 보지 못한 경쟁의 장과 구조, 방식은 이제 시작일 뿐이다.

세 번째 길, 내부역량 중심의 비즈니스 모델 혁신

혁신활동은 연구개발, 생산, 고객 관계, 브랜드 등 기존 자원 및 노하우에 직접적인 영향을 받는다. 따라서 내부역량을 고려하지 않은 혁신전략은 그럴듯한 말장난에 불과할 뿐이다. 혁신활동을 비즈니스로 안착시키는 일은 내부역량의 몫이기 때문이다.

끊임없는 내부혁신을 실천하고 있는 기업으로 도요타를 들 수 있다. 도요타는 차는 등급에 따라 판매가격이 이미 정해져 있다고 보는데, 가격을 높여 이익을 내기보다는 원가절감을 통한 이익 확보가 더 확실한 방법이라고 판단한 것이다. 원가를 낮추면 이익이 증가할 뿐만 아니라, 경쟁기업과의 가격 경쟁이나 예상치 못한 환율 변동에도 버틸 수 있는 힘이 된다.

도요타가 전사적으로 원가절감을 추진하는 이유가 바로 여기에 있다. 아무리 훌륭한 기술, 혁신적인 서비스라도 이용자에게 적절한 가격에 제공되고 보급되지 않으면 가치를 상실한다. 새로운 기술을 보급시키기 위해서는 합리적인 가격을 위한 원가절감이 꼭 필요하다.

도요타의 원가절감이라고 하면 일반적으로 '낭비 제거'가 떠오른다. 하지만 기획, 설계, 공정별 상세설계가 잘못되면, 즉 최초 설계단계에서 원가를 고려하지 않은 채 부품이나 소재, 공정을 결정하고 나면 양산단계에서 원가를 절감하는 데 한계가 있다. 도요타가 다른 자동차 회사와 다른 부분은 기획과 설계단계에서 최대의 원가절감을 달성한다는 점이다. 이를 두고 도요타는 "이익은 설계단계에서 모두 결정된다."라고 표현한다.

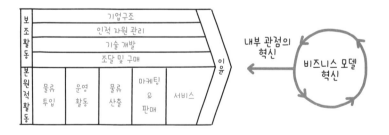

내부 관점의 비즈니스 모델 혁신

또 중국 기업들에서 볼 수 있는 것처럼 저렴한 가격으로 시장에 진입한 기업들은 점차적으로 브랜드 역량을 높여 선진시장으로 나아가려 한다. 문제는 이러한 상향 이동이 제공되지 않던 차별점을 만드는 과정에서 자칫 원가의식을 약화시켜 원가경쟁력을 잃게 된다는 점에 있다. 그런 면에서 도요타는 고급차 시장에서도 가성비가 중요하다는 사실을 보여주는데, 판매가격은 기업의 기준만으로 조절하기 어려운 요소지만 원재료비, 부품비, 가공비, 물류비, 제조경비 등의 원가는 기업의 노력으로 충분히 줄여나갈 수 있다.

연간 매출의 3~4%를 연구개발에 투자하는 도요타는 자동차 공동부품을 레고 블록처럼 만들어 차를 완성해 가는 방식으로 설계효율을 높이는 걸 미래전략으로 삼고 있다. 게다가 종전의 자력주의를 탈피해 타 회사와의 제휴에도 적극 나서는 한편, 자체 보유하고 있는 하이브리드(HV) 관련 기술특허를 경쟁업체들에 무상으로 개방하는 전략을 추진하고 있기도 하다. 이러한 활동들이 결국은 차세대 기술과 품질로 이어지는 선순환 구조를 이룬다고 믿기 때문이다.

원가절감에서부터 새로운 기술개발까지 끊임없는 도전과 문제에 맞닥뜨리면서 이에 관한 솔루션을 찾아내는 문화를 갖고 있는 기업이 도요타이다.

네 번째 길, 고객 관점의 비즈니스 모델 혁신

혁신을 바라보는 중요한 관점 중 하나가 고객이다. 고객 관점의 혁신은 혁신 자체의 종착역으로도 볼 수 있다. 크리스텐슨 교수의 말처럼 제품이나 서비스를 구매하는 이유는 대부분의 경우 그 제품을 갖고 싶어서가 아니다. 그 제품을 갖고 싶어 사는 걸로 오해하는 사람이 많은데, 그렇지 않다. 사람들은 어떤 일을 해결하기 위해 그 제품을 구매할 뿐이다. 혁신기술로 무장한 제품이나 수만 명의 소비자 조사를 통해 태어난 제품도 소비자의 외면을 받았던 사례는 무수히 많다. 변화하는 시장 환경과 고객에 맞추어 새로운 사업기회를 찾아야 할 뿐만 아니라 제품과 서비스를 혁신해야 한다.

고객 관점의 혁신을 추구하는 기업으로 아마존을 들 수 있다.

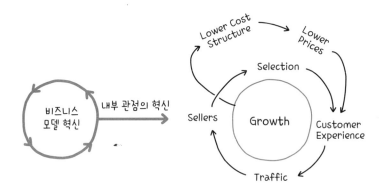

고객 관점의 비즈니스 모델 혁신

아마존의 제프 베조스는 성장(Growth)은 낮은 비용구조(Lower Cost Structure)와 낮은 가격(Lower Price)에서 나오고, 이는 곧 훌륭한 고객경험(Customer Experience)으로 이어진다고 보았다. 또 훌륭한 고객경험은 곧 홈페이지 트래픽(Traffic) 증가로 이어지고, 이를 통해 상품과 서비스 판매자들(Sellers)을 끌어들일 수 있으며, 궁극적으로 상품과 서비스 판매자가 늘어난 만큼 고객경험의 질도 높아지게 된다. 이것이 제프 베조스가 냅킨에 그린 플라이휠(Flywheel)의 개념이다.

스포츠 용품계의 이케아로 불리는 데카트론(Decathron)도 고객경험을 극대화하고 있는 기업이다. 높은 가성비를 갖춘 혁신적인 상품을 표방하는 데카트론은 유럽인들이 사랑하는 스포츠레저 브랜드로 국내에도 상륙을 했다. 데카트론의 차별점은 고객에게 즐거운 경험을 제공한다는 점이다. 농구용품을 판매하는 매장에서는 실제 농구를 해볼 수 있고, 탁구용품을 판매하는 매장에서는 탁구를 쳐볼 수 있다. 데카트론 매장은 스포츠 종목군별로 커뮤니티 공간과 테스트 존을 제공해 체험형 쇼핑을 가능하게 하고 있다. 골프 코너에는 골프 시뮬레이터, 러닝 구역에는 러닝 트랙, 트레킹 용품이 있는 위치에는 트레킹 로드가 있고, 키즈 사이클링 존에는 키즈 사이클 바닥 스티커로 부모와 아이가 모두 즐길 수 있는 놀이 공간을 제공한다.

남녀노소 누구든지 스포츠에 관심 있는 사람이라면 데카트론 매장에 마련된 개방형 풋볼장, 농구장, 스케이트 존 등을 무료로 즐길 수 있고, 요가나 필라테스 등 스포츠 클래스를 무료로 수강할 수 있다. 게다가 매장 내 마련된 커뮤니티 존에서는 고객이자 유저들이 스포츠에 대한 지식과 경험을 공유할 수 있도록 돕는다.

데카트론은 품질보증과 원가절감을 위해 연구, 디자인, 기획, 생산, 유통, 판매 등을 모두 직영으로 운영하고 있다. 특히, 매년 40여 건의 특허를 출원하는 유럽 2대 규모 연구소인 '데카트론 스포츠랩 행동과학연구소'에서 개발한 기술을 적용해 혁신상품을 꾸준히 선보이고 있다. 혁신기술 개발을 통해 원가를 절감하면서 가성비가 높은 상품을 제공하는 이 같은 전략이 데카트론의 또 다른 경쟁력이기도 하다.

다섯 번째 길, 비즈니스 모델 관점의 혁신

비즈니스 모델 관점의 혁신은 경쟁 관점과 비경쟁 관점, 내부 역량 관점과 고객경험 관점이 모두 맞물려 있는 형태이다. 온라인 쇼핑 경험 최적화를 목표로 하면서 간편결제 서비스, 빅데이터를 기반으로 한 수요 예측, 고객이 구매할 것으로 예상되는 상품의 물류센터 비치, 자체적인 물류 시스템 고도화, 로켓배송과 쿠팡맨을 활용한 배송품질 향상 등을 추구하는 쿠팡을 보면 알 수 있다.

이처럼 비즈니스 모델 관점의 사고가 필요한 이유는 기업의 전략은 기존의 프로세스와 연결되어야 하기 때문이다. 어떻게 실행할 수 있을지는 고려하지 않은 채 새로운 것만을 발견하는 창의성은 무의미한 활동이다. 반대로 지금 당장 할 수 있는 일에만 집중하는 것 또한 기업의 미래를 불투명하게 만들 뿐이다.

'비즈니스를 혁신하는 5가지 길'에서는 비즈니스 모델 혁신이 정중앙에 위치한다. 전략을 뒷받침하는 경영자원이 고려되어야 하기 때문이다. 그렇게 궁극적으로 여러 활동을 통해 의미 있는 수익을 창출할 때 비로소 비즈니스 혁신이 달성되는 것이다.

비즈니스 모델 관점의 혁신에서 고려되어야 할 것 중 하나가 '상호 관련성'이다. 카카오는 지도 정보에 많은 투자를 하고 있지만 그 자체로는 수익구조를 만들어내기 어렵다. 그럼에도 지도 정보에 투자하는 이유는 카카오 택시, 카카오 드라이버 등 여러 서

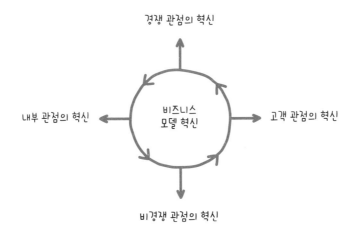

비즈니스 모델을 혁신하는 5가지 길
(5BM-Innovation Ways)

비스와 연계해 활용할 수 있을 만큼 가치가 높기 때문이다. 모르는 길을 찾거나 맛집을 검색할 때, 교통상황을 확인하거나 인근 주유소 휘발유 가격을 알고 싶을 때도 꼭 필요한 지도 서비스는 이동에 관한 모든 서비스의 기반이다. 이는 스마트폰 사용자들에겐 모바일 메신저만큼이나 필수적임을 의미한다.

사업단위 간 이 같은 상호 관련성이 증가하는 요인으로 '기술'을 들 수 있다. 정보통신기술은 많은 산업에서 활용되면서 산업 간에 기술을 공유하도록 한다. 자동주문처리 시스템, 자동재고관리 시스템, 자동창고관리 시스템과 같이 기술이 적용되면 사업단위의 내용을 손쉽게 공유할 수 있다. 이는 다시 원가절감과 비효율 제거 등으로 이어지는데, 기술은 복잡성을 관리해 주고 가치활동의 공유작업을 더 단순하고 적은 비용으로 이루어지게 해준다.

비즈니스 모델 관점의 혁신에는 다양한 방법이 있을 수 있다. 애플은 아이팟과 아이튠즈, 아이폰과 앱스토어로 이어지는 생태계를 만들어내면서 업계를 재편했다. 앱스토어를 통해 수없이 많은 개발자들을 협력자로 끌어들였다. 삼성전자, LG전자 등이 소수의 똑똑한 몇 사람과 몇몇의 협력업체로 애플리케이션을 제작, 공급했던 것과 비교하면 혁명이 일어난 셈으로, 디지털 기술에 힘입어 업계를 재편할 수 있는 플랫폼 비즈니스 모델에 대한 가능성을 대폭 확장시킨 것이다.

제품이나 서비스를 대체하는 방법도 있다. 마블코믹스는 만화

책에서 '캐릭터와 스토리'로 사업을 재정의하면서 기사회생했으며, 후지필름은 필름재료로 사용되던 콜라겐과 사진변성을 막는 열화방지 기술 등을 활용해 노화방지에 효과적인 화장품을 출시하면서 헬스케어 회사로의 변신에 성공했다.

디지털을 중심으로 새로운 비즈니스를 만들어내기도 한다. 나이키 플러스는 애플의 디지털 기기와 결합된 상품으로 사용자로 하여금 운동행위를 측정하고, 데이터를 다른 사람과 공유할 수 있도록 해준다. 또 모바일 애플리케이션을 통해 고객과 소통함으로써 최고의 디지털 경험을 제공한다.

가치전달 모형을 재구성하는 것으로도 새로운 비즈니스가 만들어진다. 와비파커는 홈 트라이온(Home try-on)이라는 시스템을 개발해 온라인에서 직접 안경을 구매하도록 했다. 안경점에 방문해 시력을 검사하고 안경을 구입하는 가치전달 모델을 온라인 중심으로 재구성한 것이다.

가치제안을 재정의하는 방법도 있다. 한 달에 한 번 면도날 4~5개를 정기적으로 배송해 주는 달러쉐이브클럽은 '편리함'이라는 고객가치에 집중했다. 적당한 수준의 기술력에서 오는 '제품 선택의 편리함'과 배송 서비스를 통한 '제품 전달의 편리함'으로 질레트의 아성에 도전했다.

각각의 기업이 놓여 있는 상황이 다 다르기 때문에 비즈니스 모델에 정형화된 해답을 내놓기는 어렵다. 결국에는 창의적인 지식과 경험으로 스스로의 길을 찾아가야 한다. 우리 사회는 몇 천 년 전부터 서서히 변해 왔다. 수렵, 어로, 채집에 의존했던 원시사회에서 토지가 부의 원천이었던 농경사회로, 농경사회는 다시 소품종 대량생산으로 대변되는 산업사회로 바뀌었다. 산업사회는 유동성과 유연성이 강조되는 지식사회에서 개인의 창의력이 중요해지는 사회로 변화되고 있다. "자본주의 사회에서 생산적인 곳에 자본을 배분할 줄 아는 자본가가 그랬던 것처럼, 지식사회에서는 지식을 생산성 있는 곳에 배분할 줄 아는 지식근로자가 경제 및 사회의 주역이 될 것"이라는 피터 드러커의 말을 곱씹어 보아야 할 때이다.

소품종 대량생산시대라 불리는 산업화시대 근로자는 경영자가 계획한 업무의 내용과 일정에 따라 시키는 일을 수행하기만 하면 되었다. 사전계획과 분업화, 위계적 통제, 권위주의적 명령과 지시 등은 기업 및 조직의 성장과 발전을 보장하던 시스템이었다. 하지만 비슷한 가격대와 기술적 품질, 생산성 향상의 한계 등으로 단순 생산은 기계가 담당하고 사람은 새로운 제품의 개발과 생산에 관한 일에 집중해야 하는 시대가 되었다. 이처럼 몸으로 하는 일보다는 머리로 하는 일들의 비중이 커지는 시대에 대응하려면 기업은 개개인이 가진 개성이나 감성, 인간성을 발휘할 수 있게 해주어야 한다.

고객들이 소비하는 것은 제품 자체의 고유한 사용가치가 아니라 제품과 결부된 주관적인 경험, 감성 또는 창의적인 아이디어 및 디자인, 제품에 녹아 있는 스토리 등 무형의 가치이다. 스타벅스에서 6천 원을 기꺼이 지불하고 커피를 마시는 이유는 커피를 마시고 싶어서라기보다는 미국식 카페테리아의 경험을 느끼기 위함이다.

기업이 이익을 실현하려면 앞으로는 경험가치를 디자인해 고객에게 제공할 수 있어야 한다. 이때도 단순히 제품의 판매만을 위해 소비자에게 부가적으로 경험 서비스를 제공하는 방법으로는 성공할 수 없다. 제품 차원을 넘어 기업 전체 차원에서 비즈니스 모델 전략을 짜야 한다.

③
격변의 시대를
살아가야 하는 기업들

누구도 경험해 보지 못한 시대

차량 공유 회사 우버의 시가총액은 100년이 넘은 자동차 제조사 제너럴모터스(GM)보다 높다. 하지만 애석하게도 우리나라에서 우버는 도로교통법 위반에 해당한다. 미국, 유럽을 넘어 중국에서도 사랑받는 차량 공유 서비스가 국내에서는 서비스되지 못하고 있는데, 이 모습은 흡사 19세기 영국과 닮아 있다.

19세기 중반 영국 정부는 자동차의 중량과 속도를 제한하는 법률을 만들었다. 시가지를 운행할 때는 시속 2마일(약 3.2km)을 넘지 못하도록 했고, 빨간 기를 든 기수가 증기자동차 앞에서 주변에 자동차가 오고 있다는 사실을 알리도록 했다. 바로 '붉은 깃발법'으로 불리는 '적기조례(赤旗條例, Red Flag Act)'이다.

적기조례는 보행자와 마차의 안전을 위해서라는 명분을 취하고 있었으나 실제로는 마차산업을 보호하기 위한 것이었다. 증기자동차의 인기에 위기를 느낀 마차산업 관계자들은 마차를 타는 귀족과 말들이 놀란다며 규제의 필요성을 강조했다. 하지만 영국이 지불한 적기조례의 대가는 생각보다 훨씬 컸다. 각종 규제에 묶여 아무것도 못하는 사이에 독일과 미국에서는 자동차산업이 꽃을 피웠다. 증기기관을 발명하고도 기존 산업 보호에만 열을 올리는 바람에 발이 묶인 영국은 2등 국가로 전락하고 만 것이다.

기업은 변화와 혁신을 먹고 성장한다. 디지털이 중심이 되는 4차 산업혁명시대도 마찬가지다. 사물인터넷, 클라우드, 빅데이터, 인공지능, 증강현실, 로봇, 블록체인 등의 디지털로 무장한 기업들이 제조, 서비스, 의료, 숙박 등 영역을 불문하고 전통산업을 바꾸고 있다. 무엇보다 디지털 공간에는 물리적 한계가 없다. 시청, 도서관, 박물관, 학교, 은행, 신문, 방송 등 이제 물리적 한계를 벗어나 스마트폰 하나로 디지털 세상의 편리함을 즐길 수 있게 되었다. 앞으로는 지금보다 더 빠른 속도로 사회의 모든 영역이 디지털로 전환되며, 모든 행위와 결과물이 0과 1이라는 디지털로 관리될 것이다.

모든 혁신은 거래과정에서 발생하는 고정비의 상대적인 크기를 얼마나 줄일 수 있느냐가 관건이다. 디지털 기술은 이를 가능하게 한다. 물론, 고정비가 0원이 되는 사회는 불가능하다. 디지털로 생성된 무형의 정보는 무한히 공유할 수 있지만, 유형의 자산이나 시간은 분할이나 공유에 한계가 있기 때문이다. 그럼에도 다양한 정보통신기술과 사물인터넷의 보급, 공유자원의 증가, 재생에너지의 확산 등으로 한계비용이 감소하고 있다는 점만큼은 분명한 사실이다. 이처럼 디지털을 중심으로 한계비용을 낮추는 기업이 지속적으로 등장할 게 뻔한 상황에서는 기존 기업이든, 신규 기업이든 선택의 여지가 없다. 디지털 세상으로 전환해야만 한다.

'4차 산업혁명', '디지털 혁명' 등의 용어를 굳이 떠올리지 않더라도 우리는 격변의 시대를 살고 있다. 닫혀 있던 경제체제들이 열리고, 국제화·세계화와 동시에 지역경제 협력의 활성화가 논의되고 있다. 디지털을 중심으로 새로운 산업이 싹트고 있으며, 우리가 가질 수 있는 지식의 양도 기하급수적으로 증가하고 있다. 산업화 이후 대부분의 사람들이 제조업에 종사했듯 디지털 혁명이 진행되면서는 디지털 관련 분야에 종사하게 될 것이다. 우버와 에어비앤비가 전통산업에 클라우드, 모바일 등의 디지털 혁신기술을 결합해 세계 최대 운송회사와 숙박회사가 된 예가 그 사실을 증명한다.

기존 기업이든 스타트업이든 디지털 역량을 확보해야 한다. 디지털 사업 모델을 전략적으로 검토해 비즈니스 모델을 확장하고 이를 뒷받침할 수 있도록 역량을 키워나가야 한다.

비즈니스 모델을
혁신하는
5가지 길

사양산업에서도 비즈니스 모델 혁신이 가능하다

양말 제조는 대표적인 사양산업이다. 중국산 양말이 생산기술과 품질 면에서 안정화 단계에 접어들면서 국내에서 양말을 제조하는 업체와 생산량은 매년 감소하고 있다. 미국, 유럽, 일본 등 선진국 상황도 별반 다르지 않다. 미국의 경우 4%대의 성장률에 그치고 있다.

사양산업인 양말산업에서 비교적 성장하고 있는 분야는 운동과 여가 시에 신는 애슬레져(Athleisure, 운동과 여가를 합친 스포츠웨어 업계 용어) 군이다. 건강하고 활동적인 삶을 추구하는 사람들이 증가하면서 나이키와 아디다스의 매출이 상승했는데, 그 외에도 여러 스포츠 브랜드들이 기능적 속성에 다양한 패턴과 디자인을 접목해 패션 아이템으로 사업군을 확장하고 있다.

평범한 양말에서 비즈니스 모델을 달리해 성공을 거둔 기업으로 '삭스탑'이 있다. 삭스탑은 발을 보호하는 필수 생활품을 패션으로 재정의했다. "양말도 옷이다."라는 카피로 '패션 양말', '다려 입는 양말' 등으로 정체성을 구축해 큰 호응을 얻었다. 컬러풀한 색상과 다양한 디테일을 부여해 차별화된 양말을 기획했으며, 아동 양말에 입체 캐릭터를 적용하는 등의 전략으로 큰 인기를 얻었다. 그럼에도 경쟁기업의 증가, 인건비와 생산비용 증가, 마케팅 비용 증가 등으로 예전과 같은 영광은 못 누리고 있다.

양말 판매방식을 바꿔 큰 호응을 얻었던 기업도 있다. 바로 '블랙삭스닷컴(Black Socks.com)'이다. 소비자들이 양말을 사는 데 시간을 많이 들이고 싶어 하지 않는다는 점, 매일 세탁하기 때문에 한 짝을 잃어버리면 사용하기 곤란하다는 점, 하루 종일 신고 있어야 하므로 착용감이 좋아야 한다는 점에 착안한 블랙삭스닷컴은 '양말'과 '정기구독'이라는 독특한 조합을 통해 새로운 틈새시장에서 단기간에 성공궤도에 올랐다. 양말 한쪽에 구멍이 나더라도 불편함이 없도록 동일한 소재의 검은색 양말만을 판매했으며, 몇 가지 양말 사이즈와 형태를 구비해 크기 및 용도별로 선택하게 했다. 저렴한 가격임에도 착용감을 높이기 위해 고기능의 염색과 고품질의 소재를 사용함으로써 고객들의 만족도를 높여 서브스크립션의 대명사로 불렸다.

양말이 일상용품이 아닌 패션제품으로 인식되고, 디자인과 브랜드를 중시하는 경향이 증가하면서 삭스판다(sockpanda.com)와 같은 기업도 인기를 얻고 있다. 천편일률적인 양말을 지양하는 삭스판다는 개인의 취향을 알려주면 거기에 맞춰 까다롭게 선택한 양말들을 매달 배송해 준다. 소재는 물론이고 컬러와 디자인까지 꼼꼼히 신경 쓰면서 '양말도 패션'임을 강조하고 있다.

삭스탑, 블랙삭스닷컴, 삭스판다처럼 소비자들의 불편을 해결해 주면 새로운 형태의 비즈니스 모델이 된다. 비즈니스가 복잡한 건 사실이지만 의외로 단순한 곳에서 비즈니스 모델이 만들어지는 것이다. 물론, 비즈니스 모델을 그리는 것만으로 비즈니스가 되지는 않는다. 끊임없는 연구개발로 경쟁기업이 따라올 수 없는

비즈니스 모델을
혁신하는
5가지 길

제품 경쟁력과 강력한 브랜드가 뒷받침되어야 한다.

기능, 소재, 디자인, 유통방식 등을 달리하면서 발전해 온 양말 산업에서 새로운 파괴적 혁신(Disruptive Innovation)을 가져온 회사가 있다. 2009년 설립된 스탠스(Stance Inc.)이다. 스탠스는 기존 양말회사와 달리 유명인을 통한 마케팅에 기반을 두어 사업 모델을 발전시켰으며, 독특한 디자인 및 실용적인 가격으로 기존 양말시장에 큰 변화를 가져오고 있다.

무채색에 단조로운 무늬가 대부분이던 기존 양말과 달리 스탠스는 양말에 유명 운동선수 얼굴이나 화려한 무늬를 프린팅하는 등 독특한 디자인을 내세우고 있다.

또 보통 양말의 3~4배인 10~40달러의 가격을 설정하면서 프리미엄 브랜드 이미지를 구축해 왔는데, 이를 위해 오프라인에서는 '노드스트롬' 같은 고급 백화점에서만 판매하고, 온라인 홈페이지(www.stance.com)에서는 15달러 미만의 저가 제품군만 판매한다. 많은 기업들이 유통비용 절감을 위해 온라인 판매 비중을 높이는 것과는 대조적으로 오프라인 중심의 판매전략을 시행하는 데에는 오프라인으로 판매채널을 확대함으로써 소비자들과의 접점을 다양화하는 동시에 프리미엄 시장 공략을 강화하겠다는 뜻이 담겨 있다. 스탠스 창업자인 제프 컬은 언론 인터뷰에서 "우리가 e커머스 업체가 아니라는 사실이 자랑스럽다. 브랜드를 구축하기 위해서는 어디에서 파느냐가 무엇을 파느냐 만큼이나 중요하다."라고 말하면서 판매전략에 자신감을 드러내기도 했다.

게다가 스타 마케팅 전략도 주효했다. 배우 윌 스미스, 힙합가수 제이지, 농구선수 드웨인 웨이드 등 엔터테인먼트와 스포츠계 각 분야의 유명인을 투자자로 유치하고 이를 대대적으로 홍보에 활용했다. 뿐만 아니라 농구선수들의 얼굴을 양말에 프린트하거나, 유명 아티스트가 직접 디자인한 후 그의 이름을 딴 제품군도 출시했다. 유명인(Celebrity)이 직접 디자인하거나 그들의 얼굴이 새겨진 양말은 팬들에게 양말 그 이상의 가치를 지닌다. 어디에서나 쉽게 살 수 있고 무엇을 신거나 다 똑같은 그런 양말이 아니라, 양말을 통해 자신의 팬덤(fandom)을 표현하고 소소한 사치를 누릴 수 있는 스몰 럭셔리로 포지셔닝되기 때문이다.

스탠스가 독특한 디자인과 스타 마케팅만으로 성공한 것은 아니다. 미국 샌 클레멘테(San Clemente)에 있는 본사에는 R&D 센터가 있다. 양말(Socks Hosiery), 연구(Research), 엔지니어링(Engineering), 개발(Development)의 앞글자를 딴 'SHRED Lab.'에서는 양말에 프린트를 보다 선명하게 할 수 있는 방법, 착용감이나 탄성 등을 향상시킬 수 있는 직조방법 등을 개발해 신제품에 반영하고 있다. 디자인뿐만 아니라 착용감 등 품질 면에서도 중저가 양말들과 확실히 차별화하겠다는 의도이다.

미국 월스트리트저널(WSJ)은 "예전에 없던 '디자인된 양말'이란 개념을 만들어내며 패션산업계에 조용한 혁신을 일으켰다."고 평가했는데, 스탠스가 굴뚝산업인 양말산업을 황금알을 낳는 거위로 바꿀 수 있었던 이유는 남들이 보지 못한 시장을 발견했기 때문이다.

혁신(innovation)의 사전적 의미는 "새로운 방법이나 아이디어, 제품 등을 도입해 묵은 것을 완전히 바꾸는 행위"이다. 혁신의 대상이나 수단이 하이테크일 필요는 없다. 우리가 당연히 그렇다고 생각하는 것이야말로 혁신의 대상임을 알아야 한다.

비즈니스 모델 혁신을
가져오는 키워드들

데이터를 기반으로 한 고객경험 강화

정보기술의 발달로 기업들은 예전에는 상상할 수 없던 수준의 인프라를 갖추게 되었다. 래리 페이지와 세르게이 브린이 구글을 창업할 당시 전 재산을 털어 하드 드라이브를 구입했다고 회고한 적이 있다. 하지만 그들이 구입한 하드 드라이브 용량은 이제 몇만 원이면 살 수 있다.

네트워크의 속도도 획기적으로 빨라져 고화질의 영화를 시간차 없이 전송할 수 있는 시대가 되었다. 데이터가 가졌던 시간과 공간의 한계는 거의 사라졌으며, 기업 내 모든 활동을 데이터로 담을 수 있게 된 것이다. 이제 기업의 경쟁력은 축적한 대량의 데이터를 분석해 마케팅 방향을 파악하는 일, 이를 이용해 정교한 상품과 서비스를 만들어내는 능력에서 나온다고 해도 과언이 아니다.

데이터 분석을 체계적으로 진행하고 있는 곳으로는 미국의 중저가 백화점 '타깃(Target)'이 있다. 타깃은 데이터를 수집해 고객의 행동과 생애주기를 파악하고, 그에 따른 구매 예정 상품을 예측해 마케팅에 활용하고 있다. 온·오프라인 매장에 방문한 고객의 성별 및 연령대, 구매 내역과 구매 패턴, 매장과 고객과의 거리, 이메일 내 콘텐츠, 즐겨 찾은 제품정보에 대한 클릭 수, 소셜미디어에서의 활동 데이터 등을 적용한다. 예를 들면, 'LG 제품은 튼튼하다.', '삼성 제품은 종류가 많다.', '중국 제품은 고장이 많다.'와 같은 고객 선호도와 평가 등을 분석하고, 핵심 구매물품 정보 및 고객의 구매활동을 추적해 마케팅에 활용하는 것이다.

세계 최대 유통업체인 월마트는 월마트 랩스(Walmart Labs)를 통해 소셜미디어에서 수집한 빅데이터로 소비자들의 심리와 행동양식을 파악한다. 그리고 이를 상품 구성 결정에 반영하며, 검색엔진인 '폴라리스(Polaris)'를 개발해 자사 온라인 쇼핑몰과 모바일 웹 및 애플리케이션에 적용한다. 이처럼 빅데이터로부터 소비자 패턴을 분석한 자료를 활용해 재고관리를 최적화하고, 매장별로 소비자가 원하는 제품을 원활히 공급함으로써 고객만족도를 높이고 있다.

미국의 온라인 쇼핑몰인 아마존닷컴은 고객이 구입한 상품정보를 분석해 구매 예상 상품을 추천한다. 개인화된 쿠폰을 제공해 매출의 약 35%를 빅데이터 기반 추천 시스템을 통해 발생시키며, 매년 이익의 10%를 추천 시스템 성능 향상에 투자하는 것으로 알려져 있다.

스페인 의류업체인 자라(ZARA)는 전 세계 매장의 판매 및 재고 데이터를 실시간 분석하고 있다. 이를 통해 최대 매출을 달성할 수 있는 '재고 최적 분배 시스템'을 개발, 분배의 최적화를 달성함으로써 고객의 니즈에 실시간으로 대응한다.

자라 외에 테스코, 베스트바이, H&M 등 빅데이터 선두주자들도 고객 니즈에 대응하기 위해 빅데이터를 적극적으로 활용한다.

디지털 기술의 발전으로 기업들은 새로운 변화의 흐름을 맞이하고 있다. 매일매일 기업 내·외부에 쌓이는 데이터의 양은 무척이나 방대하다. 사람과 사람, 오프라인과 온라인, 기계와 기계가 연결되면서 데이터의 축적이 엄청난 속도로 증가하고 있는데, 그 데이터를 통해 고객들의 구매형태와 행동패턴 등을 분석할 수 있다. 데이터에서 의미 있는 통찰을 찾아내고 고객과 실시간으로 소통할 수 있는 시대가 된 것이다.

국내 기업들도 빅데이터 활용의 필요성은 이미 알고 있다. 그럼에도 그것들이 쉽게 적용되지 못하는 첫 번째 이유는 기업의 내부 문화에 기인할 때가 많다. 과거의 경험을 바탕으로 의사결정을 해왔던 사람들에게 데이터 기반의 의사결정은 큰 도전일 수밖에 없다. 데이터 중심으로 의사결정을 하게 되면 수십 년 동안 쌓아온

비즈니스 모델을
혁신하는
5가지 길

경험이 무용지물이 된다고 생각하기 때문이다. 그들은 어쩌면 자신들의 영향력을 과시하기 위해 데이터 중심의 의사결정을 미루고 있는지도 모른다.

두 번째는 데이터 분석효과에 대한 의문 때문이다. 지금까지의 의사결정은 과거의 자료 및 현재의 실적을 바탕으로 검증된 상태에서 이루어져 왔다. 반면, 빅데이터 분석은 방대한 자료의 탐구와 발견을 통해 의미 있는 통찰력을 발견하는 일이다. 지금까지 가보지 않은 길을 가야 하는 상황에서 데이터가 제시하는 길이 과연 맞을지 불안하다. 하지만 데이터는 데이터일 뿐이다. 데이터에서 의미 있는 뭔가를 찾아내고 의사결정을 하는 것은 오롯이 사람의 몫이다.

세 번째는 내부 인력의 부족 때문이다. 무엇부터 시작해 무엇을 할 수 있는지 이해하고 시스템을 구축, 운영 인력을 갖춘 기업은 극소수에 지나지 않는다. 데이터를 수집하고 활용하기 위해서는 중장기적인 접근과 투자가 필요하다는 뜻이다. 결국 의사결정자의 의지가 중요할 수밖에 없다.

네 번째는 개인정보 활용의 한계 및 안정성의 문제를 들 수 있다. 빅데이터 활용사례는 대부분 해외 기업들의 이야기이다. 이를 벤치마킹해 실행하기에는 국내의 여러 가지 법률적, 사회 인식적 장벽이 존재한다. 또한 비용 대비 효과를 확신할 수 없는 상황에서 의사결정에 부담이 큰 것도 사실이다.

데이터를 수집하고 분석해서 활용하는 일은 아직까지 많은 부분에서 한계가 있다. 그렇다고 치열한 경쟁 속에서 손 놓고 가만히 앉아 있을 수만은 없다. 현재의 데이터로 가능한 일부터 해보아야 한다. 빅데이터를 활용한 작은 프로젝트부터 시작해 점차적으로 비즈니스 모델에 적용하다 보면 데이터 활용에 대한 새로운 관점을 가질 수 있다.

절대가치의 시대가 오고 있다

강점을 강화하고 단점을 최소화시키는 게 '선택과 집중의 법칙'이다. 문영미 교수의 책 《디퍼런트》에서 다루는 핵심내용 중 하나가 '강점에 집중'이다. 경쟁자가 놓치고 있는 부분이나 지금까지 소비자들에게 충족되지 않은 니즈를 찾아 강점과 접목하는 일은 그만큼 중요하다.

이때 '강점 집중'에는 놓치지 말아야 할 한 가지 전제사항이 있다는 걸 알아야 한다. 바로 '최소량의 법칙'이다. 인스타그램을 하고, 페이스북을 하고, 광고를 진행해도 절대가치인 품질이 뒷받침되지 않으면 아무런 소용이 없는 것처럼 강점을 강화하기 위해 꼭 필요한 사항을 희생시켜서는 안 된다. 구매를 결정하는 요인 중하나가 희생되면 제품의 수준이 그 부족한 부분에 의해 결정된다. 최소량이 충족된 후에야 차이점을 제시할 수 있다. 따라서 구매의 필요조건인 최소량의 수위를 골고루 맞추되, 구매의 충분조건인 무엇을 강화해야 할 것인지를 고민하는 게 '강점 집중'의 기본 개념이다. 구멍이 나 있는 물통에는 그 구멍이 뚫린 곳 이상으로 물을 채울 수 없다.

스마트폰을 중심으로 언제 어디서나 연결할 수 있게 되면서 상품 자체의 절대가치가 중요해지고 있다. 기업이 판매하는 제품이나 서비스 자체의 품질력이 중요해졌다는 말이다. '대륙의 실수'라 불리던 샤오미 제품이 선풍적인 인기를 끈 게 대표적인 사례이다. 샤오미는 싸구려라는 중국산 제품의 인식을 바꿔놓았다. 소비자들이 샤오미 브랜드를 선호했던 것도 아니고, 고객충성도가 높았던 것도 아니다. 가성비, 즉 가격 대비 좋은 품질을 갖고 있다는 평가들이 나오면서 샤오미 제품은 '대륙의 실수'라는 별명이 붙었고, 불타나게 팔리기 시작했다. 페이스북과 블로그 등의 소셜미디어에 쉴 새 없이 샤오미에 대한 글이 올라왔다. 궁금증이 생긴 사람들은 검색을 통해 추가 정보를 취득하고 옥션, 지마켓, 11번가 등에서 구매후기를 확인했다. 그렇게 빠르게 품질평가를 끝낸 소비자들은 망설임 없이 구매를 시작했다.

스탠퍼드 경영대학원 이타마르 시몬슨 교수는 이를 두고 "제품 자체의 사용가치가 중요해지는 절대가치의 시대가 오고 있다."고 주장한다. 절대가치란 제품과 서비스에 대한 선입견 없는 진짜 가치를 말한다. 과거 많은 정보를 갖지 못했던 소비자들은 브랜드나

가격 같은 부수적인 조건들에 의존해 제품을 구매할 수밖에 없었다. 하지만 모바일, 소셜미디어 등으로 상품과 서비스에 대한 정보를 더 많이 가질 수 있게 되면서 소비자들이 진짜 가치인 절대가치를 가늠할 수 있게 되었다. 기업으로서는 예전처럼 경쟁상품보다 조금 다르거나, 약간의 우위를 가지거나, 차별성이 부족한 상황에서 광고나 유통의 힘만으로는 승부를 보기가 어려워진 것이다. 일부 마케터들의 공정하지 못한 활동도, 다른 상품 대비 상대적으로 좋아 보이게 하는 꼼수도 더 이상 통하지 않는 세상이 되었다.

아마존의 CEO 제프 베조스도 이와 비슷한 주장을 하고 있다. 그는 "과거에는 만드는 데 30%의 힘을 쏟고 70%는 상품이 좋다고 떠드는 데 시간과 비용을 투자했다면 이제는 그 반대가 되어야 한다."라고 했다. 고객에게 사랑받을 만한 제품을 만들어 내놓는다면 마케팅 비용의 한계 때문에 시장에서 사라지는 일이 줄어든다는 말이다.

다양한 기술적 특성과 품질을 평가하기 어려운 시대에는 사람들이 특정 브랜드를 선호했다. 삼성이 만들었다는 이유만으로 구매했다. 하지만 스마트폰으로 제품의 품질을 언제 어디서나 평가할 수 있게 되면서 충성도는 예전만큼 영향을 미치지 못한다. 브랜드는 인지도, 지속성, 애착, 특권이라는 측면에서 앞으로도 가치를 지니겠지만, 품질평가에 대해서는 브랜드의 역할 감소가 예상된다. 이는 마케팅 때문에 상품이 성공하거나 실패할 확률이 감소함을 의미한다.

또 상품만 잘 만들면 잘 팔릴 것이라는 나이브한 접근도 위험하기는 매한가지다. 기술에서든 마케팅에서든 높은 혁신을 이루고도 실패한 사례는 무수히 많다. 좋은 상품을 만드는 것, 그리고 시기적인 문제와 더불어 마케팅이 기여해야 하는 부분은 여전히 존재한다.

비슷한 시기에 비슷한 혁신을 이루고도 실제로 성공을 거머쥐는 기업은 제한적이다. 성공을 위해서는 기업이 만든 상품을 어떻게 해서 사람들의 관심을 끌게 할 것인가보다 시장이 관심 있어 하는 그 무엇을 어떻게 세상에 내놓아야 할지 고민해야 한다.

피터 드러커는 기업은 시장을 창조해야 하고, 시장을 창조하기 위해서는 혁신(innovation)과 마케팅(marketing)이 필요하다고 했다. 시장을 창조하려면 고객들이 깨닫지 못한 욕구를 찾아내 만족할 수 있을 만큼의 제품과 서비스를 만들어 제공해야 하는데, 혁신과 마케팅 모두 중요하지만 따지자면 혁신이 우선이다. 제품이나 서비스가 없으면 마케팅도 불가능하기 때문이다. 기업도 예외는 아니다. 블로그보다, 페이스북보다, 브랜딩보다 중요한 것은 판매하는 제품과 서비스 자체의 경쟁력이다. 본질적인 활동에 집중해야 하는 이유이다.

당신은 역사상 강력한 개인 중 하나

"이 글을 보고 있는 당신은 역사상 가장 강력한 개인 중 한 명이다."

오늘날의 개인은 과거 어느 때보다 학력수준이 높으며, 필요한 정보는 인터넷을 통해 손쉽게 얻을 수 있다. 스마트폰과 다양한 IT 기기로 자신만의 정보를 생산해내고, 만들어진 정보는 페이스북이나 인스타그램, 유튜브 등을 통해 공유한다. 스스로의 삶을 개척하고 만들어가고자 하는 의지도 과거 어느 때보다 강하다. 아리스토텔레스도 놀랄 만한 강력한 개인이 등장하고 있다.

한 세대 전의 개인은 TV, 신문, 잡지 정도의 제한된 미디어를 통해 정보를 얻고, 전화와 편지 등의 제한된 방식으로 지인 위주의 커뮤니케이션을 했다. 겨우 한 세대가 지난 지금의 개인은 노트북과 스마트폰을 동시에 갖고 다니면서 정보를 얻고, 다양한 소셜미디어로 국경, 지역, 연령, 직업 등을 초월해 커뮤니케이션을 한다.

한 세대 전의 개인과 지금의 개인은 분명히 다르다. 퇴근할 때는 실시간 안내 서비스로 막히는 길을 피해 가고, 주말이면 데이트 장소를 다른 사람의 도움 없이도 알아낸다. 또 며칠씩이나 도서관을 들락거리지 않아도 검색을 통해 방대한 양의 알고 싶은 정보를 찾아낸다.

한 세대 전의 개인과 지금의 개인은 들고 다니는 것만 바뀐 게
아니다. 지금의 개인은 정보를 다른 사람들과 공유하면서 협력적
소비도 마다하지 않는다. 과거의 개인이 조직에 순응하면서 살았
다면 지금의 개인은 자신을 적극적으로 노출시키면서 자신만의
브랜드를 만들어간다. 모바일과 소셜미디어가 일반화되면서 개인
이 브랜드가 되는 일은 더 이상 낯설지 않다.

조직 안에서든 밖에서든 슈퍼 개인의 출현은 이제 시작일 뿐이
다. 기업이 정보 측면에서 우월한 지위를 차지하는 일은 이미 옛
날이야기가 돼버렸다. 기업이 누리던 정보 차원의 우월성은 사라
졌을 뿐만 아니라 오히려 역전되었다. 이제는 가격, 제품, 브랜드,
품질 그리고 빠르게 변화하는 시장 상황에 대한 정보 측면에서 소
비자가 기업보다 더 앞선다. 소비자 행동 측면에서 보아도 사람들
은 이제 소셜미디어에서 먼저 공감한 후 확인하고 참가하며 공유
하는 형태로 변하고 있다. 따라서 개인은 스스로가 슈퍼 개인이
될 수 있어야 하고, 기업은 이러한 슈퍼 개인들과 함께할 수 있는
길을 모색해야 한다.

'연결성'은 비즈니스의 기본

강력한 개인이 등장할 수 있게 된 이유는 모든 게 연결될 수 있
는 시대가 되었기 때문이다. 사람과 사람이 연결되고(Social Media),

오프라인과 온라인이 연결되고(Offline to Online), 기계와 기계가 연결(Internet of Things)되면서 시간과 공간의 장벽을 뛰어넘는다. 기술의 발전을 통해 연결비용이 줄어들고 이를 통해 새로운 가치와 기회가 만들어지고 있는 것이다.

불과 몇 년 전까지만 해도 하드웨어 기업이 소프트웨어 기업이 되고, 소프트웨어 기업이 하드웨어 기업이 되는 일은 상상할 수도 없었다. 하드웨어, 소프트웨어, IT 서비스, 콘텐츠 관련 기업들은 각자의 독립적인 영역에서 경쟁하며 각자의 지위를 강화해왔다. 연결되는 요소가 별로 없었다.

그러다 아이폰이 나오고, 네트워크 속도가 빨라지고, 소셜미디어 등 다양한 공간을 통해 연결이 가능해지면서 영역 간 경계가 파괴되고 있다. 스마트워치, 글라스, 밴드와 같은 여러 가지 웨어러블 디바이스(Wearable Device)와 사물인터넷(IoT), 사물지능통신(M2M), O2O(Online to Offline) 등의 기술이 발전함에 따라 연결의 범위가 사람과 사물, 사물과 사물 등으로 더욱 확대되고 있다.

모든 것이 연결되는 시대에는 방대한 양의 정보와 지식이 생산되고 교환되는 과정에서 수많은 기회가 만들어진다. 새로운 사업에 대한 기회는 물론, 사람들에게 과거에는 경험하지 못했던 새로운 가치 제공이 가능해진다. 따라서 사람들의 기대에 부응하려면 기업과 개인은 기술의 수용속도를 확인하고 다양한 역량을 개발하는 한편, 지속적인 혁신을 추구해야 한다.

여기서 놓치지 말아야 할 점은 기술적 우위를 추구하느라 '사람'

을 놓쳐서는 안 된다는 사실이다. 결국은 사람 사는 세상이다. 모두가 연결되는 환경의 변화 속에서도 기업과 개인은 '사람 중심'으로 전략을 세워야 한다. 지금까지 그랬던 것처럼 사람이 모든 것의 출발점이자 종착점이기 때문이다.

기술 발달로 세상이 조금 더 편해지고 빨라질 뿐 사람이 살아가는 것 자체는 바뀌지 않는다. 태어나고, 사랑하고, 결혼하고, 아이를 낳고, 슬퍼하고, 죽어가는 일 등 사람에 대한 보다 깊이 있는 이해를 바탕으로 삶의 질을 개선해 나가야 한다. 사람이 중심이 되는 전략이 핵심요소가 되어야 한다.

5
모든 비즈니스는
디지털로 전환된다

게임의 방식이 바뀌었다

과거 많은 기업들은 정보의 차이로 돈을 벌었다. 소매점으로 불리던 리테일 업종이 대표적이다. 생산자, 도매, 소매로 이어지는 유통구조 속에서 소비자는 기업에서 제공하는 제한된 정보만으로 의사결정을 할 수밖에 없었다. 거래 당사자의 한쪽에는 정보가 많으나 다른 쪽에는 없는 이런 상황을 '정보의 비대칭성'이라고 한다.

이 같은 정보의 비대칭성을 무너뜨린 게 온라인과 소셜미디어이다. 지금의 소비자는 기업에서 제공하는 부분적인 정보만을 일방적으로 받아들이지 않는다. 유형의 제품이든 무형의 서비스든

비즈니스 모델을
혁신하는
5가지 길

온라인과 소셜미디어를 통해 배송은 빠른지, 반품은 쉬운지, 포인트는 얼마나 적립되는지 등 여러 부분에 대한 주변 사람들의 의견과 경험을 실시간으로 확인하고, 오프라인에서의 체험수기까지 검색해 본 후 구매를 결정한다.

게다가 스마트폰이 가져온 변화는 또 다른 전환점을 맞이했다. 인공지능(AI), 사물인터넷(IoT), 가상현실(VR), 증강현실(AR), 빅데이터 등 주요 디지털 기술이 비즈니스를 근본적으로 변화시키기 시작했다.

이제 기업의 핵심 경쟁력은 가격을 중심으로 한 단순한 상품판매가 아니다. 생산과 소비에 대한 정보를 공유함으로써 새로운 가치를 만들어내야 한다. 그러려면 디지털과 물리적 경험의 결합이 중요하다. 얼마나 빨리 초지능, 초실감, 초현실화를 이루어내는지, 디지털로의 전환(Digital Transformation)을 얼마나 잘하는지에 따라 기업의 미래가 결정되기 때문이다. 국내외 기업들이 디지털 기술을 선도적으로 도입하면서 기술 기반의 비즈니스 모델을 구현하려는 이유도 거기에 있다.

소비자가 바뀌면 상품을 판매하는 방식도 바뀔 수밖에 없다. 4차 산업혁명으로 대변되는 다양한 디지털 기술혁신이 새로운 가치 창출의 원천이 되는 이유는 소비자들을 알 수 있어서다. 빅데이터와 인공지능을 활용해 소비행동을 예측하고, 상품을 추천하며, 자동구매를 유도하는 방식이 일반화된 지는 이미 꽤 되었다.

스티치픽스(Stitch Fix)는 소비자들이 입력한 데이터만으로 옷을 추천하고 배송해 준다. 데이터를 분석해 좋아할 만한 옷을 찾아내고, 전문 스타일리스트가 그중 5가지를 골라 고객에게 보내준다. 고객들은 옷을 입어보고 마음에 들지 않으면 반품하면 된다. 한편, 인공지능 기술로 만들어진 모나(Mona)는 고객 이메일 내의 뉴스레터와 주문서, 영수증 내용 등을 분석해 개인화된 상품을 매일매일 추천한다. 또 이베이는 상품을 검색하고 관련된 질문을 하면 페이스북과 연동한 숍봇(Shopbot)을 통해 페이스북 메신저로 개개인에게 최적화된 상품을 추천해 준다.

산업 간 융합에 따른 업태 간 경계가 무너지고 있는 것도 특징이다. 스마트폰을 중심으로 온·오프라인이 연결되고, 제조와 생산영역에 걸친 새로운 변화가 생겨났다. 이마트와 쿠팡의 경쟁처럼 산업구조 변화에 따른 산업 간 경계 붕괴현상은 더욱 가속화될 전망이다.

네이버는 오프라인에서 '라인프렌즈 스토어'를 운영하고 있다. 라인프렌즈 스토어는 모바일 메신저 서비스인 라인(Line)의 캐릭터 상품을 판매하는 곳으로 시작했다. 하지만 최근에는 문구, 의류, 완구 등의 통상적인 캐릭터 상품의 범위를 넘어 음식, 보석, 식기, 전자기기 등으로까지 범위를 넓히고 있다. 동네 문구점이 네이버와 경쟁을 해야 하고, 동네 제과점이 네이버와 경쟁을 해야 하는 상황이다. 라인프렌즈 스토어를 통해 보는 것처럼 서로 다른 업종 간 경계가 없어지는 현상은 더욱 늘어날 것이다. 지난 몇 십 년 동안 산업을 구분했던 방식은 더 이상 의미가 없다.

글로벌화도 거스를 수 없는 흐름이다. 인터넷, 모바일기기, 소셜미디어 등으로 세상이 하나로 연결되고 있다. 비즈니스에서 국경은 의미를 잃은 지 이미 오래다. 소비자를 중심으로 한 해외직구는 결제 시스템 등의 인프라가 개선되고, 거래 경험자들의 신뢰수준이 높아지면서 거래금액이 지속적으로 많아지고 있다. 게다가 공급자 중심의 글로벌화도 진행 중이다. 전 세계 최대 소매점 알리바바가 알리페이 등을 통해 국내에 진출하고 있으며, 전 세계에서 가장 혁신적인 기업 아마존도 다양한 방식으로 국내시장에 진입하고 있다.

4차 산업혁명이 가져온 환경변화에 대응하기 위해서는 기술의 단순 소비자로 머물기보다 다양한 기술 생태계를 선제적으로 내재화하기 위해 노력해야 한다.

전략적 관점에서는 데이터를 분석하고 전략을 수립하여 의사결정을 해야 한다. 수요 예측에서부터 소비자 분석까지 디지털 기술이 활용될 수 있는 영역은 무궁무진하다.

밸류체인 관점에서 보면 재고관리, 창고관리, 매장관리 등의 영역에서 자동화가 일어나고 있다. 사물인터넷 센서의 발달은 모든 상품의 이동과 상태 정보를 실시간으로 확인, 관리의 정확도를 높이는 동시에 현장에서 로봇이 매장을 관리토록 함으로써 효율성을 극대화시킨다.

고객경험을 강화할 수 있는 측면에서는 증강현실과 가상현실이 있다. 온라인과 오프라인이 하나의 세상으로 통합되면서 물질적 (physical) 세계와 디지털(digital)을 연결한 피지털(Phygital)이라는 새로운 흐름이 나타나고 있다. 또 빅데이터를 기반으로 특정 소비자들에게만 접근하는 리얼타임 마케팅도 일반화되고 있다.

구매가 이루어지는 단계에서는 간편결제와 배송효율화 측면에서 기술이 활용된다. 네이버, 삼성, 애플, 구글 등 글로벌 사업자들이 간편결제 시장에 공을 들이는 이유는 소비자가 구매를 결정한 후 결제까지 걸리는 시간을 최소화할 수 있도록 하기 위함이다. 또한 아마존 등이 드론을 활용해 상품을 배송하는 이유는 인건비 절감뿐만 아니라 배송의 속도와 정확도를 개선하기 위해서다.

고객 관계 측면에서는 사물인터넷을 중심으로 상품의 이력 추적이 가능해진다. 배송 및 반품처리 등의 과정을 볼 수 있게 함으로써 소비자의 신뢰를 구축하고 브랜드 이미지를 높인다.

이러한 여러 기술들은 반복구매 및 재구매로 이어지게 만들면서 플랫폼을 통한 지속구매를 이끌어낸다.

기업의 나아갈 방향은 애플을 통해 찾아볼 수 있다. 애플은 '애플 5번가', '애플 가로수길'처럼 오프라인 매장 이름에서 '스퀘어'라는 명칭을 빼고 있다. 매장을 단순한 '가게'가 아닌 상품 구입 이상의 역할을 하는 '장소'로 자리매김시키려 한다. '가게'로 정의되면 애플의 신제품을 구입하거나 A/S를 받는 곳이 되지만, '장소'로 정의되면 다양한 이벤트에 참여하거나 친구들과 함께 시간을 보낼 수 있는 곳이 되기 때문이다. 제품 구입은 여러 역할 중 하나에 불과할 뿐이다. 오프라인 매장은 금액으로는 환산키 어려운 소비자 충성도를 높이는 한편, 고객의 디바이스 구매 및 이용 패턴 등의 트렌드를 파악할 수 있다는 장점도 가진다.

애플의 직영 판매망인 '애플스토어'는 리테일 서비스 혁신과 오프라인 채널에서 매출을 증대시킨 대표적 사례다. 특히, 매장 내 '지니어스 바(Genius Bar)'는 고객 서비스 측면에서 새로운 접근을 실현하고 있다. 지니어스 바는 기기의 사용방법 설명 등 기술지원과 고장수리 관련 사후 지원이 주요 기능이나, 타사 독립형 A/S 센터와 달리 매장 내 바 형태의 테이블에서 전문가(Genius)와 기기를 함께 다루며 상호 소통하는 방식이다. 애플스토어는 단순 판매보다 사용자 체험과 문제해결에 초점을 맞춘 판매방식 기반으로 매장을 운영하는데, 이러한 역량을 갖춘 판매사원(Genius)으로 구성된 '지니어스 바'가 매장 성공의 핵심요인이라고 할 수 있다.

이러한 애플의 성공사례가 버버리, BMW, 뱅크오프아메리카 등 여러 업종의 판매사원 서비스 혁신에 벤치마킹되면서 고객과 직원 간의 상호작용이 매장 성공의 주요 요인으로 대두되고 있다. 버버리는 고객의 행동변화를 반영해 고객과 상호작용이 가능한 판매사원 지원 및 매장혁신을 추진하고 있으며, BMW는 고객과의 소통 강화를 위한 미래 리테일 전략의 일환으로 '프로덕트 지니어스(Product Genius)' 판매사원 제도를 실시하고 있다.

디지털은 비즈니스를 어떻게 바꾸고 있는가?

인류 역사 변화의 중심에는 새로운 기술의 등장과 기술적 혁신이 있었다. 새로운 기술의 등장은 단순히 기술적 변화에 그치지 않고 사회구조 및 경제구조를 변화시켰다. 독일 스포츠웨어 전문기업 아디다스는 로봇공장 '스피드 팩토리(Speed Factory)'를 통해 신발 생산을 현지화하고 있다. 이는 복잡한 공급망의 단순화와 물류비용, 재고 및 보관비용을 줄이는 데 기여한다. 또 고객들의 주문을 받아 생산하기 때문에 생산의 유연화도 가능해진다. 이 같은 시스템이 정착되면 재고를 줄이기 위해 신발을 할인판매하거나 과도한 마케팅 비용을 지출하지 않아도 된다. 산업의 근본적인 변화가 일어나는 것이다.

또한 사물인터넷, 클라우드 등 초연결성에 기반을 둔 플랫폼 기술이 발전하면서 새로운 형태의 비즈니스가 등장하고 있다. 카카오T, 배달의민족 등이 대표적인데, 이들은 소비자 경험을 혁신하고 데이터 중심으로 새로운 비즈니스를 만들어냈다. 빅데이터, 사물인터넷, 인공지능, 자율주행차 등의 기술개발 수준을 고려할 때, 앞으로는 그동안 경험해 보지 못했던 형태를 갖춘 비즈니스의 일반화가 더욱 빨라질 가능성이 높다.

또 디지털로 무장한 소비자가 증가하면서 기업의 전략도 변화고 있다. 사람과 사람이 연결되고, 오프라인과 온라인이 연결되고, 기계와 기계가 연결되면서 데이터가 모이기 시작했다. 소비자에 의해서든 기업에 의해서든 디지털 공간에 남겨진 데이터는 기하급수적으로 증가하고 있으며, 이를 통해 소비자들의 행동 및 구매 패턴을 파악해 더 효율적으로 비즈니스를 전개해 나간다. 데이터 자체로는 아무것도 할 수 없지만, 이를 해석해서 활용할 수 있다면 기업에게는 큰 기회요인이 된다. 그리고 이제 테크놀로지는 인공지능과 융합되어 컴퓨터 스스로 소비자들의 행동을 분석하고 비즈니스 전략을 판단케 하는 과학적 영역으로 진화하고 있다.

모바일, 클라우드, IoT, 인공지능(AI), 로봇 등 디지털 기술의 혁신으로 자동화와 지능화가 가능해지면서 기업활동도 빠른 속도로 디지털로 전환되고 있다. 기업경영, 고객관리, 비즈니스 모델, 운영 프로세스, 마케팅 활동 등에서 기존과는 다른 새로운 방식의 접근과 시도가 필요하며, 기업의 전략 관점에서 데이터를 고민하고, 수많은 채널을 대상으로 투자효과를 따져봐야 한다.

테크놀로지의 진화를 막을 방법은 없다. 다양한 테크놀로지의 발달로 생산성과 효율성이 높아지면 기업들은 과거의 방식에서 벗어나 디지털에 더 많이 투자하게 되고, 이는 더 나은 테크놀로지의 개발로 이어지며 선순환 프로세스를 구축하게 된다. 이러한 변화는 아직까지 전통적 사고에 머물러 있는 기업들에게 '이제 당신이 새로운 변화에 적응해야 할 시간이 얼마 남지 않았다.'는 경고의 의미를 담고 있다.

기술 및 산업 간 융합은 산업구조를 변화시키고 새로운 비즈니스 기회를 만들어낸다. 문제는 미래사회로 진입할수록 새로운 기술과 기술적 혁신이 나타나는 주기가 극단적으로 빨라질 뿐만 아니라 기술의 파급속도도 급격하게 빨라진다는 점이다.

게다가 디지털은 IT 업종을 넘어 제조와 서비스업 등 전통적인 영역까지 바꾸고 있다. 심지어는 수천 년 동안 이어져 온 농촌의 모습도 변화시킨다. 대표적인 기업이 중국의 전자상거래 기업인 징동닷컴이다.

징동닷컴이 주목받는 이유는 특유의 비즈니스 모델 때문이다. 알리바바와 달리 직매입과 직배송 비즈니스 모델 형태를 취하는 징동닷컴은 가짜가 많은 중국에서 소비자 신뢰를 얻기 위해 직접 상품을 매입해 판매하고 있으며, 중국 대부분의 도시에 마련한 배송지점을 통한 신속한 배송으로 서비스 품질을 높이고 있다. 징동닷컴의 전략은 한마디로 '좋은 제품 직매입, 좋은 가격 판매, 신속하고 안전한 배송'이라고 할 수 있다.

물론, 물건을 매입해서 판매하려면 물류창고가 필요하고, 배송을 위해서는 그만큼의 직원을 고용해야 하는 부담이 따른다. 실제 징동닷컴은 판매에서 벌어들인 돈을 배송 시스템에 쏟아붓고 있다. 쿠팡이 소프트뱅크로부터 투자받은 대부분의 돈을 물류 시스템에 쏟아붓는 것과 같다.

하지만 징동닷컴은 쿠팡보다는 상황이 유리하다. 직배송이라는 구조적 문제점에도 불구하고 13억 명이 넘는 내수시장을 기반으로 전자상거래 시장이 매년 큰 폭으로 성장하고 있기 때문이다.

비즈니스 모델을
혁신하는
5가지 길

또 인터넷 인프라가 약한 산간지역도 스마트폰으로 상품을 구매하기 시작하면서 징동닷컴이 커버할 수 있는 지역 또한 넓어지고 있다. 규모의 경제 효과를 통해 직배송이라는 구조적 취약점을 해결하고 있는 것이다.

직매입과 직배송 시스템을 갖춘 징동닷컴이 3F전략을 발표했다. 시골농장에 현대화된 공장(Factory)을 짓고, 농부들에게 금융(Finance)을 제공해 도시의 식탁에 농장(Farm)의 상품을 제공한다는 전략이었다. 이를 위해 시골에 전력시설을 세우고, 비료와 제초제를 지원하는 공장을 짓고, 홍보와 마케팅, 배송 등을 담당하는 서비스센터를 세웠으며, 농민들이 손쉽게 돈을 빌릴 수 있도록 크라우드펀딩 플랫폼을 개발해 금융을 지원하기 시작했다. 이제 이렇게 생산된 농산물 등은 징동닷컴을 통해 도시의 식탁으로 판매되고 있다.

징동닷컴은 먼저 '닭에게 만보기를 착용시키는 것'으로 3F전략을 실험했는데, 허베이성에 있는 농촌 가정에 100마리씩의 병아리를 나눠주었다. 야외에서 방목으로 키우고, 닭의 발목에 만보기와 같은 피트니스 트래커를 채우는 동시에 닭이 100만 보 이상을 걸으면 일반 닭의 3배가 넘는 100위안에 매입하는 조건이었다. 결과는 기대 이상이었다. 징동닷컴을 통해 판매되는 이런 닭들은 건강하게 관리된 믿을 수 있는 식품으로 인식되어 일반 닭보다 값이 2배 이상 비싼데도 소비자들에게 불티나게 팔리고 있다.

징동닷컴이 농촌의 모습을 바꾸고 있는 것처럼 디지털 혁신은 기업을 새로운 환경으로 이끌고 있다. 변화와 혁신이 성장을 위해서가 아니라 생존을 위해 꼭 필요해진 지금 기업들에게 디지털 역량은 필수적인 요소가 되었다.

그러나 디지털 역량은 어느 날 갑자기 만들어지지 않는다. 이를 위해서는 현실세계를 디지털화 정보로 바꿔주는 IoT, LBS, IoB, SNS, 클라우드, 빅데이터는 물론, 그것들을 통해 생성된 디지털 정보를 현실세계에 적용할 수 있는 서비스 디자인, 3D 프린터, 증강·가상현실, 핀테크·블록체인, 게임화, 플랫폼 등에 대한 이해가 필요하다. 새로운 디지털 사업 모델을 전략적으로 도입해 사업 확장에 나서려면 이를 뒷받침할 수 있는 관리역량과 IT·디지털 운용역량 또한 필수적으로 갖춰야 한다는 말이다.

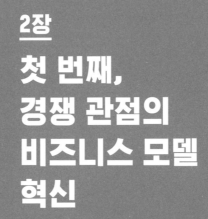

2장
첫 번째,
경쟁 관점의
비즈니스 모델
혁신

1
첫 번째,
경쟁 관점의 비즈니스 모델 혁신

가치를 높이거나, 원가를 낮추거나, 집중하거나

비즈니스 모델 혁신의 첫 번째 관점은 '경쟁'이다. 경쟁은 일반적인 경쟁과 수준 높은 경쟁으로 구분할 수 있다. 일반적인 경쟁은 경쟁자가 많은 시장에서 비슷한 제품과 서비스로 하는 경쟁을 말하고, 수준 높은 경쟁이란 특정 카테고리에서 차별화하는 경쟁을 말한다. 기업은 현재의 환경과 시장에서의 위치에 따라 직접적인 경쟁을 할지 차별화를 할지 선택해야 한다. 이는 개인에게도 적용된다. 누구나 할 수 있는 반복적 업무를 하면서 낮은 임금을 받든지, 제공하는 근로 수준의 가치를 높여 차별화를 하든지 정해야 한다.

경쟁은 기업과 제품의 신뢰를 높이는 긍정적인 측면을 갖고 있다. 어떤 기업에서 특별한 제품을 만들었는데 경쟁자가 하나도 없으면 소비자들은 선택하려 들지 않는다. 경쟁상대가 있어야 안심하고 구매한다. 경쟁기업이 제시하는 메시지와 우리 회사가 제시하는 메시지 혹은 그 이상의 기업이 존재한다는 사실은 제품 구입에 큰 영향을 미친다.

경쟁은 위험하기도 하다. 제품과 서비스가 비슷하면 사람들은 가격만 보고 평가할 때가 많다. 만약 소비자들이 가격만을 통해 제품 구입 여부를 결정한다면 기업은 가격을 더 내려야 할지 모른다. 그러면 경쟁기업도 가격을 내릴 수밖에 없다. 두 기업 모두 손해를 감수하면서 제품을 만들게 되고, 이는 결국 품질 저하로 이어져 소비자들에게도 손해를 끼치게 된다.

경쟁 관점에서는 다음의 부등식이 유지되어야 기업이 생존할 수 있다. 고객이 느끼는 가치(V)는 지불한 가격(P)보다 높아야 하고, 제품을 만드는 데 들어가는 원가(C)는 고객이 지불한 가격(P)보다 낮아야 한다.

$$가치(Value) > 가격(Price) > 원가(Cost)$$

V>P>C 관점에서 보면 기업이 택할 수 있는 방향은 크게 두 가지다. 가치와 가격의 거리를 벌리거나, 가격과 원가의 거리를 벌

리는 것이다. 즉, 제품과 서비스 혁신을 통해 소비자들이 느끼는 가치를 높이거나, 공정혁신 등을 통해 원가를 낮추어야 한다는 말이다. 낮은 원가로 만들어 싸게 파는 걸 '원가우위 전략'이라 하고, 부가가치를 높여 비싸게 파는 걸 '차별화 전략'이라고 한다.

이상적으로는 애플처럼 가치를 높이면서 원가도 낮추는 것이지만, 이런 목표를 달성할 수 있는 기업은 전 세계적으로도 별로 없다. 때문에 대부분의 기업은 가치를 높이는 활동보다는 원가를 낮추는 활동에 집중한다. 매년 '원가 10% 절감', '불량률 제로 운동' 등이 공정혁신을 통한 원가절감 활동이다.

'혁신' 또는 '개선'이라는 용어는 중요치 않다. 혁신과 개선 중 어떤 단어를 사용할지는 기업이 선택하면 된다. 10% 원가절감이 어떤 기업에서는 '혁신'으로 불릴 수 있고 어떤 기업에서는 '개선'으로 불릴 수도 있다. 예를 들면, 같은 기업이라 하더라도 작년의 10% 원가절감은 개선 수준이었지만, 올해의 10% 원가절감은 새로운 관점이 필요한 혁신일 수도 있다. 기존 활동범위에 있는 개선은 '작은 개선'이며, 기존과 다른 새로운 접근이 필요한 개선은 '조금 더 큰 개선', 즉 혁신이라고 볼 수 있다.

이처럼 제품의 가치 향상에 집중할지, 원가를 낮추는 일에 집중할지에 따라 기업의 비즈니스 모델이 달라지므로 어떤 한 상품을, 그것을 사고 싶어 하는 사람에게 얼마에 판매할지를 결정하는 일은 매우 중요하다.

빠르게 변하는 비즈니스 환경에서는 어떠한 기업도 영원히 독특하거나 안전할 수 없다. 따라서 새로운 관점의 혁신까지는 아니더라도 스스로 변할 수 있어야 한다. 안정 위주의 전략은 기업을 더욱 위태롭게 할 수 있다. 비즈니스 모델 혁신이란 한 산업에서의 지배적인 전략이나 게임의 법칙과는 다른, 새로우면서도 동시에 보다 많은 가치를 창출하는 전략을 만들어내는 일이다. 기존의 게임을 경쟁사보다 잘 수행한다기보다 다른 게임을 수행하여 경쟁사보다 많은 가치를 창출하는 일이기 때문에 소비자들의 선택을 받는 것임을 이해해야 한다.

경쟁 관점의 비즈니스 전략

경쟁 관점의 비즈니스 전략을 명확하게 정의한 사람이 마이클 포터 교수이다. 그는 본원적 경쟁전략으로 차별화, 원가우위, 집중화를 제시했다.

차별화는 기업이 활동하고 있는 산업 내에서 자사의 상품을 다른 제품이나 서비스와 구별되는 독특한 것으로 인식시키는 전략이다. 이를 위해 기업은 기술, 디자인, 상표, 편리한 유통망, A/S 체계, 대 고객 서비스를 강화하는 방법을 활용한다. 다른 제품이나 서비스와 뚜렷이 구별되는 차별화에 성공하면 기업은 산업 내에서 평균 이상의 수익을 올릴 수 있다. 고객은 기업과 브랜드를 신뢰하게 되면서 가격을 크게 중요시하지 않게 된다. 그러면 기업은 경쟁적인 대결에서 벗어나는 것은 물론, 수익이 증가하므로 원가우위를 확보할 필요성이 없어진다.

차별화 비즈니스 모델을 구축하고 있는 기업으로는 다이슨과 발뮤다를 들 수 있다.

날개 없는 선풍기로 유명한 다이슨은 기존의 통념을 깨는 제품으로 유명하다. 선풍기뿐 아니라 먼지봉투 없는 진공청소기와 모터를 숨긴 소음 없는 헤어드라이어 등 기술집약적 제품을 잇달아 성공시키며 전 세계적으로 혁신기업 이미지를 키워나가고 있다. 다이슨 헤어드라이어는 가격이 일반 헤어드라이어의 10배가 넘지만, 소비자들은 가격에 아랑곳없이 다이슨이라는 브랜드를 믿고 기꺼이 선택을 한다. 남다른 기술력으로 고부가가치를 창출하는 셈이다.

일본의 발뮤다는 가전업계의 애플이라 불리는 곳이다. 발뮤다의 주요 타깃은 기존에 없던 기능을 '일부러' 찾는 사람들이다. 실제로 선풍기, 가습기, 토스터기 등 이 회사가 출시한 신제품을 면면이 뜯어보면 기존 가전과는 확연히 다름을 알 수 있다. 예컨대, 발뮤다 토스터기는 빵만 굽는 기존 토스터기와는 달리 빵 종류에 따라 5가지 모드로 빵을 구울 수 있는 기능을 탑재했다. 또 급수구에 5cc의 물을 넣어 스팀으로 빵을 구워낸다. 대신 저렴하게는 1만 원대 안팎이면 살 수 있는 토스터기 가격을 20~30만 원대에 판매하고 있다. 그럼에도 사람들은 토스터기, 가습기, 선풍기 등 같은 제품을 집에 두고도 기꺼이 발뮤다의 제품을 추가 구입하고 있다.

원가우위는 규모의 경제를 달성할 수 있는 설비와 시스템을 갖춘 기업이 경험의 축적을 통해 경쟁기업을 압도하는 것이다. 이를 위해서는 철저한 원가관리, 빈번하고 세부적인 통제 및 관리의 보고체계, 체계적인 조직화와 책임소재의 명확화, 목표 생산량 달성을 자극하는 인센티브 제도 등이 요구된다. 원가우위를 확보한 기업은 경쟁과정에서 이윤이 다소 희생되더라도 원가우위를 통해 보충해 나갈 수 있다. 또 원가상승 압박에 유연히 대처할 수 있을 뿐만 아니라 유력한 공급자의 영향력에도 대응할 수 있게 되는데, 이 같은 원가우위는 시장점유율이 높거나 원자재 확보 및 접근이 쉽다는 등의 이점이 뒷받침되어야 가능해진다.

원가우위 비즈니스 모델을 구축하고 있는 기업으로는 도요타와 이케아를 들 수 있다.

도요타는 정확한 상품별 원가를 파악한 후 원가의 정밀도를 높여나가고 있다. 이를 위해 ① 모든 비용을 상세히 계산하고, ② 그에 따라 실적을 파악하고, ③ 상품별로 원가를 파악하는 시스템을 만들고, ④ 그것을 실행한다. 도요타가 원가우위 전략을 고수하는 이유는 자동차산업의 특성 때문이다. 차 등급 등에 따라 판매 전부터 이미 가격이 정해져 있는 데다 판매량 예측마저 불가능하다면 확실하게 이익을 확보하기는 쉽지 않다. 그렇다면 도요타 입장에서 이익을 내기 위한 확실한 방안은 무엇일까? 가장 먼저는 원가를 억제하는 일이다. 이는 노력을 통해 원가를 절감할 수만 있다면 이익이 보장된다는 뜻이다. 덧붙여 원가우위를 갖게 되면 가격 경쟁이나 예상치 못한 환율 변동에도 버틸 수 있는 체력을 갖추게 된다. 도요타가 전사적으로 원가절감을 추진하는 이유가 바로 여기에 있다.

이케아는 원가절감과 품질향상을 위해 온갖 방안을 동원한다. 가격을 낮추기 위해 영업사원 대신 셀프서비스 방식을 채택하고, 샘플 전시가 아닌 전 제품을 진열하는 방식을 택함으로써 매장 인력을 최소화한다. 납품업체를 위해서는 제조비용이 덜 들어가도록 가구를 디자인하고, 가구를 가능한 작고 납작하게 포장하는 '플랫팩(Flat pack) 시스템'을 채택해 원가를 절감한다. 또 압축 포장할수록 부피가 작아지므로 운송량도 줄어드는데, 플랫팩 시스템 덕에 이케아는 운송량을 6분의 1로 줄일 수 있었다. 마침내 고객들은 더 적은 돈을 지불하면서 만족스러운 경험이 가능해졌고, 이케아는 가구산업에서 독특한 위치를 차지하게 되었다.

집중화는 특정 구매자 집단이나 생산라인별 부문 또는 지역적으로 한정된 시장에 집중하는 전략이다. 이 전략은 넓은 영역에서 경쟁을 벌이는 기업들과는 달리 한정된 목표를 보다 효과적이고 능률적으로 달성할 수 있다는 전제를 바탕에 두고 있다. 집중화를 이룬 기업은 그 산업 내에서 평균 이상의 수익을 올릴 수 있는 잠재력을 갖게 된다. 또 전략적인 목표로 원가우위나 두드러진 차별화 또는 이 둘을 모두 추구함으로써 경쟁요인 모두에 대응할 수 있는 방어력도 갖추게 되는데, 집중화를 위해서는 모든 기능적 방식을 특정 고객에만 집중하면서 그에 맞춰가야 한다.

집중화 전략에는 2가지 유형이 있다. 목표로 하는 세분화된 산업에서 원가우위를 추구하는 '원가 집중화'와, 역시 목표로 하는 세분화된 산업에서 차별화를 추구하는 '차별적 집중화'가 그것이다. 따라서 집중화 전략을 추구하려면 목표 산업이 반드시 독특한 욕구를 갖는 구매자를 대상으로 하거나, 제품이나 배달 시스템 등에 있어 여타 세분화된 산업과 다른 차별적 특성을 가져야 한다.

원가 집중화는 세분화된 산업에서 원가행동의 차이를 이용하는 반면, 차별적 집중화는 특정 세분화 시장에서 구매자의 특별한 욕구를 이용하는 전략이다. 대중성이 큰 산업을 겨냥하는 경쟁기업은 다른 산업들과 비슷하게 세분화된 시장을 다루기 때문에 이러한 특정 산업에서의 구매자의 차별적 욕구를 특별히 취급하지 않는 경우가 대부분이다. 그래서 집중화 전략의 여지가 생긴다. 집중화하는 기업은 세분화된 산업을 배타적이고 집중적으로 공략함으로써 경쟁우위를 획득할 수 있다.

원가 집중화를 추구하는 기업으로는 프랑스 사무용품 회사 빅(BIC)을 들 수 있다. 빅의 주력상품은 볼펜과 라이터이다. 빅 라이터의 경우 일반 라이터보다 수명이 두 배 이상 길다. 라이터의 수명을 결정하는 부싯돌은 옥수와 석영이 주성분인 암석을 사용해 쉽게 마모되지 않는다. 몸통은 일종의 플라스틱 소재인 '데를린'을 사용하는데, 데를린은 강철보다도 강할 만큼 강도가 우수하며 성질 변화도 잘 일어나지 않는다.

차별적 집중화를 추구하는 기업으로는 롤렉스를 들 수 있다. 장인의 손에 의해 100% 수작업으로 제조, 조립, 완결되는 완벽함의 대명사 롤렉스는 1년에 걸친 생산공정과 단계별 품질관리로 명품의 길을 철저히 고집한다. '영원함(timelessness)'이라는 브랜드 철학을 바탕으로 성공한 남성들의 상징 롤렉스는 그렇게 차별적 집중화에 성공했다.

차별화와 집중화, 원가우위와 집중화는 병행할 수 있지만, 차별화와 원가우위를 동시에 추구할 수는 없다. 제조에서 서비스까지 다양한 영역에서 차별화를 시도할 경우 이에 따른 비용이 필연적으로 발생하기 때문이다. 기업은 일반적으로 여러 본원적 전략 중에서 하나를 선택해야만 하며, 그렇지 않으면 '어중간한 상태'에 머물게 된다.

특정 목표 산업을 위해 기업의 전략을 최적화하는 것(집중화)의 이점은 분명하다. 기업이 차별화를 희생시키지 않는 모든 원가절감 기회를 항상 공격적으로 추구해야 하며, 추가 비용이 많이 들지 않는 모든 차별화 기회를 추구해야 하는 이유이다. 하지만 만약 기업이 광범위한 영역의 산업을 대상으로 한다면 원가우위 또는 차별화의 이점은 사라지고 말 것이다.

경쟁 관점에서 가장 좋지 않은 선택은 '어중간한 상태'에 놓여 있게 될 때이다. 어중간한 상태란 원가우위를 가진 기업에 비해서는 이윤이 낮고, 차별화된 기업에 비해서는 수익이 낮음을 의미한다. 이런 기업은 조직이나 문화가 성격을 명확히 드러내지 못할 뿐만 아니라 여러 가지 갈등과 모순이 드러나게 된다. 따라서 이런 상태라면 반드시 근본적인 의사결정을 다시 해야 한다.

물론, 차별화와 원가우위 집중화 전략에는 다양한 위험요인도 존재한다.

차별화 전략의 가장 큰 위험요인은 가격 상의 차이에 상응하는 만큼만 차별화가 유지된다는 점이다. 차별화를 달성한 기업이 기술 변화나 원가 면에서 뒤처지게 되면 원가우위에 있는 기업들에 의해 시장을 잠식당하게 된다. 샤오미가 기술 격차를 줄이면서 애플과 삼성의 시장을 잠식하고 있는 예가 대표적이다.

원가우위의 경우에는 경쟁기업이 모방이나 동일한 설비를 도입하면서 기술이나 노하우를 습득하게 될 때 위험하다. 또 원가에만 관심을 가지면 제품이나 마케팅 변화에 제대로 반응하지 못하게 되기도 한다. 무엇보다 과거의 투자나 학습이 무효화되는 기술적 변화가 발생하면 원가우위는 의미가 없어지고 만다.

집중화의 경우에는 전략적으로 목표하는 시장과 일반적인 시장의 차이가 크지 않을 때 위험에 빠지게 된다. 핏빗 같은 웨어러블 전문 제조사들이 어려움을 겪고 있는 이유는 애플워치나 삼성 기어S, 샤오미 밴드와의 차이가 크지 않기 때문이다. 즉, '핏빗을 착용하면 무엇이 좋은가?'에 대한 대답이 명확하지 않아 집중화의 효과가 떨어지고 있는 것이다.

비즈니스 모델을
혁신하는
5가지 길

마이클 포터 교수가 제시한 차별화, 원가우위 집중화 전략은 경쟁에 초점이 맞추어져 있다. 어떻게 경쟁을 해야 이길 수 있는지가 핵심이다. 이케아처럼 낮은 가격에 좋은 품질의 상품을 제공하면서 그 관계로부터 고객가치를 높이는 형태는 경쟁전략으로 설명되지 못한다. 이케아는 가구를 패션으로 제정의해 가구 구매를 주저하는 사람들을 고객으로 전환시켰고, 납품업체를 위해 제조비용이 덜 들어가도록 가구를 디자인했으며, 플랫팩 방식으로 운송 및 조립이 가능하도록 함으로써 비용을 절약시켰다. 이는 결국 고객들로 하여금 더 적은 돈을 지불하면서 만족스러운 경험을 하게 만들었고, 가구산업에서 독특한 위치를 차지하게 만들었다.

비즈니스는 단순한 기능을 원하는 사람들에게 싼 가격에 판매할 것인가, 아니면 차별적 가치를 원하는 사람들에게 비싸게 판매할 것인가와 같은 양자택일이 아니다. 유니클로는 '히트텍'과 같은 가성비 높은 상품으로 고객들을 유인한 후 다른 상품을 추가적으로 판매하는 비즈니스 모델을 갖고 있다. 유니클로처럼 합계판매 비즈니스 모델을 적용한다면 특정 제품은 원가를 밑도는 가격에도 판매할 수 있다는 계산이 나온다. 물론, 별도의 제품이나 광고주를 찾아서 보충하는 방식이 병행되어야 이 방식은 효과를 볼 수 있다. 그리고 최근 많은 스타트업들이 이렇게 해서 거대 기업을 능가하는 실적을 거두면서 패권을 장악하고 있다.

원가우위 비즈니스 모델이란?

　남성헤어컷 전문점 '블루클럽'은 원가에 집중하는 비즈니스 모델이다. 미용실에 가기가 쑥스러운, 그러면서 아저씨로 취급받는 남성층을 목표 고객으로 설정해 성과를 거둔 블루클럽에서 주목할 점은 원가구조이다. 일반적으로 남성들은 기다리기 싫어하고, 빨리 서비스해 줘야 하고, 가격도 저렴했으면 좋겠다는 니즈를 갖고 있다. 이러한 소비자 니즈에 맞는 공정혁신을 이룬 것이 블루클럽의 비즈니스 모델이다. 커트 서비스를 중심으로 회전율을 높이면서 소비자가 직접 머리를 감도록 함으로써 서비스 가격을 낮춘 블루클럽은 그 어떤 기술도 없었지만 새로운 관점에서 공정혁신을 했다는 점에서 큰 의미를 찾을 수 있다.

　똑같은 미용실이지만 가치에 집중하는 비즈니스 모델도 있다. 최근 남성들의 핫플레이스로 부상하고 있는 프리미엄 미용실이다. 정통 유럽 바버숍을 본뜬 이 매장은 남성들만을 위한 맞춤 스타일 상담과 이발, 영국 정통 습식면도가 제공된다. 머리를 자르기 전에 위스키를 한 잔 마시거나 커피를 무료로 즐길 수 있는 미니바도 있다. 매장에서는 헤어서비스뿐 아니라 다양한 쉐이빙·헤어용품, 넥타이 등 패션 소품을 판매한다. 고객을 위한 무료 구두 관리 서비스와 시가라운지, 비즈니스 센터 등도 갖추고 있다. 서비스는 적당한 온도의 스팀타월 마사지로 시작해 오일-거품-면도-스팀타월-스킨-알럼블럭 등으로 이어진다. 면도시간이 30

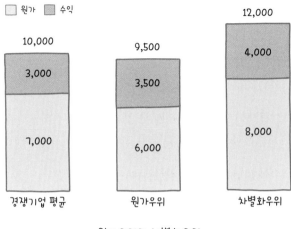

원가우위와 차별화우위

분 이상 걸리고, 커트와 습식면도가 포함된 풀 서비스 가격은 6만 원에 달한다. 그러나 사람들은 지루함을 전혀 느끼지 못할 뿐만 아니라 편안하게 서비스를 받는다.

블루클럽 또는 남성 프리미엄 미용실에서 볼 수 있는 것처럼 경쟁우위는 기업이 고객을 위해 창출한 가치에 의해 발생한다.

예를 들어, 경쟁기업이 1만 원에 판매하는 상품이 있다고 치자. 원가가 7천 원이고 수익은 3천 원이다. 이 기업보다 우위를 점할 수 있는 방법은 두 가지인데, 그중 하나가 원가로 하는 경쟁이다. 경쟁기업보다 원가를 낮추어 일부는 기업의 수익으로 가져가고, 일부는 고객에게 돌려주는 방식이다.

위의 표처럼 원가를 6천 원으로 낮출 수 있다면 기업은 경쟁기업보다 500원이라는 수익을 더 가져갈 수 있고, 고객도 500원 저렴하게 구매할 수 있는, 모두 다 만족하는 거래를 할 수 있다. 원가우위는 단순히 기업의 수익을 희생하면서 싸게 파는 전략이 아니라는 점을 알아야 한다.

원가우위 전략을 이용해 성공한 기업으로 월마트를 들 수 있다. 월마트는 경쟁이 없는 세분시장에 입지한 것도 주효했지만, 무엇보다도 뛰어난 정보망으로 인한 원가절감이 핵심 성공요인이다. 월마트는 1989년부터 인공위성을 이용해 미국 전 지역을 연결하는 정보네트워크를 구축, 물류비용 비중을 총비용의 3% 이내로 줄이는 혁신을 일구어냈다. 컴퓨터 네트워크망을 통해 각 점포에서 오는 주문정보를 중앙컴퓨터에서 분석해 수요를 정확히 예측한 후 물류센터와 연결시킴으로써 재고량이 낮으면 자동으로 주문하는 배달 시스템을 갖춘 것이다.

가방을 만드는 A와 B 기업의 생산비용이 동일하다면, 가방 가격이 같을 때 둘의 이익도 같다. 하지만 A기업이 좀 더 낮은 비용구조를 달성하게 된다면 A기업은 당연히 더 높은 수익 창출이 가능해진다.

이처럼 원가우위 전략이란 경쟁사보다 상대적으로 낮은 생산비용을 달성할 수 있는 비즈니스 모델을 말한다. 세상에 처음 선보이는 제품은 초기에는 차별화가 중요하지만 시장의 규모가 커지기 시작하면 표준화되어 대량생산됨으로써 일상재와 같은 수준으로 변화한다. 따라서 대체로 이익률도 매우 적어진다. 경쟁이 심화됨에 따라 제품의 차별화가 쉬운 산업에서도 원가를 낮추려는 노력이 계속되어야 하는 이유이다.

원가우위 전략은 다양한 방법으로 실현이 가능하다. 이 전략은 높은 시장점유율, 뛰어난 생산관리 능력, 신중한 경영진, 공급자에 대한 협상력, 양질의 원재료, 뛰어난 구매기술, 높은 수준의 기술이나 품질관리 능력을 통해 달성될 수 있다.

그럼에도 원가우위 전략을 실현하는 데 있어 몇 가지 상충관계가 발생할 수 있다. 예를 들면, 기업이 원재료의 품질을 낮춤으로써 원가를 절감하려고 한다면 이는 반품수량의 증가로 이어져 총 생산비용이 증가하게 된다.

반면, 원가우위 전략을 통해 절감한 비용으로 기업은 고객이 느끼는 가치를 증가시킬 수도 있다. 기업이 사용이 용이한 제품을 개발하고 공급함으로써 소비자들이 제품에 보다 빠르게 친숙해지도록 만들 수 있으며, 제품 보증기간이나 보험의 연장, 좀 더 저렴한 금융지원, 빠르고 정확한 배송 시스템 등을 마련할 때 소비자가 느끼는 가치는 증가된다.

2
'차별화'는 시간이 흐름에 따라 '동질화'된다

같은 업종에서 다른 전략으로

원가 기반의 혁신과 가치 기반의 혁신은 다양한 산업에서 관찰된다. 같은 업종에서 다른 전략을 활용한 사례로는 독일의 슈퍼마켓 체인 알디(Aldi)와 영국의 슈퍼마켓 체인 웨이트로즈(Waitrose)를들 수 있다.

알디는 '초저가 할인점'이라는 원가 기반의 비즈니스 모델을 갖고 있다. 알디는 90% 이상의 제품을 자체 PB상품으로 운영하면서 테스코와 월마트를 압도한다. 또 불필요한 비용을 최대한 줄이려 노력하는 알디는 매장에 저렴한 조명을 사용하며 인테리어를 최소화한다. 직선형으로 매장을 구성해 상품 이동을 쉽게 하고, 상품은 바구니나 박스에 담긴 채로 진열한다. 5명 이내의 직원이 청소부터 진열, 계산까지 모두 담당하면서 인건비도 최소화한다. 알디는 대형마트보다 15~30% 저렴한 가격에 판매하고 있음에도 영업이익률이 5%로 업계 최고 수준이며, 매년 8% 이상 매출이 성장하고 있다.

1904년에 설립된 고급 프리미엄 슈퍼마켓인 웨이트로즈는 공정무역 상품, 지역 상품, 프리미엄 상품 등으로 가치 있는 소비를 원하는 사람들을 공략하고 있다. 유기농 제품군의 경우 고급화 전략으로 영국 슈퍼마켓 시장에서 18% 이상의 점유율을 보이고 있다. 웨이트로즈가 중점을 두는 것 중 하나는 디자인이다. 에너지 절약을 이유로 불편하지 않을 정도의 밝기를 유지하는 다른 슈퍼마켓과 달리 매장 전체를 환하게 밝힌다. 인테리어는 편안한 느낌을 강조하면서 곳곳에 나무 마감재를 적용하고, 선반 사이에는 널찍한 공간을 확보해 여유로움마저 느낄 수 있다. 또 제품 디자인에도 심혈을 기울인다. 계피향 설탕을 내용물이 훤히 보이는 투명 용기에 담거나, 통조림과 레토르트 식품(오래 보관할 수 있도록 가공한 식품)은 식품 사진을 패키지 디자인에 활용함으로써 내용물에 대한 성분정보를 사실적으로 담고 있다. 가격보다 가치로 승부하는 것이다.

알디와 같은 원가혁신 비즈니스를 할지, 웨이트로즈와 같은 가치혁신 비즈니스를 할지는 기업의 선택이다. 앞서 말한 것처럼 가치도 높이면서 원가를 낮출 수 있다면 이상적이지만, 두 가지를 모두 달성하기는 생각보다 쉽지 않다. 가장 큰 이유는 요구하는 성격이 다르기 때문으로, 자유로운 환경에서 창의적인 일을 하는 사람에게 원가를 낮추라는 압박을 지속하면 그는 그곳에서 일하기 힘들고, 반복적인 업무환경에 편안함을 느끼는 사람에게 창의성을 요구하면 그 역시 일하기 어렵다.

영원히 차별적인 상품은 없다

높은 가격을 상쇄하는 그 이상의 독특한 혜택을 제공하는 것을 차별화우위라고 한다. 그런데 독특한 혜택을 제공하다 보면 필연적으로 원가가 상승하게 된다. 따라서 차별화 전략을 취할 때도 지속적인 원가혁신을 해야 한다. 차별화우위는 단순히 동일한 제품을 높은 가격에 판매하는 전략이 아니라는 말이다.

차별화를 위해서는 소비자의 욕구를 정확히 파악함과 동시에 기업은 자신만의 독특한 뭔가를 소비자에게 제공해야 한다. 제품의 속성과 성능이 좋다든가, 남들이 할 수 없는 서비스를 제공한다든가, 광고를 멋있게 한다든가, 아니면 편리한 장소에서 구매할 수 있다든가 하는 부분이다. 차별화를 통해 경쟁기업의 제품보다 나은 가치를 제공할 수 있다면 소비자는 기꺼이 그 제품을 선택할 것이다. 미래에는 물질적인 우위보다 창의력과 아이디어가 돋보이는 제품을 생산하는 기업이 번영하리란 사실은 우리 모두가 안다. 제품에 더 많은 아이디어를 조합하는 게 쉬운 일은 아니지만, 이에 성공한 기업은 경쟁자들을 물리치고 소비자에게 높은 평가를 받을 수 있다.

과거의 차별화와 앞으로의 차별화에서 다른 점은 보다 본질적인 접근이 필요하다는 것에 있다. 차별화는 일회적인 광고 캠페인이 아니다. 마일리지 프로그램이 차별화되어 있다 해도 본질과는 거리가 있다. 차별화는 전술이 아닌 전략으로 접근해야 한다. 현재의 상황을 더욱 진지하게, 새로운 시선으로 세상을 바라보아야 한다. 새로운 생각의 틀로 사람들을 이해하고, 그들의 생각과 행동을 인정하는 태도가 필요하다.

차별화를 시도하지 않는 기업이 있을까? 모든 기업은 항상 차별화를 고민한다. 그런데도 차별화를 이루지 못하는 이유는 본질적인 접근을 못하고 있기 때문이다. 프로모션 행사를 통해 시장점유율을 높이고, 제품의 라인을 확장해 제품 종류를 넓히고, 광고를 통해 인지도를 확대하는 방법은 얼마든지 예측이 가능할 뿐만 아니라 누구나 쉽게 따라 할 수 있는 것들이다. '확장'은 진정한 의미에서 차별화라고 볼 수 없다는 말이다.

차별화 전략으로 성공한 기업으로는 애플이 있다. 컴퓨터 회사였던 애플의 성장 기반에는 가치경쟁에 최적화된 사업 모델이 자리 잡고 있다. 애플은 아이폰, 아이팟, 맥북 등 지극히 단순한 제품 라인업을 통해 복잡한 비용구조를 최소화시키고, 전문 역량을 기반으로 가치사슬을 통합해냈다. 규모의 경쟁에 최적화된 사업 모델을 가치 중심의 사업 모델로 재정의해낸 것이다. 여기에 오프라인상의 애플스토어를 통해 자체 유통 및 액세서리 라이센싱 사업 모델을 포함시킴으로써 소비자 경험을 향상시키는 한편, 아이폰에서 창출되는 가치의 대부분을 내재화하는 사업 모델을 구축했다.

기업은 동일한 가치사슬상에서 존재하는 경쟁기업과 차별화되도록 노력해야 한다. 여기서 가치사슬이란 최초의 투입시점부터 최종제품의 판매시점까지 발생하는 모든 일련의 연속적인 과정을 의미한다.

우리는 '차별화'라는 말을 자주 쓴다. 소비자에게 경쟁기업과 다른 것, 더 나은 것을 제공하는 일은 모든 기업들의 바람이기도 하다. 그런 면에서 차별화만큼 보편적인 지지를 얻는 경쟁전략도 없다. 하지만 변화된 환경도 고려해야 한다. 이제는 기업의 차별점 경쟁력이 그리 오래 가지 않는다. 경쟁기업이 무엇을 하고 있는지 쉽게 확인할 수 있을 뿐만 아니라 해당 기술을 따라잡는 데 오랜 시간이 걸리지 않기 때문이다.

LG전자의 스타일러는 의류관리기 시장을 개척한 제품이다. 스타일러는 의류를 걸어두면 미세한 증기를 내뿜으며 옷을 좌우로 흔들어 구김을 펴고 먼지와 냄새를 없애 준다. 그런데 월 판매량이 1만 대가 넘어서기 시작하면서 삼성전자와 코웨이가 시장에 진입하기 시작했다. 대기업에 이어 중견 가전업체까지 의류관리기 시장에 뛰어들면서 LG전자 스타일러는 이제 동질화되어 가는 중이다. 대부분의 제품과 서비스는 기존에 제공되지 않았던 차별점을 내세우면서 고객에게 어필하지만, 이처럼 차별화는 시간이 흐름에 따라 동질화될 수밖에 없다.

반면, 동질화가 나쁜 것만은 아니다. 유사한 카피캣 제품이 나오기 시작했다는 말은 그만큼 해당 시장이 커지고 있다는 의미이기도 하기 때문이다. 다이슨이 처음 선보인 '날개 없는 선풍기'는 확실히 경쟁업체와 차별화된 제품이었는데, 주목을 받기 시작하자 경쟁기업에서 유사제품을 쏟아내기 시작했다. '날개 없는 선풍기'의 동질화가 시작되었다는 뜻이다.

재미있는 점은 동질화의 가장 큰 수혜자가 다이슨이라는 부분이다. 경쟁기업이 일명 짝퉁을 만들어내기 시작하면서 '날개 없는 선풍기'를 구매하는 사람들이 큰 폭으로 증가했다. 시장규모가 커지자 다이슨은 경쟁기업에게 시장을 잠식당하지 않으면서도 프리미엄 브랜드로 포지셔닝되었다. 다이슨의 '날개 없는 선풍기'는 50만 원이 넘지만, 샤오미의 '날개 없는 선풍기'는 10만 원에 판매되고 있다. 비슷한 제품의 가격이 2배 이상 차이가 난다는 건 그만큼 다이슨의 수익률이 높다는 사실을 보여주는 증거이다.

차별화된 제품과 서비스를 만들어내지 못한 기업은 전략적으로 동질화를 선택하기도 한다. 마켓컬리가 시작한 식재료 배송사업에 배달의민족, 야쿠르트, 롯데슈퍼, 동원홈푸드, 신세계백화점 등이 진입하기 시작한 걸 보면 그것을 알 수 있다.

동질화를 추구하는 이유는 초기 진입 실패에 대한 리스크가 적기 때문인데, 마켓리더를 모방하면서 새로운 차별점을 만들어나갈 수도 있고, 산업계의 표준을 따르면 연구개발 실패의 리스크도 줄일 수 있다. 사회적 규범에 의존하는 것도 동질화의 한 방법이다.

'차별화'와 '동질화'는 이렇게 서로 맞닿아 있다. 처음에는 차별화로 고객에게 어필하지만, 시간이 흐르면서 차별화는 동질화될 수밖에 없다.

그렇다면 차별화와 동질화 문제는 어떻게 풀어야 할까? 크게 보면 기술적 차원이 아닌 개념적 차원의 혁신과 동질화에 대비한 관리역량을 키워나가는 방법이 있다. 다이슨과 발뮤다가 높은 기술력과 창의성으로 끊임없이 새로운 제품을 출시함으로써 가전업계의 애플로 불리면서 프리미엄 브랜드로 인식되고 있는 것처럼, 제조과정 혁신과 비용절감 및 재고관리 등 효율성을 비롯해 핵심 매출 증가율과 고객만족도, 정확한 상품 인도, 종업원 만족도 등으로 각 사업의 성과를 끊임없이 측정하고 조금씩 개선해 나가며 동질화에 대비해 관리를 잘하는 자동차 회사 도요타처럼 말이다.

3
주어진 환경을
분석하는 것이 출발점

격변의 시대를 살아가는 사람들

시간을 100년 전으로 돌려보자. 1900년에 뉴욕 5번가 길거리를 찍은 사진을 보면 마차가 가득한 가운데 자동차는 한 대뿐이다. 그러나 그로부터 13년이 흐른 뒤에는 자동차가 가득한 가운데 마차가 한 대뿐이었다. 1900년에 마차와 관련된 비즈니스를 하고 있다고 가정해 보자. 더 빠르고 편리한 마차를 만들겠는가, 위험은 있지만 자동차 사업에 뛰어들겠는가?

100년 전 일이긴 하나 현재의 기업환경에도 많은 시사점을 주는 이야기이다. 당시 마차를 제조하는 대부분의 기업은 더 빠르고 편안한 마차에만 관심을 두었다. 더 좋은 마차를 만들기 위해 아무리 많은 노력을 기울여도 사양산업이 될 수밖에 없음에도 진부화를 읽지 못한 것이다. 이는 기업이 자사의 특정 제품과 서비스에만 관심을 두고 있어 일어난 일이다. 만약, 그들이 마차가 아닌 운송업으로 사업을 봤다면 어떻게 되었을까?

100년 전에 운송산업의 중심에 있던 사람이 윌리엄 듀랜트(William Durant)이다. 윌리엄 듀랜트는 25세의 나이에 마차 제조회사 플린트 로드 카트 컴퍼니(Flint Road Cart Company)를 설립해 미국의 1위 기업으로 성장시킨 인물이다. 1900년에 안전한 마차의 통행을 방해한다는 명목하에 위험한 자동차의 도로주행을 규제해 달라는 시위를 목격하고 자동차 산업의 가능성을 보게 된다. 우버의 등장에 택시 사업주가 시위를 벌이는 지금의 모습과 별반 다를 게 없다. 윌리엄 듀랜트는 당시의 기술적 진보에 발 빠르게 대응하기 위해 1904년에 자동차 회사 뷰익(Buick)을 인수하고, 1908년에는 직접 제너럴모터스(General Motors)를 설립하게 된다. 이 기업이 현재 글로벌 자동차 회사로 성장한 GM이다.

기업의 전략을 수립할 때는 소속된 산업의 변화, 기술적 흐름, 정치적 요인, 사회문화적 현상 등을 먼저 보아야 한다. 이를 거시적 환경분석 또는 거시적 환경요인이라고 하는데, 기업이 전략을 수립하는 데 있어 하나의 사건이나 현상만 봐서는 안 된다는 뜻이다.

예를 들어, 꾸준히 성장하고 있는 해외직구 사업에 대한 전략을 수립한다고 가정해 보자. 이 경우 고려해야 할 상황은 무엇일까? 가장 먼저 떠오르는 게 경쟁자 및 경쟁제품의 가격, 포지셔닝, 시장 규모 등일 것이다. 그러나 이것만 분석해서는 안 된다. 정치적 요인으로 국가 간 관세가 낮아지고, 기술적 요인으로 전 세계 상품을 손쉽게 구매하고 결제하게 되었으며, 아마존과 같은 글로벌 사업자가 번역 서비스 등을 통해 직접 해외직구 서비스를 제공하고 있는 점 등에 대한 외부환경도 분석해야 한다.

전략수립 과정의 절반 이상이 외부환경 분석이라고 할 수 있다. 눈에 보이지 않는다고 환경이 안 변하는 것은 아니다. 빅데이터, 사물인터넷, 인공지능 등의 핵심기술이 사람·사물·공간을 초연결시키고 있고, 산업과 사회 시스템의 혁신이 진행 중이다. 외부환경을 분석해야 하는 가장 큰 이유가 바로 여기에 있다. 외부환경 분석은 기업의 전략수립을 위해 거쳐야 하는 단순 절차나 요식 행위가 아니다. 외부환경 분석 그 자체만으로도 매우 중요한 의미를 지닌다.

외부환경을 분석하는 데는 두 가지의 분명한 목적이 있다. 첫 번째는, 해당 사업의 5년 혹은 10년 후 미래환경이 어떻게 변화할지를 예측해 새로운 기회나 위협요인을 찾아내는 것이다. 현재의 환경만을 분석해 만들어진 전략은 결코 미래전략이라고 할 수 없다. 두 번째는, 사업을 성공시키는 데 필요한 핵심적인 성공요인(KSF : Key Success Factor)을 찾아내는 것이다. 다가오는 미래에는 어떤 거시환경이 변화할지, 그에 따라 산업의 경쟁구조는 어떻게 변할지, 기업의 수익률을 변화시킬 요인들은 무엇인지를 파악하기 위함이다.

이러한 거시환경 분석을 PEST 분석이라고도 한다. 정치적(Politics), 경제적(Economics), 사회적(Social), 기술적(Technology) 요인을 뜻한다. 최근에는 법(Legal)과 환경(Environmental)을 추가해 'PESTLE'라고 부르기도 한다.

첫 번째는 정치적 환경이다. 정치적 환경으로는 정권 변화, 산업 육성 및 규제정책, 기존 제도의 변경 및 폐지, 새로운 제도의 도입 등이 있는데, '규제 강화↔규제 완화'로 표현된다. 정치적 환경이 기업에게 미치는 영향은 절대적일 때가 많다. 국가가 전략적으로 특정 산업을 육성하거나, 법으로 산업의 성장을 규제하거나, 공정한 시장 경쟁을 유지하기 위해 신규 기업에 대한 인허가를 통제하거나 하기 때문이다.

두 번째는 경제적 환경이다. 경제환경을 구성하는 일반적 요인으로는 GDP 성장률, 물가상승률, 이자율 같은 장기 경제전망과 환율, 교역 규모, 국가별 경제전망, 에너지 가격 동향 같은 국제경제 동향, 주식시장 같은 시장경제 추이 등을 들 수 있다. 이 같은 경제환경을 분석할 때는 개별 산업별로 가장 많은 영향을 미치는 변수들을 선별할 수 있어야 한다.

세 번째는 사회문화적 환경이다. 사회를 구성하고 있는 사람들의 가치관, 인구구조, 생활양식 등이 여기에 속한다. 1인 가구 증가, 소비자 라이프 스타일 변화, 여성 권익 강화, 웰빙 문화와 같은 변화들이 있다. 사회의식과 문화의 변화는 사회와 조직 구성원들의 행동방식을 변화시킴으로써 제품과 서비스에 대한 구매 및 사용 패턴을 변화시킨다.

네 번째는 기술적 환경이다. 가장 혁신적인 변화를 일으키는 요인을 말하라면 당연히 기술적 환경이라고 할 수 있다. 다른 환경요인들도 중요하지만, 특히 기술은 불연속적인 변화를 일으키는 중요한 원인이다. 10년 전까지만 해도 하드웨어 기업이 소프트웨어 기업이 되고, 소프트웨어 기업이 하드웨어 기업이 되는 일은 상상할 수 없었다. 하드웨어, 소프트웨어, IT 서비스, 콘텐츠 관련 기업들은 각자의 독립적인 영역에서 경쟁하며 각자의 경쟁적 지위를 강화해 왔다. 그러다 아이폰이 나오고, 네트워크 속도가 빨라지고, 소셜미디어 등으로 다양한 연결이 진행되면서 영역 간 경계 파괴가 심화되기 시작했다. 그리고 이제는 스마트워치, 글라스, 밴드와 같은 다양한 웨어러블 디바이스(Wearable Device), 사물인터넷(IoT), 사물지능통신(M2M), O2O(Online to Offline) 등의 기술적 발전에 따라 사람과 사물, 사물과 사물 등으로 연결범위가 더욱 확대되고 있다.

이처럼 거시환경 분석을 통해 새로운 기회나 위협요인을 찾아내는 일, 사업을 성공시키는 데 필요한 핵심 성공요인을 파악하는 일은 전략수립에 있어 매우 중요한 과정이다.

산업구조 전체를 보아야 한다

지금까지 생각해 왔던 경쟁자가 진짜 경쟁자일까? 지금의 경쟁 방식을 그대로 받아들여야 할까? 중국의 스마트폰 제조사들은 삼성과 경쟁하고 있지만, 스마트폰의 핵심부품은 삼성에서 구입한다. 필요에 따라서는 삼성과 구글처럼 힘을 합치기도 한다. 산업 간 경계가 모호해지면서 경쟁자에 대한 개념이 바뀌고 있다는 뜻이다. 또 신세계가 하남시에 개장한 스타필드의 경쟁자를 백화점이 아닌 에버랜드와 야구장으로 정의한 것처럼 경쟁의 범위도 넓어지고 있다.

애플은 수익의 60%가 아이폰에서 나오지만 단 한 번도 직접 제조를 한 적이 없다. 삼성전자처럼 아이폰에 들어가는 칩조차 직접 만들지 않는다. 앱스토어를 통해 콘텐츠를 유통시키지만 정작 대부분의 콘텐츠는 다른 기업들이 만든 것이다. 애플은 하드웨어 기업일까, 소프트웨어 기업일까, 콘텐츠 기업일까?

과거처럼 경쟁자보다 더 열심히 일한다고 해서, 경쟁자보다 더 품질이 좋다고 해서 선택받는 시대가 아니다. 이제는 경쟁자를 물리치는 것보다 소비자에게 새로운 가치를 제공하느냐 못하느냐가 중요해졌다. 기존 경쟁우위에 안주하거나 머뭇거리다가는 어느새 뒤처지거나 역사 속으로 사라지고 만다. 지금까지 경험해 보지 못한 경쟁의 장과 구조, 방식은 이제 시작일 뿐이다.

경쟁의 방식이 바뀌는 이유는 산업의 융합화와 디지털 컨버전스 때문이다. 서로 다른 기술과 기술, 기술과 제품, 기술과 서비스의 결합이 새로운 비즈니스를 창출해낼 뿐만 아니라 산업 간 경계를 점점 더 불투명하게 하고, 신기술 및 신산업, 새로운 서비스의 등장은 이전과 다른 경쟁의 룰을 만들어내고 있다.

마이클 포터의 5 Forces Model은 산업 전체를 바라보면서 경쟁 관계를 분석해 볼 수 있는 툴이다. 정치적, 사회적, 문화적 요인과 같은 거시환경 분석은 그 자체로는 분석의 범위가 매우 넓어 전략적 시사점을 찾기 어렵다. 기업마다 다른 산업적 특성을 가지고 있으므로 해당 기업이 속해 있는 산업구조를 분석해야 한다. 마이클 포터의 이 툴은 기업 간 경쟁의 정도, 대체제의 위협, 잠재진입

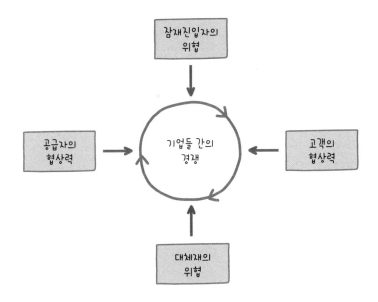

마이클 포터의 산업구조 분석 모델(5 Forces Model)

자의 위협, 공급자의 협상력, 고객의 협상력으로 구성되어 있는데, 다섯 개의 요인 중 하나라도 영향력이 커지면 산업의 이익률이 감소하도록 설계되었다.

산업구조 분석에서 주의를 기울여야 할 점은 해당 산업에서 성공하는 데 가장 중요한 '핵심 성공요인'을 찾는 일이다. 핵심 키맨이나 방법을 찾으면 기업의 경쟁력을 재고할 수 있는 전략적 대안이 뭔지를 알아낼 수 있다.

산업구조 분석의 첫 번째는 같은 카테고리에서 경쟁하는 기업을 분석하는 일이다. 기업 간 경쟁 정도 분석은 여러 가지 요인들을 파악해야 하지만 일반적으로 상위 3~5개 기업을 대상으로 한다. 산업 내 경쟁이 치열할수록 기업들은 경쟁에서 살아남기 위해 가격을 낮추게 됨으로써 이익률이 떨어질 수밖에 없다. 가격을 낮추지 않더라도 서비스를 추가하거나 마케팅 활동을 강화하면서 추가적인 비용을 발생시키는데, 이 또한 산업의 평균적 이익률을 떨어뜨린다. 통신시장에서 SK와 KT가 경쟁하고 있는 예가 대표적이다.

기업 간 경쟁에서 살펴봐야 할 것 중 하나가 산업의 수명주기이다. 산업 자체가 도입기나 성장기일 때는 다른 기업과의 경쟁보다는 성장 자체에 집중하기 때문에 기업 간 경쟁의 정도가 낮다. 하지만 통신시장처럼 성숙기에 진입한 산업은 매출과 시장점유율을 높이기 위해 치열한 경쟁을 하게 되면서 기업 간 경쟁의 강도가 높아지게 된다.

산업 내 경쟁자 평가지표로는 산업의 성장, 제품 차이, 브랜드 인지도, 전환비용, 경쟁사의 다양성, 고정비용 등이 있다. 산업 내 경쟁 관계에서는 해당 범주에 강력한 경쟁자가 있을 경우 비 매력적인 시장으로 분류된다. 이 시장에서는 가격과 광고 전쟁이 심하게 전개되어 비용 손실이 많아질 수 있기 때문이다.

산업구조 분석의 두 번째 요소는 잠재진입자의 위협 정도이다. 어느 산업이든 새롭게 시장에 진입하는 사람들이 있기 마련이다. 기존 경쟁업체들은 신규 진입자들이 쉽게 들어오지 못하도록 진입장벽을 만들려고 하고, 새롭게 시장에 진입하려는 사람은 진입장벽을 뛰어넘으려고 한다. 예를 들면, 우버의 등장에 기존 택시 사업자들은 법령을 강화하는 것으로 대응했고, 우버는 여론전으로 기존 택시업의 문제점을 이슈화하면서 진입장벽을 무력화시켜 나갔다. 이처럼 산업 내 경쟁자는 기존 업체가 얼마나 높은 진입장벽을 가졌는가에 따라, 신규 진입자가 얼마나 많은가에 따라 경쟁의 상태가 결정된다.

자본의 크기도 중요하다. 반도체 산업처럼 자본소요량이 크면 특정 산업에 진출하고자 하는 기업의 수는 적어진다. 반면, 자본소요량이 적은 인터넷 쇼핑몰 시장에는 누구나 큰 망설임 없이 진입할 수 있다.

규모의 경제와 경험곡선도 영향을 준다. 규모의 경제는 생산량이 많아질수록 원가가 낮아지는 것을 말하는데, 생산량이 많아질

수록 작업 등이 숙련되어 원가가 낮아지는 것을 경험곡선이라 한다. 생산량이 늘어나는 경우 인건비 같은 고정비용은 일정하면서 제품 생산에 따른 원재료 비용 등의 변동비만 증가하기 때문에 평균원가가 지속적으로 낮아지게 된다. 이런 규모의 경제 효과가 높은 산업일수록 신규 진입이 어렵다.

규모의 경제는 기업 가치사슬의 모든 영역에서 발생한다. 연구개발과 마케팅에서 규모의 경제 효과를 누리고 있는 애플이 대표적이다. 애플은 TV 광고를 포함해 많은 활동을 표준화함으로써 규모의 경제 효과를 누리고 있다. 동일한 광고를 전 세계에 방송하면서 광고비를 큰 폭으로 절감하는 식이다.

원가우위도 잠재진입자의 위협을 결정하는 요인이다. 원재료를 100원에 구입할 수 있는 기업과 120원에 구입해야 하는 기업이 있다면 결과는 뻔하다. 전사적인 공급사슬의 관리를 통해 오프라인 유통시장을 장악하고, 지난 수십 년간 지속적인 생산성 증대 노력으로 경쟁기업들보다 원가구조를 큰 폭으로 낮춘 월마트의 예가 그것을 보여준다.

산업구조 분석의 세 번째는 대체제의 위협 정도이다. 대체제는 다른 산업이지만 고객의 비슷한 니즈를 충족시켜 주는 제품 및 서비스의 존재 여부를 말한다.

대체재의 수가 많거나 대체제의 가격 경쟁력이 높을수록 해당 산업의 이익률은 하락하게 된다. 나이키가 경쟁자를 게임회사로 선정한 이유는 대체재 관점에서 시장을 바라보았기 때문이다. 기존 관점에서는 리복, 아디다스 등이 경쟁자로 분류되었지만, 대체재 관점에서는 게임회사도 경쟁자가 될 수 있다고 본 것이다. 사람들이 게임을 하느라 운동화를 신지 않는다면 게임회사는 분명 나이키의 경쟁자라고 할 수 있다. 이렇듯 대체재는 현재의 상품보다도 가격 대비 성능이 훨씬 높은 상품이 나올 경우 위협의 정도가 크다.

대체제를 생각할 때는 유용성과 가격 경쟁력을 검토해야 한다. 서울에서 부산까지 이동하는 방법은 KTX, 항공기, 고속버스, 자가운전 등 다양한 방법이 있다. 이때 KTX와 비행기는 전혀 다른 산업군임에도 비슷한 가격대에 빠른 이동이라는 유용성을 지녔다는 점에서 대체 관계에 있는 경쟁자이다. 이처럼 실제 고객에게 유용한 정도, 가격 경쟁력, 고객의 니즈 등에 따라 대체재는 범위와 종류가 다양해질 뿐만 아니라 해당 산업에게 주는 위협의 정도도 달라진다.

이 같은 관점에서 중요하게 고려되는 게 전환비용이다. 대체제로 전환하는 데 필요한 비용이나 번거로움이 크면 클수록 대체제의 위협은 줄어든다. 때문에 이 전환비용은 고객의 협상력뿐만 아니라 대체재의 위협을 분석할 때에도 고려해야 하는데, 각각의 요인들을 살펴보면 개별 기업들의 입장에서 보다 현명한 전략을 선택할 수 있게 된다.

산업구조 분석의 네 번째는 공급자의 협상력 정도이다. 여성 의류 쇼핑몰의 공급자는 동대문시장의 도매상, 의류를 직접 제작하는 공장, 중국 등에서 의류를 수입해 오는 중간 도매상 등이 있을 수 있다. 제품을 공급해 주는 업체가 적거나 공급업체의 품질이 타 회사에 비해 월등히 뛰어난 경우, 해당 제품을 대체할 수 있는 상품이 적은 경우, 소비자가 특정 브랜드 및 회사를 선호하는 경우, 구매 수량이 적은 경우에는 공급자가 높은 협상조건을 가진다. 이처럼 공급자의 협상조건이 높으면 장기계약이나 1회 구매 수량 등을 많게 하는 전략을 취해야 한다.

공급자의 협상력은 공급하는 기업이 막강한 힘을 가졌을 때 우위를 차지한다. 인텔이나 마이크로소프트가 컴퓨터 제조업체들과의 관계에서 막강한 협상력을 갖는 이유는 공급자의 집중도가 절대적으로 높기 때문이다. 게다가 공급제품 차별화 혹은 전방통합 능력을 활용하면서 공급자는 자신들의 협상력을 높여갈 수 있다.

산업구조 분석의 다섯 번째는 고객과의 협상력 정도이다. 제품이나 서비스를 구매해 주는 사람들을 고객이라 부르는데, 해당 제품이 차별화되지 못하고 다른 곳에서도 같은 제품을 판매하고 있다면 소비자의 힘이 강해질 수밖에 없다. 이를 소비자의 교섭력이 높다고 하며, 이처럼 소비자의 힘이 자신의 속한 업계의 힘보다 센 경우는 비 매력적인 시장이라고 볼 수 있다.

구매자의 협상력이 높은 대표적인 경우는 공동구매를 들 수 있다. 1회 총 구매금액을 많게 해 판매자에게 높은 할인율을 요청하는 방식으로, 판매자는 상품의 가격은 낮추지만 대량판매로 이익을 보게 된다. 대형할인점 등에서 많이 볼 수 있는 이런 방식의 판매는 이익률을 낮게 정하는 대신 상품의 회전율을 높여 이익을 높이는 방법이다.

기업에게는 상품과 서비스를 구매해 주는 고객이 가장 중요하다. 고객이 누구이며, 그들이 기대하는 가치가 무엇인지에 따라 기업의 경쟁력이 결정되기 때문이다. 따라서 특정 산업에서 고객들이 지닌 특성을 전략적으로 분석해야 하는데, 이런 고객들의 협상력을 결정하는 요인 중 하나가 고객의 집중도이다. 특정 산업에 있어 고객의 수가 적어 소수의 고객이 생산량의 대다수를 구매하는 경우일수록 집중도가 높아지고, 그럴수록 고객의 협상력은 강해진다. 그리고 고객의 힘이 강해질수록 해당 산업의 이익률은 하락하게 된다.

여기서는 전환비용도 중요하게 고려된다. 아이폰을 사용하던 사람이 갤럭시S로 교체하기 위해서는 애플리케이션을 새로 설치해야 하고, 사용방법도 배워야 한다. 이때 갤럭시S로 전환하는 데 소요되는 총 비용이 많을수록 고객의 협상력은 낮아지는데, 이처럼 기존의 제품이나 서비스를 다른 제품으로 대체하는 데 필요한 비용을 전환비용이라고 한다.

개별 산업들에는 제각기 다른 구조적 특성이 있으므로 해당 기업이 속해 있는 산업의 구조와 환경을 올바르게 분석하는 일은 전략수립에 있어 매우 중요한 작업 중 하나이다. 그리고 기업이 속한 산업 내 경쟁의 정도, 신규 진입자의 위협, 공급자의 교섭력, 구매자의 교섭력, 상품이나 서비스의 대체 위협도에 따라 매력도가 달라진다. 이때 마이클 포터의 5 Forces Model을 활용하면 산업구조를 변화시키는 요인과 그 산업에 속한 자신의 강점, 약점을 파악하고, 자신의 경쟁적 입장을 이해할 수 있게 된다.

전략수립의 핵심 주체, 소비자

기업의 전략수립에서 중요한 것 중 하나가 소비자 분석이다. 이를 위해 소비자 행동과 관련된 다양한 측면을 분석해야 한다. 연구개발 부서에서 제품을 만든 후 영업부서에서 판매하는 게 아니라, 소비자가 필요로 하는 부분을 충족시키기 위해 개발단계에서부터 모든 조직원이 참여하는 전사적 활동이 필요하다.

소비자를 제대로 분석하는 일은 쉽지 않다. 스타벅스에 열광하는 소비자가 있는 반면, 스타벅스에는 전혀 관심 없는 소비자도 있다. 다양한 요인들이 제품 선택에 영향을 주기 때문인데, 과거의 구매 경험이 영향을 미치기도 하고, 개개인의 가치관이 영향을 미치기도 한다. 살아온 환경이나 문화권이 영향을 주기도 하고, 주변 사람들의 평가나 시선도 영향을 미친다.

소비자 행동이란 '소비자가 자신의 욕구를 충족시킬 것으로 기대하는 제품이나 서비스를 탐색, 구매, 사용, 평가, 처분하는 과정'이라고 정의할 수 있다. 소비자 행동은 이처럼 다양한 행동의 과정이고, 이러한 과정에는 앞서 말한 것과 같은 다양한 요인들이 영향을 미친다. 따라서 기업이 소비자를 제대로 알기 위해서는 다양한 측면에 대한 폭넓은 검토와 이해가 필요하다.

기업은 소비자가 구매하기 전에 어떻게 필요를 느끼게 되는지, 어디에서 정보를 얻는지, 어떻게 각각의 대안을 평가하는지 등 구매와 소비에 관련된 프로세스를 파악해야 한다. 또 구매단계에서 실제로 결정한 제품을 구매하는지, 구매 후에는 어떠한 요인이 만족과 불만족에 영향을 미치는지, 불만족한 소비자는 어떻게 행동하는지 등에 대해 알아야 한다. 이렇게 얻어진 정보는 기업의 전략을 수립하는 데 중요한 자료가 된다.

하지만 소비자 조사는 문제의 원인이나 현상을 파악하는 역할 이상을 하기가 어렵다. 기업이 가진 내부역량이나 목표로 하는 바가 다 다르기 때문이다. 기업에 따라 문제해결을 위한 대안은 다양하게 존재하며, 대안의 선택은 조사결과 자체가 아니라 조사결과를 활용하는 기업의 몫이다.

예를 들어, 신규 출시한 A 커피전문점의 브랜드 경쟁력을 파악하기 위해 조사를 실시한 결과 A 브랜드가 경쟁기업의 B 브랜드에 비해 인지도와 신뢰도가 떨어진다는 결과를 얻었다고 가정해 보자. 여기에서 확인되는 사실(fact)은 A 브랜드가 B 브랜드에 비해 인지도와 신뢰도가 떨어진다는 점뿐일 뿐 이를 극복하기 위한 해결책은 A 커피전문점의 몫이다. 해당 기업이 처한 위치나 상황, 시장에서의 목표, 가용할 수 있는 마케팅 자원에 따라 선택할 수 있는 해결책이 다르기 때문이다.

동일한 문제에 대해 동일한 질문지로 조사를 하게 되면 거의 동일한 조사결과를 얻게 된다. A 커피전문점의 브랜드 경쟁력 조사라는 동일한 이슈로 조사를 진행한다면 한국갤럽에 의뢰하든, 서베이몽키에 의뢰하든, 직접 수행하든 조사결과는 크게 달라지지 않는다는 말이다.

반면, A 커피전문점의 브랜드 경쟁력 강화를 위한 마케팅 전략은 매우 다양해진다. 예를 들어, A 브랜드가 1위 브랜드와 시장에서 치열하게 경쟁하고 있고 마케팅 활동에 투입할 수 있는 자원이 충분하다면, 잠재고객을 대상으로 한 광고와 판촉활동을 진행해서 시장점유율을 높이는 전략을 도출할 수 있다. 하지만 A 브랜드가 시장에 진입한 지 얼마 되지 않은데다 마케팅 활동에 투입할 수 있는 자원도 많지 않다면 시장을 세분화해서 특정 고객층에 맞는 마케팅 전략을 수립해야 한다. 또한 A 브랜드가 추구하는 브랜드 이미지에 따라서도 마케팅 전략의 방향은 달라질 수밖에 없다.

동일한 소비자 조사 결과를 보고도 어떤 기업은 성공하고, 어떤 기업은 실패한다. 만약, 소비자 조사가 모든 문제에 대한 해결책까지 제공한다면 조사를 실시한 모든 기업은 성공해야 마땅하다.

하지만 현실은 그렇지 않다. 코카콜라와 펩시콜라의 예를 보자. 두 회사는 웰빙 열풍으로 탄산음료 시장이 위축되고 있다는 조사 결과를 얻게 되었다. 이러한 환경에서 코카콜라는 자사 탄산음료의 질을 높이는 데 주력한 반면, 펩시콜라는 웰빙이라는 시대의 흐름을 간파하고 전체 사업에서 콜라가 차지하는 비중을 줄이는 대신 각종 주스와 스낵류로 사업을 다각화하며 종합 식음료 기업으로 변신을 시도했다. 그리고 현재 진행형이긴 하나 매출액으로만 볼 때 펩시콜라가 코카콜라를 넘어선 건 이미 오래 전 일이다.

소비자 조사의 결과가 시장에서의 성공 또는 실패를 보장하지는 못한다. 소비자 조사를 통해 무엇이 문제인지에 대한 원인이나 현상을 파악할 수는 있지만, 해결을 위한 전략의 도출과 실행에 대한 의사결정은 기업에 따라 달라질 수밖에 없다. 즉, 소비자 조사는 의사결정을 위한 기초 자료로써 기업이 고객만족과 구매행동을 이해하는 데 도움을 주며, 기업의 의사결정자가 시장잠재력 및 시장점유율을 평가하고, 제품 및 가격, 유통, 촉진활동의 효과를 진단하게 해주는 역할을 할 뿐이다.

4
시장을 쪼개
소비자 마음속에 위치하라

난 한 놈만 팬다! 시장 세분화와 목표 고객 선정

경쟁 관점에서 주요하게 다루어지는 부분이 시장 세분화이다. 기업은 가용할 수 있는 자원에 한계가 있으므로 특정시장에 집중해야 한다는 논리이다. 실제 수십 년 전만 해도 일상생활에서 사용하는 치약의 종류는 많지 않았다. 그러나 이제는 충치, 잇몸병, 치석, 시림, 성장기 어린이용 등 치약의 종류는 수십 가지가 넘는다. 이러한 현상은 소비재에서 더 크게 나타나고 있다. 애플워치를 찬 손으로 아이폰을 들고, 가방에는 아이패드와 맥북을 넣고 다닌다. 아이폰, 아이패드, 맥북, 애플워치를 동시에 사용하는 사람에게 "그것들을 다 사용하세요?"라고 물어보면 각각 어떤 역할을 하고, 어떠한 편리함을 주는지 장황하게 설명할 것이다. 시장이 점점 세분화되고 있는 건 기정사실이다.

시장이 세분화되는 가장 큰 이유는 삶의 질이 윤택해졌기 때문이다. 소득수준이 높아지고 먹고살 만해지면서 이제는 하나를 소비해도 내가 좋아하고 나와 맞는 것을 소비한다. 이는 기업 입장에서 보면 과거처럼 하나의 상품을 여러 사람에게 동시에 어필하는 시대가 끝나가고 있음을 의미한다. 한편으로 무엇인가 새로운 상품으로 시장을 공략하려는 기업에게는 기회요인이 되기도 한다. 물론, 기존 기업도 아직까지 채워지지 않은 소비자 니즈를 발굴해 새로운 시장을 개척할 수 있다.

시장 세분화와 목표 고객 선정이라는 개념은 몇십 년 전부터 있어 왔던 이야기로 새로울 것은 없다. 그럼에도 시장 세분화와 목표 고객 선정의 중요성을 계속 이야기하는 첫 번째 이유는 이를 통해 경쟁전략을 결정할 수 있기 때문이다.

예를 들어, 하나 이상의 상품으로 사업을 영위 중인 기업이라면 이들을 유지하면서 새로운 사용자를 늘려야 한다. 만약 경쟁자의 고객을 유입해야 한다면 이들이 우리 제품을 구매하도록 하는 데 드는 노력, 즉 전환비용을 충분히 보상하고 남을 만한 이익을 얻을 수 있도록 포지셔닝해야 한다. 시장이 포화상태라면 비사용자를 사용자로 전환시켜야 한다. 그러려면 비사용자가 왜 해당 상품군을 사용하지 않는지에 대한 충분한 분석이 필요하다. 이처럼 기업의 상황에 따라 마케팅 활동은 달라지고, 마케팅 활동은 시장 세분화와 목표 고객층에 의해 또 달라진다.

시장 세분화와 목표 고객 선정이 중요한 두 번째 이유는 특정 시장을 공략할 때 이 시장과 관련된 비용과 기대수익에 초점을 맞출 수 있기 때문이다. 단기적으로는 현재 사용자들에게 접근하는 방법이 가장 쉽고 수익성도 높다. 하지만 〈태양의 서커스〉처럼 비사용자를 사용자로 전환시키면 새로운 시장을 형성하면서 브랜드를 장기적으로 유지하는 데 도움이 된다.

따라서 시장 세분화 방법론에 앞서 시장 세분화 전략이 필요하다. 시장 세분화 전략은 현재 브랜드 사용자를 활용하는 전략, 경쟁사의 고객을 활용하는 전략, 비사용자를 활용하는 전략, 새로운 가치를 창출하는 전략으로 나눌 수 있다.

첫 번째, 현재 브랜드 사용자를 활용하는 전략이란 애플이 아이팟에서 아이폰으로, 아이패드로, 애플워치로 확장하는 것처럼 기존 고객을 장기간 유지시키는 전략을 말한다. 고객유지율을 5% 늘릴 때 기업의 수익은 100%까지 증가할 수 있다고 한다. 이는 기존 제품에 대해 좋은 기억을 지닌 사용자들은 재구매를 하는 데 거부감이 없다는, 많은 사람들이 지금까지의 경험에 기초해 의사 결정을 한다는 사실을 염두에 둔 전략이다. 이처럼 소비자에게 긍정적인 브랜드 경험을 제공하는 회사라면 현재 브랜드를 적극적으로 활용해 더 많은 소비를 하도록 해야 한다. 그리고 그것의 출발점은 현재 그 제품을 사용하고 있는 고객을 조사하는 일에서부터 시작되어야 한다.

두 번째는 경쟁사의 고객을 활용하는 전략으로, 일반적으로 통신산업과 같은 성숙기 시장에서 많이 활용된다. TV 광고를 보면 KT는 SKT를 공격하고, SKT는 KT를 공격해 서로의 고객을 빼앗아오려고 한다. 이 전략의 성공 여부는 경쟁사의 제품보다 우리의 제품이 우월하다는 사실을 과연 소비자에게 설득시킬 수 있는가에 달려 있다. 하지만 모든 제품과 서비스가 상향 평준화되면서 소비자를 설득시키기 어려운 경우가 대부분이다. 게다가 우리가 우월하다고 제시하는 제품의 장점이 소비자를 설득시키지 못하면 오히려 경쟁자의 공격을 받게 된다. 경쟁사의 공격에 의한 시장점유율 감소를 막기 위한 전략이었다면 더 큰 타격이 되기도 한다.

세 번째는 비사용자를 활용하는 전략으로 '블루오션 전략'에서 제시하는 개념과 같다. 〈태양의 서커스〉는 서커스에 관심 없던 일반 성인을 고객으로 전환시켰다. 아이들이나 보는 동물 중심 서커스를 사람의 몸짓으로 표현하는 예술로 승화시켜 새로운 고객층을 만들어냈다. 이 전략은 시장이 이미 포화상태거나 강력한 경쟁자가 시장을 지키고 있을 때 효과적이다. 물론, 해당 제품을 사용하지 않는 사람들을 대상으로 한 마케팅 기회를 분석해 보아야 한다. 고려해야 하는 비사용자 집단은 해당 제품군 시장에 처음 들어오는 사람들로, 이때의 마케팅 목적은 고객을 당신의 브랜드로 끌어오는 일이다.

네 번째는 어떠한 고객 기반도 없고 확립된 가치창출도 없는 경우 활용할 수 있는 새로운 가치를 창출하는 전략이다. 대표적인 예로 스타벅스를 들 수 있다. 스타벅스는 커피보다는 공간을 판매하면서 집과 사무실 외에 편하게 머물 수 있는 제3의 공간이 되고자 했다. 많은 커피 브랜드들이 원두의 재배방식에 의한 뛰어난 맛 같은 이성적인 편익에 초점을 맞춘 것과는 큰 차이가 있다. 스타벅스는 단순히 커피를 마시는 고객들이 아니라 편하게 쉬었다가고 싶은, 무엇인가 기분전환이 필요한 사람들을 표적으로 삼았다. 사람들의 내면적인 동기를 관찰해 지금까지 해결해 주지 못한 문제를 풀어준 것이다.

이 같은 시장 세분화 전략이 실행되기 위해서는 제품 사용과 관련된 요인들을 알아야 한다. 이를 시장 세분화 기준변수라고 하는데, 여기에는 몇 가지가 있다. 먼저 인구통계학적 변수로는 나이, 성별, 지역, 가족 구성단위, 가족 생활주기, 개인 또는 가족 소득, 직업, 학력 등이 있다. 인구통계학적 변수는 누가 그 제품군, 그 브랜드를 사용하는지 찾아내어 어떤 매체에 제품을 유통시키고, 어디에 광고해야 하는지를 알려준다. 심리적 변수로는 사회계층, 라이프 스타일, 개성 등이 있으며, 구매행동 변수로는 사용 기회, 사용 경험, 사용량, 브랜드 충성도 등이 있다. 제품의 사용 상황에 따른 변수와 심리적 효익 등 추구하는 이익에 의한 변수도 있다.

시장 세분화 방법을 추구할 때는 각각의 세분시장이 측정 가능하고 접근 가능해야 한다는 점에 유의해야 한다. 덧붙여 의미 있는 시장 규모와 차별적 반응의 요건도 갖추어야 한다.

선택과 집중은 비즈니스의 기본

시장을 세분화하다 보면 다양한 기회가 보인다. 그럼에도 기업은 가용할 수 있는 자원, 즉 시간과 돈의 문제 때문에 모든 시장을 공략할 수가 없다. 선택과 집중은 비즈니스의 기본이다. 시장기회를 무시하는 것은 어렵고도 고통스러운 일이지만, 다양한 가능성을 남겨놓으면 성공확률이 높아질 수도 있다. 또 최선의 선택이 잘못될 경우를 감안하면 차선택도 필요하다.

집중을 방해하는 어리석은 집착이 성공 가능성을 낮춘다. 고통스럽더라도 단 하나의 시장만을 선택한 후 다른 유혹은 외면할 줄 아는 절제력이 필요하다. 선택과 집중이 포지션을 명확히 할 뿐만 아니라 이를 통해 안정적이고 용이한 현금흐름이 창출된다. 게다가 당장은 작아도 하나의 시장에서 지배력을 확보하면 인접한 시장을 공략할 수 있다.

목표 시장을 선정할 때는 너무 큰 시장은 공략하기 어렵다는 점에 주의해야 한다. 큰 시장에는 대기업과 글로벌 기업이 기다리고 있기 때문이다. 처음 수영을 배우는 사람이 박태환 선수와 시합을 한다면 좋은 경험은 될지 몰라도 금세 포기해 버리고 말 것이다. 나보다 조금 뛰어난 사람과 시합을 해야 경쟁심리도 생기고 실력도 향상된다.

일단 시장에 진입해 보면 거기에서 다양한 세부시장을 또 찾아낼 수 있다. 너무 작은 시장을 공략하는 게 아닐까 걱정할 필요는 없다. 주어진 시간 동안 주어진 자원을 최적으로 사용하고 싶으면 시장을 좁히고 좁혀야 한다.

그렇다면 얼마나 좁혀야 충분한 걸까? 다음의 세 가지 조건을 충족시킬 때까지 시장을 세분화해야 한다.

① 시장 내의 고객은 모두 유사한 제품을 구매한다.

② 고객에 대한 영업주기가 유사하고 제품에 대한 기대 가치도 비슷하다. 따라서 한 고객에게 적용한 영업전략을 다른 고객에게도 적용해 추가적인 비용이나 노력 없이 큰 효과를 거둘 수 있다.

③ 고객 사이에는 '입소문'이라는 강력한 구매 준거 기준이 존재한다. 가령, 고객은 같은 협회 소속이거나 동일한 지역에서 활동하는 경우가 많다. 만약 잠재시장이 고객 간 소통이 이뤄지지 않는 곳이라면 고객을 유인하기가 매우 어렵다.

하나의 시장만을 선택하라. 그리고 고객 모두 유사한 제품을 구매하고, 고객에 대한 영업주기와 제품에 대한 기대치가 비슷하며,

고객 사이에 입소문이라는 강력한 구매 준거 기준을 모두 충족시키는 완전히 동질적인 시장을 찾을 때까지 계속 세분화하라. 집중만이 살길이다.

5
전통적 경쟁전략 방법론 'SWOT'

한 장에 모든 것을 담아낼 수 있다

기업 역량을 기반으로 환경에 대응하기 위한 전략을 찾는 데 많이 활용되는 기법 중 하나가 SWOT이다. 기업이 지닌 강점·약점(Strength·Weakness)과 환경의 기회·위협(Opportunity·Threat)의 영문 머리글자만을 따서 붙인 단어이다.

SWOT 분석을 활용하면 장점을 최대한 살려 새로운 사업기회를 포착할 수 있고, 약점은 최소화하면서 기회와 위협요인에 대처할 수 있는 전략적 분석이 가능해진다. 즉, 경쟁자와 비교해 소비자에게 인식되는 강점과 약점 요인을 도출함으로써 강점은 살리고 약점은 보완하며, 외부환경으로부터 오는 기회와 위협을 전략적으로 활용할 수 있게 된다. SWOT 분석은 사업 규모와는 상관없이 누구에게나 필요한 절차이다.

강점과 약점은 내부환경적인 요인으로 기업이 컨트롤 가능한 것이지만, 기회와 위협은 외부환경적인 요인으로 기업이 인위적으로 컨트롤할 수 없다. 이 같은 강점, 약점, 기회, 위협요인을 작성할 때 주의해야 할 사항은 애매모호한 표현으로 작성하지 말고 구체적으로 작성해야 한다는 점이다. SWOT 요인을 도출하는 이유는 내 사업을 그럴듯하게 표현하기 위한 게 아니다. 구체적인 표현만이 구체적인 전략을 만들어낼 수 있기 때문이다.

구체적으로 표현하되 강점 · 약점 및 기회 · 위협 양쪽 모두에 존재하는 내용이라면 무게감이 큰 쪽으로 넣어 작성해야 한다. 또 강점과 기회, 약점과 위협이 혼동될 때에는 내가 컨트롤할 수 있는 내부적인 사항이면 강점과 약점에, 컨트롤할 수 없는 외부적인 사항이면 기회와 위협 난에 적는데, SWOT 분석은 '제품'을 놓고 진행하면 마케팅 전략이 되며, '기업'을 놓고 진행하면 경영전략이 될 수 있다.

SWOT 방법론

강점, 약점, 기회, 위협요인이 도출되었다면 강점과 기회, 강점과 위협, 약점과 기회, 약점과 위협에 대처할 수 있는 전략대안을 도출한다. 강점과 기회를 활용하는 SO전략으로는 공격전략, 강점 활용, 기회 활용 전략 등이 있고, 약점과 기회를 활용하는 WO전략으로는 약점 보완, 기회 활용 전략 등이 있다. 강점과 위협을 활용하는 ST전략으로는 강점 활용, 위협요인 극복전략 등이 있으며, 약점과 위협을 활용하는 WT전략으로는 방어전략, 약점 보완, 위협요인 극복전략 등이 있다.

전략대안을 작성할 때는 제3자가 어떻게 도출된 전략인지 확

SWOT 방법론

인할 수 있도록 해야 한다. 예를 들어, 'S1O3. 주중 스튜디오 대여 서비스 진행'이라는 전략이 도출되었다면 이는 강점 S1과 기회 O3이 결합되어 도출되었음을 의미한다.

또 명확한 표현으로 전략대안을 도출하는 것도 중요하다. '다양한', '지속적인', '적극적인', '철저한', '획기적인' 등은 명확하지 않은 표현의 대표적인 예이다. 대안이 구체적이지 않으면 실행방안을 찾을 때도 애매모호해질 가능성이 높다. 전략대안은 실행이 가능한 형태로 작성되어야 한다. 예를 들면, 'W1T1. 영업 전문인력 충원으로 경쟁사 적극 대응'보다는 'W1T1. 경기도 지역 경력 5년 이상, 3명 채용'과 같은 형태로 작성되어야 구체적인 실행이 뒷받침될 수 있다.

SWOT는 만능이 아니다

물론, SWOT도 많은 한계점을 갖고 있다.

첫 번째 한계점은 참여자에 따라 환경분석이 자의적일 수 있고, 중요한 환경요소들이 간과될 수 있다는 점이다. 기업을 둘러싼 환경을 인식할 수 있는 기법이나, 예측 또는 분석방법이 제대로 갖춰지지 않은 상태에서 진행하면 부정확한 정보로 전략을 수립하는 일이 발생하게 된다.

두 번째 한계점은 분석된 환경요인을 명확하게 인식하기가 쉽지 않다는 점이다. '오프라인 유통망 확보'라는 사실을 두고 강점으로 평가하는 참여자가 있는가 하면 약점으로 평가하는 참여자도 있다. 이러한 차이가 발생하는 이유는 현재 시점으로 볼지, 미래의 시점으로 볼지가 참여자마다 다 다르기 때문이다.

세 번째 한계점은 분석시점에서 미래를 결정하기 어렵다는 점이다. 실제 부딪혀 보기 전까지는 강점인지 약점인지를 명확히 알기 어려운 데다 기술의 수명주기가 짧아지고, 산업 간 장벽이 없어지고, 소비자의 힘이 강해지고 있는 지금 SWOT 분석 내용만으로 미래전략을 수립하기에는 한계가 있다.

네 번째는 경쟁기업에 대한 내용을 정확히 분석하기 어렵다는 점이다. 약점으로 분석되는 내용은 경쟁기업 대비 부족한 역량을 의미한다. 그러나 경쟁기업의 현재 상황을 정확하게 알 수도 없고, 경쟁기업이 어느 방향으로 가고자 하는지도 명확히 파악하기가 쉽지 않다. 분석기업 입장에서 경쟁기업을 바라보는 상황이라 정확하지 않은 분석일 수 있다는 뜻이다.

다섯 번째는 SWOT 분석과 전략수립 과정에서 합리적인 무시가 발생할 수 있다는 점이다. 높은 기술력을 갖고도, 넓은 유통망을 확보하고도 실패한 사례는 많다. 이는 조직의 융통성과 유연성이 부족해서일 수도 있고, 기존 방식에 얽매여서일 수도 있다. 혹은 관리자들이 변화를 싫어하기 때문일 수도 있다. 불확실한 미래의 보상을 위해 다음 달 보너스를 포기하는 일은 쉽지 않다.

SWOT 분석은 이처럼 많은 한계점을 갖고 있지만, 그 한계점을 명확히 인식하고 다른 기법들과 병행해 활용한다면 전략수립에 있어 유용한 방법론이 된다. SWOT 분석을 활용하면 경쟁자와 비교해 소비자에게 인식되는 강점, 약점 요인을 도출, 강점은 살리고 약점은 보완하며, 외부환경에서 오는 기회와 위협을 전략적으로 활용할 수 있게 된다.

그러나 이를 위해서는 '자사의 강점으로 사업기회를 활용하기 위한 방법은?', '경쟁기업의 위협에 대비하면서 자사의 강점을 중심으로 기회를 만들 수 있는 방법은?', '시장의 사업기회를 자사의 약점으로 놓치지 않기 위한 방법은?', '시장의 위협과 자사의 약점 때문에 최악의 경우가 되지 않기 위한 방법은?' 등과 같은 적절한 질문이 필요하다.

전략 대안의 검증이 필요하다

도출된 전략은 반드시 검증과정을 거쳐야 한다. 전략의 검증은 제품-시장 매트릭스에 의한 검증, 마케팅 믹스 요인 검증, 새로운 접근인지 여부에 따른 검증방법이 있다.

제품-시장 매트릭스는 전략경영의 창시자와도 같은 이고르 앤소프(Iogr Ansoft)가 1957년에 발표한 기업 성장 벡터로, 기업전략의 방향성을 결정하기 위해 사용되는 2*2 매트릭스이다. 시장매

력성을 검증하고 실행 가능성을 평가하는 측정도구가 될 수 있다. 제품–시장 매트릭스는 시장이 기존의 시장인지 새로운 시장인지, 또 제품이 기존의 제품인지 새로운 제품인지에 따라 시장 침투, 신제품 개발, 시장 개발, 다각화 전략이 있다.

　시장 침투 전략은 '기존 시장에서 기존 제품으로 승부하는 것'을 말한다. 일반적으로 시장 침투의 목적은 기존의 시장에서 추가적인 매출을 올리는 데 있으며, 가장 보수적인 성장전략이라고 할수 있다. 신규 고객을 끌어오거나 기존 고객을 대상으로 객단가를

		낮음 ← 자사에서의 새로움 → 높음	
		기존 제품	신제품
높음 ↑ 시장에서의 새로움 ↓ 낮음	신시장	**시장개척전략** 시장, 신규 고객층, 새로운 유통채널, 제품의 새로운 용도 개발(규모의 경제 실현)	**다각화 전략** 신규 시장을 위한 신제품(수직적, 수평적, 횡적) 개발, 이업종 다각화, 동업종 다각화, 리스크 높음
	기존 시장	**시장 침투 전략** 시장 개발 강화, 제품 재출시 모방, 비용 및 가격 절감, 개별적인 가격 책정(시장 주도자), 리스크 낮음	**신제품 개발전략** 신제품 및 제품군, 신규 서비스, 문제 및 시스템 솔루션(가치사슬 확대), 개선혁신제품, 혁신적 신제품

제품–시장 성장 매트릭스

비즈니스 모델을
혁신하는
5가지 길

높이는 시도가 일반적이다. 이 방법은 단기 또는 중기적으로 볼 때 가장 안정적이고 수익률이 높은 대안이기는 하지만, 끊임없이 변화하는 소비자의 욕구에 맞춰 지속적인 '혁신 노력'이 반드시 따라야 성공할 수 있다.

신제품 개발전략은 '기존 시장에서 신제품을 출시하는 것'을 말한다. 이 전략은 기존 고객에게 다른 제품을 팔려는 시도에 해당한다. 밥솥을 출시한 기업이 정수기와 공기청정기 등의 새로운 제품을 제안하는 방식이다. 이때 알아야 할 중요한 점은 기존 제품과 관련성이 있는 상품이어야 성공 가능성이 높다는 사실이다. 기존의 판매채널 및 커뮤니케이션을 활용하기 때문에 관련성이 적으면 교차판매가 어렵다. 스타벅스에서 텀블러를 판매하거나, 네스카페에서 커피메이커 등을 판매하는 게 그 예이다.

시장 개발전략은 기존 제품으로 새로운 시장을 창출하는 것을 말한다. 20대가 주로 쓰는 제품을 10대가 사용토록 하거나, 미국에서 판매되는 제품을 한국에 들여와 판매하는 등으로 시장을 개척하는 방식이다. 시장 개발전략은 주로 경쟁자의 고객을 뺏어 오거나 새로운 브랜드의 도입을 시도하는 방식으로 나타난다. 해외진출을 통해 성장하고 있는 아모레퍼시픽의 성장이 여기에 해당한다.

다각화 전략은 새로운 시장에 새로운 제품을 출시해 시장을 개척하는 것을 말한다. 다각화 전략은 4가지의 대안 가운데 가장 리스크가 높은 방법이지만, 특정 기간에 특정 기업에게 가장 적합한 성장전략이 될 수도 있다. 일반적으로 이 전략을 채택할 때에는 배수진의 각오로 임해야 한다. 그렇지 않으면 '하던 것이나 잘하지'라는 비웃음만 받게 될 수도 있다.

마케팅 믹스 요인인 제품, 가격, 유통 관점에서 전략을 검증하는 방법도 있다. 도출된 대안들이 제품, 가격, 유통, 촉진 중 어디에 해당하는지를 적어보는 것이다. 하나의 활동 대안이 제품, 가격, 유통, 촉진 4가지 모두에 해당하면 모두 해당한다고 적으면 된다. 검증과정에서 가장 적은 4P(제품, 가격, 유통, 촉진) 요소를 찾고, 이 요소를 활용할 수 있는 아이디어를 추가한다. 예를 들어, SO 전략 중 'S1O1. 시장 확대에 따른 프로모션의 강화'라는 전략이 도출되었다면, 여기에 4P 요소 중 하나인 유통을 추가해 'S1O2. 시장 확대에 따른 유통채널 및 프로모션의 강화'라는 아이디어로 확대하는 방식이다.

새로운 접근인지 여부에 따른 검증방법은 도출된 전략에 'old'와 'new'를 붙여보는 것을 말한다. 과거의 경험에 기반한 전략이면 'old', 새로운 관점에 기반한 전략이면 'new'를 붙이는 방식이다. 불확실성이 커지는 시대로 접어들면서 과거 관점의 old한 전략보다는 새로운 관점의 new에 해당하는 전략이 많아야 기업의 앞날이 긍정적이라고 할 수 있다.

전략에도 우선순위가 있다

전략이 도출되었다면 우선순위를 결정해야 한다. 피터 드러커는 '결과를 위한 경영'을 말하면서 우선순위 결정원칙을 다음과 같이 제시하고 있다. '첫째, 과거가 아닌 미래를 선택할 것, 둘째, 문제가 아니라 기회에 초점을 맞출 것, 셋째, 평범한 것이 아닌 독자성을 가질 것, 넷째, 무난하고 쉬운 게 아니라 변혁을 가져다줄 것'이다.

이와 같은 우선순위 결정원칙에 맞게 활용할 수 있는 분석방법으로는 ABC 분석이 있다. ABC 분석방법은 SWOT 분석을 통해 도출된 활동 대안을 A, B, C 그룹으로 나누어 A 그룹을 중점적으로 실행하는 한편, 효과가 낮은 C급 과제는 다른 사람에게 위임하거나 축소하는 방법을 말한다.

A급 과제는 전체의 15%에 불과하지만 효과 측면에서는 65%를 차지하고 있으며, 전체의 20%인 B급 과제는 효과도 동일하게 20%의 점유율을 가진다. 반면, C급 과제는 전체 65%를 차지하고 있으나 효과 측면에서는 15%에 불과하다. SWOT 분석을 통해 도출된 활동 대안 중 A급 과제는 위임할 수 없으므로 직접 수행하고, B급 과제는 기한을 정해 전략적으로 실행하는 것이 좋다. C급 과제는 위임하거나 축소하는 방식으로 우선순위를 결정해야 한다.

이때 핵심활동은 구체적으로 작성해야 하며, 업무 추진과정에서는 반드시 계량적 목표를 설정해 달성 여부를 확인해야 한다. 또한, 담당자를 명시해 책임과 권한을 명확히 해야 보다 높은 실천력을 가질 수 있다. Action Plan은 정기적으로 관계자에게 보고되어야 할 뿐만 아니라 목표 대비 달성 여부 정도도 제때제때 체크되어야 한다.

3장

두 번째,
비경쟁 관점의
비즈니스 모델
혁신

1

두 번째,
비경쟁 관점의 비즈니스 모델 혁신

차별화와 원가우위를 동시에 추구, 가치혁신!

마이클 포터의 본원적 경쟁전략은 전략수립에 큰 방향성을 제시하고는 있으나 산업 간 경계가 무너지고 있는 상황은 설명을 못하고 있다. 따라서 경쟁과 고객에 대한 다른 관점이 필요하다. 경쟁자보다는 대체제, 고객보다는 비고객으로 전략의 초점을 이동시켜야 하는데, 그러려면 단순한 벤치마킹이나 차별화 혹은 원가우위라는 관점에서 벗어나야 한다. 축소되는 시장에서 경쟁자의 고객을 빼앗는 방법은 승리가 아니다. 경쟁을 멈춰야 미래에 성공할 수 있다.

기업들은 기존 수요에서 더 높은 점유율을 차지하기 위해 경쟁한다. 하지만 시장 참가자 수가 늘어남에 따라 수익과 성장에 대한 기대치는 낮아진다. 애써 개발한 상품은 흔한 일상품이 되어버린 채 목을 죄는 경쟁으로 시장은 붉은 바다로 변한다.

반면, 블루오션은 미개척 시장 공간으로 새로운 수요 창출과 고수익 성장을 향한 기회로 정의된다. 블루오션은 기존 산업의 경계선 밖에서 완전히 새롭게 창출될 때도 있지만 대부분은 기존 산업을 확장함으로써 만들어진다. 또 블루오션에서는 게임의 규칙이 아직 정해지지 않았기 때문에 경쟁과 무관하다.

공급이 수요를 초과하는 대부분 산업의 경우, 축소되는 시장 공간에서의 점유율 경쟁은 어쩔 수 없는 사실이지만, 점유율에서 우위를 점한다 하더라도 계속해서 높은 실적을 달성하기는 어렵다. 기업은 이러한 한계를 뛰어넘어 수익과 성장의 새로운 기회를 잡기 위해 블루오션을 창출해야 한다.

그러나 아쉽게도 블루오션은 항해지도에 잘 나타나 있지 않다. 지난 20년간 절대적 영향력을 미친 기업의 경영전략 업무 포커스는 경쟁을 바탕으로 한 레드오션 전략이었다. 우리가 업계의 근본적 경제구조 분석에서부터 원가절감, 품질의 차별화 또는 포커스 가운데 하나를 선택하는 전략적 포지션 결정, 경쟁자 벤치마킹에 이르는 여러 가지 효과적인 기술로 레드오션에서 경쟁하는 방법만을 배워온 건 그 때문이다.

산업의 역사는 전쟁과 달리 시장 공간이 결코 한정적이지 않음을, 블루오션은 시간의 흐름에 따라 오히려 지속적으로 창조되었음을 우리에게 가르쳐준다. 그럼에도 레드오션에 포커스를 두는 것은 한정된 영토에서 적을 무찔러야만 하는 전쟁의 속성을 따라가는 행위이며, 경쟁 없는 새로운 시장 공간을 창출하는 비즈니스 세계의 탁월한 힘을 부정하는 일이다.

기술적 진보가 가속화됨에 따라 산업 생산성이 실질적으로 향상됐으며, 공급자들은 전례 없는 제품과 서비스 상품을 생산할 수 있게 되었다. 그 결과 수많은 산업 분야에서 공급이 수요를 초과하고 말았다. 작금의 세계화 추세는 이 같은 상황을 복합적으로 보여준다. 국가와 지역 간 무역 장벽이 무너지고, 제품과 가격 정보는 세계 어디서나 즉시 얻을 수 있으며, 틈새시장과 독점시장이 설 자리가 점점 좁아지고 있다.

전략적 이동과 가치혁신을 보여주기 위해 블루오션 전략에서는 전략 캔버스를 제시한다. 해당 산업에서 경쟁하고 있는 요인들을 나열하고 경쟁자와 비교 분석한 후, 가치곡선을 만들어내기 위해 ERRC라는 4가지 액션 프레임 워크를 활용하는 방식이다.

ERRC란 제거(Eliminate), 감소(Reduce), 증가(Raise), 창조(Create)의 약자로, 지금까지 당연하게 받아들이던 요소들 가운데 제거할 요소(제거)는 무엇인가, 업계의 표준 이하로 내려야 할 요소(감소)는 무엇인가, 업계의 표준 이상으로 올려야 할 요소(증가)는 무엇인가, 업계가 아직 한 번도 제공하지 못한 것 중 창조할 요소(창조)

는 무엇인가를 묻고 이에 답하는 것이다.

블루오션 전략의 대표적 사례로 태양의 서커스를 들 수 있다. 태양의 서커스는 서커스에 관심이 없던 일반 성인을 고객층으로 바꾸고, 사람의 몸짓을 표현하면서 서커스를 예술로 승화시켰다. 이를 위해 스타 곡예사, 동물 묘기, 구내 매점, 복합 쇼무대는 제거(Eliminate)하고, 재미와 유머 및 스릴과 위험은 감소(Reduce)시켰으며, 독특한 공연장은 증가(Raise)시켰다. 그리고 지금까지 서커스에 없던 테마, 세련된 관람 환경, 다양한 공연작품, 예술적 음악과 무용을 새롭게 창조(Create)해냈다. 이처럼 ERRC 액션 프레임워크는 전략적 이동과 가치혁신을 해내기 위한 블루오션 전략의 대표적인 방법론이다.

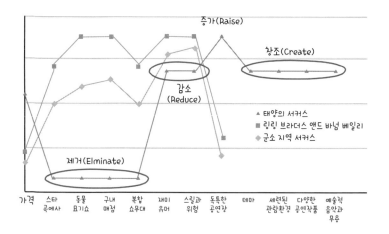

태양의 서커스 전략 캔버스

비즈니스 모델을
혁신하는
5가지 길

전략의 출발점은 포기이다. 태양의 서커스에는 동물과 곡예사가 없다. '무엇을 하지 않을 것인가'를 결정하는 일이야말로 가장 중요한 전략적 선택이다. 선택하는 게 아니라 포기하는 것이다. 버려야만 얻을 수 있다. 태양의 서커스는 동물과 곡예사를 포기하는 대신 서커스에 스토리를 더해 다양한 레퍼토리를 제공하고, 음악과 무용을 통해 예술성과 아름다움을 담아냈다. 결국 제로섬 게임이 아닌 전략적 이동과 가치혁신을 해야 한다.

마이클 포터의 본원적 경쟁전략에서 다루는 산업구조 분석, 원가절감, 품질 차별화, 전략적 포지션 결정, 경쟁자 벤치마킹 등은 제로섬 게임으로 시장을 바라보는 방식이다. 제로섬 게임으로 전략을 이해하게 되면 기업들은 가격을 높이거나 비용을 줄여 수익을 높이는 식으로 전략을 수립할 수밖에 없다. 반면, 이케아처럼 새로운 관점에서 사업을 재정의하고 비고객을 고객으로 전환시키면 새로운 세상이 열리게 된다. 이러한 개념이 바로 블루오션 전략이다.

레드오션에 빠진 기업들은 기존 산업 질서 안에서 방어적 포지션을 구축하면서 경쟁자를 이기려는 전통적 방법을 추구했다. 하지만 새로운 시장을 만들어낸 기업들은 경쟁자를 벤치마킹하거나 소모적인 경쟁을 원치 않았다. 경쟁자를 이기는 데 집중하기보다 구매자와 회사를 위한 가치를 창출해 새로운 비경쟁 시장 공간을 만들어냄으로써 경쟁 자체에서 벗어났다.

블루오션 전략에서는 이를 가치혁신이라고 부른다. 가치혁신은 가치와 혁신에 동등한 중요성을 둔다. 혁신 없는 가치는 부분적 소규모의 가치 창출에 집중하는 경향이 있는데, 이는 가치를 향상시키긴 하나 시장 공간에서 독보적 존재로 서게 하는 데는 충분치 않다. 또 가치 없는 혁신은 기술 위주나 시장 개척, 혹은 미래 지향적이어서 구매자들이 그 상품을 받아들이거나 가격을 지불할 수 있는 수준을 넘어설 때가 많다. 이런 관점에서 가치혁신은 기술혁신이나 시장 선구자와 확연히 구별된다.

산업은 끊임없이 창조되고 시간이 흐르면서 확장된다. 산업의 조건과 경계선은 주어진 게 아니라 개별 사업 주체들이 그 형태를 만들어가는 것이다. 영원히 훌륭한 기업이나 산업은 없다. 그렇지만 블루오션을 창출해 높은 수익을 올리는 기업들의 공통점은 있

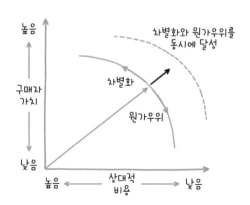

차별화와 원가우위를 동시에 달성하는 '블루오션' 개념

다. 전략적 이동을 했다는 점이다. 츠타야 서점은 라이프 스타일 판매로, 스타벅스는 집과 사무실 외의 제3의 장소로 전략적 이동을 했다. 츠타야 서점과 스타벅스처럼 전략적 이동에 성공하게 되면 비약적 수요 증가로 새로운 시장 공간이 열린다.

ERRC라는 개념은 차별화와 원가우위를 동시에 달성할 수 있는 방법론으로서 통찰력을 준다.

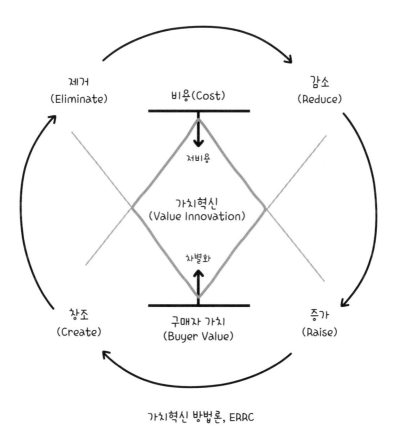

가치혁신 방법론, ERRC

원가우위 달성을 위한 방법으로는 제거(Eliminate)와 감소(Reduce)가 활용된다. 없애도 가치 창출에 큰 영향을 주지 않는 요소를 제거(Eliminate)하거나, 산업표준 이하로 축소해도 되는 요소를 감소(Reduce)시키는 것이다. 아래 표처럼 이케아는 명품, 접근성, 설치 등과 관련된 항목은 제거했고, 화려함과 장인정신은 감소시키는 형태로 원가우위를 달성했다.

차별화 달성을 위한 방법으로는 추가(Create)와 증가(Raise)가 활용된다. 이전에 제공된 적이 없던 새로운 가치 창출 요소를 추가(Create)하거나, 산업표준 이상으로 올려야 하는 요소를 증가(Raise)시키는 것이다. 이케아는 실용성과 현지화는 증가시키는 한편, 쇼룸 전시, DIY 조립, 그림 조립설명서, 배송 편리성 등의 가치는 새롭게 만들어냈다.

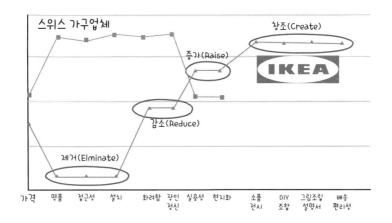

이케아의 블루오션 관점의 전략 캔버스

앞서 말한 것처럼 블루오션을 창출해 강력한 수익 성장 궤도로 이끄는 데는 전략적 이동이라는 공통점이 있는데, 전략적 이동이란 비약적 수요 증가로 새로운 시장 공간을 창출하고, 이 시장을 장악하는 제품과 서비스를 만들어내는 일을 말한다.

글로벌 경쟁이 강화되면서 공급은 확실히 늘어나고 있다. 하지만 세계적으로 수요가 증가한다는 명확한 증거는 없다. 통계에 의하면 오히려 많은 선진국 시장에서는 인구가 감소하고 있는 게 현실이다. 그에 따라 가격 경쟁은 심화되고 이익은 줄어들었으며, 제품과 서비스 상품은 일상품으로 보편화되었다. 브랜드별 주요 제품과 서비스 상품이 전체적으로 서로 비슷해지면서 사람들은 점점 가격을 선택의 기준으로 삼고 있다. 포화상태에 이른 산업에서 브랜드 차별화는 경제 상황이 호황이든 불황이든 상관없이 더욱 어려워질 수밖에 없다.

전략이란 장기적이고 본질적이어야 한다

나이키(Nike)와 리복(Reebok)의 경쟁은 많은 시사점을 준다. 리복은 1980년대 중반에 나이키와 경쟁하기 위해 운동화의 비사용자였던 주부를 대상으로 '리복 프리스타일(Reebok Freestyle)'을 출시하면서 큰 성장을 하게 된다. 이 성공을 바탕으로 리복은 테니스, 농구, 러닝화로 확장해 도미니크 윌킨스(Dominique Wilkins), 마이클 장(Michael Chang) 그리고 샤킬 오닐(Shaquille O'Neal)과 같은 스타 선수들과 계약을 맺는다. 불과 몇 년 만에 리복은 나이키를 넘어 세계 제일의 스포츠화 회사로 성장했다. 하지만 몇 년 가지 않아 나이키에 뒤집혔고, 마침내 아디다스에 인수되고 말았다.

블루오션 전략 중 중요한 한 가지가 있다. 바로 비고객을 고객으로 전환시키는 일이다. 이런 관점에서 리복의 사례를 되짚어볼 필요가 있다. 리복은 운동화의 비사용자였던 주부를 대상으로 출시한 '프리스타일'이 성공을 이끈 듯 보였지만 결국은 '프리스타일' 때문에 정체성을 잃고 말았다. 누구든 편하게 신을 수 있는 '프리스타일'은 대중성을 증가시켰으나 그로 인해 잠재적 경쟁자의 수가 증가했고, 경쟁의 증가는 고객으로 하여금 가격 민감도를 높이게 만들었다. 결과적으로 리복은 더 많은 기업과 경쟁을 하게 되었고, 브랜드 충성도와 수익률은 낮아지고 말았다.

위 표를 보면 같은 시기에 나이키는 리복과 다른 길을 선택한

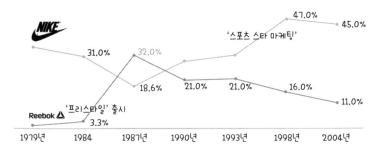

나이키와 리복의 경쟁

다. 모두를 위한 운동화가 아닌 10대 청소년을 대상으로 목표 시장을 더욱 좁힌다. 마이클 조던, 타이거 우즈 등 스포츠 스타를 모델로 활용하면서 '고기능성'과 '고가격'이라는 포지셔닝에 집중한다. 목표 시장을 좁혀 경쟁자의 수를 줄이고 고객들에게 높은 가격에도 구매하도록 자리매김한 것이다.

나이키에서 보는 것처럼 전략을 세우는 일은 '무엇을 포기할 것인가'를 묻는 과정이기도 하다. '우리 기업은 어떤 회사인가'를 결정하는 게 아니라 '우리 기업은 어떤 회사가 아닌가'를 결정하는 것이 바로 전략이다. 모든 소비자를 만족시킬 수 있다는 생각이 가장 큰 함정임을 알아야 한다.

특성	나이키	리복 프리스타일
표적시장	10대 청소년	주부
포지셔닝	고가격 & 기능 강화	저가격 & 기능 약화
재구매주기	짧다	길다
재구매 유도 수단	강화	약화
대중성	감소	증가
잠재적 경쟁자의 수	감소	증가
고객의 가격 민감도	감소	증가
수익률	증가	감소

나이키와 리복의 전략적 선택 결과

선택과 집중 사이에는 포기가 있다. 이를 트레이드 오프(trade-off) 또는 양자택일이라고 하는데, 전략적 위치의 지속 가능성을 높여준다. 한 기업이 다양한 시장을 추구하는 일은 많은 비용과 시행착오를 필요로 한다. 새로운 설비도 도입해야 하고, 직원들도 교육시켜야 하고, 마케팅 활동도 새로워야 한다. 기존 시스템에 익숙한 직원들은 새로운 방식에 큰 혼란을 느끼게 된다. 포기하지 않고 모든 것을 다 가지면 좋겠지만 이는 불가능에 가까운 일이다. 무엇을 포기할지 결정하는 것이 전략의 요체이다.

포기하고 집중하면 경쟁자가 모방하기 힘들다는 사실을 잘 알지만, 그렇게 못하는 이유는 다양한 유혹 때문이다. 많은 경영서적과 컨설턴트, 외부 조언자들은 더 효율적이고 효과적인 운영방법을 이야기하면서 초점을 흐린다. "이 부분의 효율성을 높이면 수익이 개선될 수 있다.", "요즘은 인스타그램이 대세다."와 같은 말도 서슴지 않는다. 가장 달콤한 유혹은 경쟁기업이 실행하기 전에 먼저 해야 한다는 말이다. 단기적 성과에 집착하고 있는 기업은 '경쟁기업이 더 매력적인 방법을 알고 있을 것'이라는 우려 속에서 조바심을 내게 된다. 경쟁기업이 새로운 기술을 도입하거나 새로운 시장에 진입하면 '일단 같이 하고 보자.'는 식으로 대응하기 쉽다. 하지만 이는 실패로 가는 길이다. '무엇을 할지'와 '무엇을 포기할지'를 명확히 해야 한다.

10년 전만 해도 운영의 효율성을 높이고 품질의 수준을 개선하

비즈니스 모델을
혁신하는
5가지 길

는 정도만으로도 경쟁에서 앞서갈 수 있었다. 그러나 이제는 카카오, 네이버, KT가 금융업을 혁신하고 있는 것처럼 '잘하는 것'이 중요한 게 아니라 '더 독특해지는 것'이 중요한 시대가 되었다. 그 독특한 위치에 어울리게 모든 것을 재편하고 맞춤화해야 한다. 이런 활동들이 경쟁기업이 감히 넘볼 수 없는 독보적인 위치를 만들어준다.

이 같은 훌륭한 전략이 계속 먹히게 하려면 연속성이 있어야 한다. 연속성은 현상유지를 의미하지 않는다. 가치제안을 유지하면서 이를 전하는 방법을 혁신하거나 더 많은 가치를 만들어 전체 규모를 키울 수도 있다.

변화는 방향의 연속성 통제를 의미하는 말이 아니다. 연속성이 기업의 정체성을 강화시키면서 적절한 변화를 가져올 때 소비자들은 브랜드가 뜻하는 바와 기업이 알리고자 하는 가치를 이해하고 그 진가를 인정한다. 그것은 또 외부적으로는 공급업체, 유통업체 등 관련 업체와의 관계를 돈독하게 해줄 뿐만 아니라, 내부적으로는 직원들이 기업의 전략을 이해하고 자신들의 방식으로 스스로를 향상시키는 효과를 가진다. 무엇인가를 꾸준히 하면 일이 능숙해지는 것처럼 연속성은 전략에 맞는 역량과 스킬을 쌓게 해 주기 때문이다.

2

독자 기술로
경쟁자를 압도하라

표현되지 않은 Needs

고객은 항상 옳다는 생각을 버려야 한다. 고객의 의견만 따라가다 보면 상상력이 결여되고, 새로운 시장의 개척과 혁신을 이루어내지 못한다. 혁신적인 기업과 상품은 모두 다 고객의 부정적인 의견을 극복하고 시장을 창출한 결과이다. 새로운 시장이나 혁신적인 상품은 소비자 조사로 찾아지지 않는다.

소비자 조사를 통해 그동안 몰랐던 새로운 사실을 발견해낸 예는 별로 없다. 만약 소비자 조사로 새로움을 발견할 수 있다면 경쟁회사도 조사를 통해 관련 정보를 알고 있을 것이다. 아무리 뛰

비즈니스 모델을
혁신하는
5가지 길

어난 조사기술을 사용하더라도 감춰져 있는 정보는 쉽게 밖으로 드러나지 않는다. 소비자의 의식구조는 그렇게 단순하지 않다는 사실을 이해해야 한다.

사람들은 익숙한 것을 좋아하기 때문에 소비자 조사를 통해 통찰력을 얻기는 쉽지 않다. 이런 이유로 혁신기업들은 소비자 조사를 신뢰하지 않는다. 혁신의 아이콘 애플의 스티브 잡스는 〈비즈니스 위크〉와의 인터뷰에서 "포커스 그룹에 맞춰 제품을 디자인하는 건 진짜 어려운 일이다. 대부분의 사람들은 제품을 보여주기 전까진 자신들이 원하는 게 뭔지도 정확히 모른다."고 했다. 소비자들에게 무엇을 원하는지 묻기보다는 스스로 신제품을 만들어 대중을 선도해야 한다는 말이다.

아래 그림에서 보는 것처럼 소비자들의 말에만 의존하면 더 큰

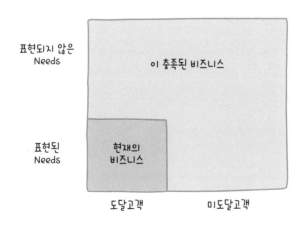

표현된 Needs와 표현되지 않은 Needs

시장기회를 놓칠 수 있다. 와해성 기술로 실패한 기업들을 보면 지나치게 고객의 목소리에 집착했음을 알 수 있다. 또 시간을 다투는 하이테크 산업에서 소비자 조사로 시간을 허비하는 사이 신제품 출시가 지연되어 적절한 타이밍을 놓칠 수도 있다.

시장에 대한 통찰력이란

기술 중심의 상품을 개발할 때, 전통적인 시장조사가 좋은지 아니면 구성원의 통찰력에 의존하는 것이 좋은지는 혁신의 유형에 따라 다르다.

아래 그림에서 보듯 지금까지 없던 파괴적 혁신의 상품은 전통

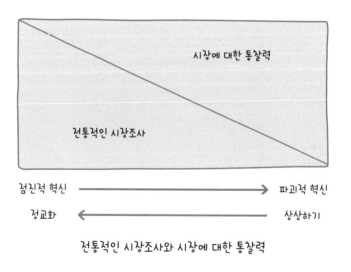

전통적인 시장조사와 시장에 대한 통찰력

비즈니스 모델을
혁신하는
5가지 길

적인 시장조사보다는 구성원의 통찰력에 의존하는 방법이 좋고, 반대로 기존의 제품을 점진적으로 개선하려는 경우에는 상상력이나 직관에 의존하기보다는 모두를 고려하되 그 중요도를 달리하는 방법이 좋다. 파괴적 혁신과 점진적 혁신 사이의 어느 정도에 위치하느냐에 따라 조사 결과에 대한 가중치를 달리해 판단해야 한다는 뜻이다. 소비자 조사 결과와 구성원이 바라보는 시각이 다를 때 무엇을 더 중시할 것인지는 매우 중요한 문제이다.

혁신적 상품개발에 있어 소비자 조사와 시장 통찰력을 사용하는 또 다른 방법은 이 둘을 상품의 개발단계에 따라 적절히 활용하는 것이다. 최초에 아이디어를 찾아내는 단계에서는 시장에 대한 통찰력에 의존하는 게 바람직하고, 개발이 진행되어 출시가 가까워지면 소비자 조사를 활용해 사람들의 반응을 알아보아야 한다. 그리고 이를 통해 최적의 사양을 세팅하는 등의 정교화 작업을 진행한다.

'소비자 조사를 하지 않는 것'도, '소비자 조사에 지나치게 의존하는 것'만큼이나 위험하고 심각한 오류가 될 수 있다. 소비자 조사는 나름대로의 역할을 하기 때문이다. 우선 개발된 제품의 속성이나 스타일과 관련된 구체적인 이슈들을 결정하는 데 도움을 준다. 또 고객들과의 커뮤니케이션 전략을 짜는 데에도 도움이 된다. 만약 혁신적인 제품이라면 제품의 속성이나 사양을 결정하는 데보다는 신제품의 포지셔닝과 커뮤니케이션에 더 중요한 조사의 역할을 두면 된다.

모든 기업이 꿈꾸는 '독점시장'

시장은 경쟁의 강도나 생산자의 수에 따라 구분된다. 유형으로 구분하면 독점시장, 과점시장, 경쟁시장으로 나눠볼 수 있다. 이 중 현실에서 가장 많이 볼 수 있는 시장의 형태는 과점시장과 경쟁시장이다. 독점시장은 중요한 생산요소를 하나의 기업이 소유하고 있거나, 정부가 한 기업에게 독점 생산권을 부여하면서 생기는 경우로 흔치 않은 유형이다.

과점시장은 시장 내의 기업이 소수인 경우를 말한다. 삼성전자·LG전자와 같은 가전제품 시장, SKT·KT·LG유플러스와 같은 통신시장 등이 대표적이다. 일반적으로 과점시장은 치열한 경쟁으로 인해 상품 차별화가 다양하게 시도되고, 경쟁기업의 반응을 고려해 자신의 행동을 결정하는 전략적 상황이 존재한다.

경쟁시장은 공급자의 수는 많지만 상품 차별화를 통해 경쟁하는 유형이다. 동네 맛집이라고 소문난 식당들을 예로 들 수 있다. 이들은 무수히 많은 경쟁자들 속에서 자신만의 차별점으로 경쟁을 하는데, 과점시장처럼 경쟁자의 행동에 큰 영향을 받으면서 다양한 차별화를 시도하는 유형이다.

유의 깊게 살펴볼 것은 디지털로의 전환이 진행될수록 독점기업이 많아지고 있다는 점이다. 구글은 누구도 모방하지 않고 누구도 따라 할 수 없는 기업이 되어 시장을 독점하고 있다. 그럼에도 별다른 제재를 받지 않는다. 가장 큰 이유는 소비자가 검색, 이메

비즈니스 모델을
혁신하는
5가지 길

일, 유튜브 등의 서비스를 무료로 이용하기 때문이다. 국내로 보면 네이버와 카카오톡도 마찬가지다. 검색과 이메일, 카카오톡을 무료로 사용하기 때문에 사람들은 이들 기업의 독점을 문제 삼지 않는다.

그러나 보이는 게 전부가 아니다. 구글, 페이스북, 네이버, 카카오톡은 공짜처럼 보이지만 결코 공짜가 아니다. 공짜 뒤에 더 큰 비용이 숨어 있기도 하고 막강한 독점력을 바탕으로 경쟁기업의 혁신을 방해하기도 한다. 이들은 앞에서는 서비스를 공짜로 제공함으로써 모여든 사람들의 트래픽을 광고상품으로 판매한다. 광고상품의 가격은 이들의 독점적 지위가 반영된 것이다. 결국에는 광고 집행 금액이 높아지면 높아졌지 낮아지지는 않는다. 상품을 공짜로 이용하는 것처럼 보이지만, 실은 소비자들이 광고를 통해서 구입한 제품과 서비스 안에 비용이 모두 포함되어 있다는 말이다. 소비자들은 상품에 대해 더 높은 가격을 지불하는 형태로 무료 사용 비용을 내고 있는 셈이다.

독점이란 하나의 기업이 한 산업을 지배하는 시장 형태를 말한다. 이는 한 산업이 소수의 기업에 의해 점유되고 있어 새로운 기업의 진입이 어려운 상태로 자연독점, 법률적 독점, 국가적 독점 및 공공독점 등의 형태가 있다. 이 중 법률적 독점과 국가적 독점은 기업의 힘으로 할 수 있는 부분이 제한적이므로, 우리는 시장의 기능에 따라 자연 발생적으로 형성되는 독점에 대해 살펴봐야 한다.

독점은 나쁜 것이라고 배워 왔지만 기업이 궁극적으로 꿈꾸는 시장은 독점시장이다. 완벽하게 경쟁적인 시장에서 생산자의 공급과 소비자의 수요가 만나 균형을 달성하는, 경제학에서 다루는 '완전경쟁'은 책에서나 나오는 이상에 불과할 뿐이다.

완전경쟁의 논리는 '경쟁시장에서 모든 기업은 차별화되지 않는 똑같은 제품을 판매한다, 시장 지배력을 가진 회사가 하나도 없기 때문에 모두 시장이 정해 주는 가격에 물건을 팔 수밖에 없다, 만약 수익성이 남아 있다면 새로운 기업이 시장에 진입해 공급량은 늘리고 가격은 끌어내림으로써 당초 시장에 발을 들이게 만들었던 바로 그 이윤을 제거해 버린다, 그렇게 시장에 너무 많은 기업이 들어오면 손실을 겪다가 일부는 사업을 접게 되므로 가격은 다시 적정 수준으로 올라가게 된다.'는 것이다. 장기적으로 보았을 때, 어떤 회사도 경제적 이윤을 창출할 수 없다.

네트워크 효과가 규모의 경제와 결합되면 엄청난 시너지가 나타난다. 사람들이 많이 사용하면 할수록 규모의 경제에 의해 제품의 생산비는 낮아지는 반면, 네트워크 효과에 의해 사용자의 수는 더 많이 늘어나기 때문이다. 빌 게이츠가 세계 최고의 부자가 된 것도 바로 이런 효과에 의해서인데, 독점이 가능하다는 사실을 잘 보여주는 사례이다.

규모의 경제를 따라 가기 위해, 즉 '퍼스트 팔로우'들이 모방을 하기 위해서는 상당한 시간과 자본력을 갖추어야 하므로 장시간 독점산업이 가능해진다. 또한 규모의 경제와 독점 간 상관관계는

비즈니스 모델을
혁신하는
5가지 길

그렇게 산업분야에서 경제적 메리트로 작용하는 가운데 기업과 산업발전에 기여한다고 볼 수도 있다.

독자 기술로 경쟁자를 압도하라

우버, 에어비앤비, 쿠팡, 배달의민족처럼 하나의 아이템이 의미 있는 시장으로 성장하기 위해서는 많은 것들이 필요하다. 여러 가지 요소 중 가장 중요한 하나를 꼽으라면 당연히 '기술'이다. 기술 자체로는 아무것도 할 수 없지만, 기술이 여러 가지 형태로 응용되고 확장되면 더 적은 것으로 더 많은 일을 하게 해준다.

예를 들어, 석유가 고갈될 것이라는 주장이 끊이지 않지만 석유 매장량은 기술발전에 힘입어 매년 늘어나고 있다. 기술이 발전하면서 석유 탐사가 쉬워진 데다 생산기술이 발전한 덕분이다. 같은 크기의 원전에서 더 많은 원유를 뽑아낼 수 있을 뿐만 아니라 예전 같으면 쓸모없었을 원유도 버리지 않고 재활용할 수 있게 되었다. 기술은 우리가 가진 능력을 고차원적 수준으로 끌어올려 준다.

높은 기술력으로 시장을 선점하고 있는 곳으로 방수, 방풍, 투습 기능을 모두 갖춘 아웃도어 제품의 대명사 '고어텍스'를 들 수 있다. 고어텍스는 빗물 등이 섬유 안으로 들어가지 못하게 하는 한편, 땀 등의 습기는 외부로 내보내는 기술력을 가진 방수 가공 천이다. 때문에 기능성 제품이 필요한 운동선수는 물론, 일반인들에게까지 널리 애용되고 있다. 이처럼 고어가 글로벌 기업으로 성장할 수 있었던 이유는 소재를 다양한 분야에 활용하며 전 세계적으로 2,000여 개 이상의 특허를 취득할 만큼의 뛰어난 기술력이 뒷받침됐기 때문이다.

고어텍스 원단의 핵심 기술은 멤브레인이다. 원단을 1평방인치당 80억 개 이상의 미세한 구멍으로 이루어지게 만들었는데, 구멍 하나의 크기가 물방울 입자보다 2만 배 이상 작고, 수증기 분자보다는 700배 이상 크다. 당연히 외부의 비나 눈과 같은 물방울 입자인 액체는 침투하지 못하고, 몸에서 나는 수증기 분자인 땀은 밖으로 배출시켜 준다. 바깥에서 안쪽으로 들어가는 물질을 차단하는 방수와 방풍, 안쪽에서 바깥으로 내보내는 투습의 원리는 그렇게 만들어졌다.

고어텍스처럼 누구도 넘볼 수 없는 독자 기술을 갖게 되면 하나의 산업을 평정할 수 있다. 특허권과 같은 지적 재산권으로 인해 해당 제품을 복제하기가 불가능하기 때문이기도 하고, 학습곡선을 통해 기업은 더 높은 수준의 기술을 끊임없이 개발해 나가기 때문이기도 하다. 아무것도 없는 곳에서 무엇인가 가치 있는 것을 만들어내면, 그 가치의 증가 폭은 이론상으로는 무한대가 될 수 있다.

고어는 다양한 변형 기술로 고부가가치 제품을 생산하고 있다. 아웃도어 시장뿐 아니라 전기전자, 의료시장, 액체·고체·미립자를 함유한 필터, 스마트폰 음질을 보호하는 벤트 제품, 우주복에 사용되는 섬유제품, 임플란트 의료기구, 코 성형에 사용되는 보형물 등으로 시장을 확대해 나가고 있다.

기술이란 IT, 전기, 전자, 기계와 같은 것만을 의미하지 않는다. 새롭고 더 나은 방식으로 무언가를 가능하게 해주는 것은 모두가 '기술'로, 성공한 기업들의 스토리를 들어보면 일상에서 느끼는 사소한 뭔가를 해결하기 위해 시작되었음을 알 수 있다.

에어비앤비는 '비어 있는 방을 활용할 수 있는 방법이 없을까?' 라는 단순한 질문에서 출발했다가 잠잘 곳을 해결한다는 본질에 집중해 세계적인 기업이 되었다. 더 나아가 현지인의 집을 공유하면서 단순히 잠을 자는 정도에서 새로운 경험을 창출하는 것으로 숙박업을 재정의했다.

ST유니타스는 '온라인으로 듣는 강의가 너무 비싼 것 아닌가?' 라는 질문에서 시작해 수강료 환급제를 도입했다. 예를 들면, 40강으로 구성된 강의를 신청한 수강생이 40강을 모두 들으면 수강료를 100% 환급해 주는 방식이다. 강의도 제공하고 수강료까지 환불한다면 회사가 손해를 입지 않을까 생각할 수 있지만, 사실 인터넷 강의를 끝까지 듣기는 쉽지 않은 일이다. 이에 ST유니타스는 인터넷 강의를 끝까지 들을 확률을 분석해 수강료 환급제를 도입한 것이다. 결국 수강료 환급이라는 이슈를 통해 큰 성장을 했고, 미국의 대표적 교육기관인 '프린스턴 리뷰'를 인수하기도 했다.

달러쉐이브클럽은 '면도기가 왜 이렇게 비싼 거야?'라는 질문으로 질레트의 아성에 도전했다. 한 달에 한 번 면도날 4~5개를 정기적으로 배송해 주는 '편리함'이라는 고객 가치에 집중한 결과, 적당한 수준의 기술력에서 오는 '제품 선택의 편리함'과 배송 서비스를 통한 '제품 전달의 편리함'이 큰 호응을 얻으면서 유니레버에 10억 달러에 인수되었다. 유니레버는 달러쉐이브클럽을 통해 P&G의 질레트가 장악하고 있는 면도기 시장에 진입했다.

위워크는 창업을 꿈꾸는 예비 기업가들과 스타트업에게 사무실을 재임대해 주는 회사이다. 위워크 CEO인 노이만은 뉴욕 브루클린에서 작은 회사를 운영하고 있었는데, 비싼 임대료 때문에 어려움을 겪었다. 회사 규모에 맞는 작은 사무실을 임대하지 못해 울며 겨자 먹기로 큰 공간을 빌려 비싼 임대료를 부담해야 했다. 이때 노이만의 지인인 매켈비가 큰 사무실을 작게 쪼개 임대하면 어떻겠냐는 사업 아이디어를 냈고, 이렇게 시작된 것이 오늘날의 위워크이다.

3

네트워크 효과로
플랫폼을 장악하라

사용자 관계가 가치를 만드는 '네트워크 효과'

네트워크 효과란 미국 경제학자 하비 라이벤스타인(Harvey Leivenstein)이 소개한 개념으로, 일단 어떤 상품에 대한 수요가 형성되면 다른 사람들의 선택에 큰 영향을 미친다는 것이다. 같은 제품을 소비하는 숫자가 늘어날수록 그 제품을 소비함으로써 얻는 효용이 더욱 증가한다는 게 특징이다.

예를 들면, 친구들 중에 혼자만 스마트폰을 가지고 있다면 혼자 노는 것 외에는 큰 쓸모가 없다. 반면, 친구들이 모두 스마트폰을 가지고 있다면 스마트폰 사용에 대한 가치는 급격히 증가한다. 친구들과 단체로 카카오톡을 할 수도 있고 게임을 할 수도 있다. 통신사 입장에서는 가입자 수가 많으면 기지국을 더욱 늘려나갈 수 있고, 기지국이 증가하면 스마트폰 통신 품질이 높아져 가입자 수가 더욱 늘어나게 된다. 사람들이 많이 사용하면 할수록 규모의 경제에 의해 비용은 낮아지지만 네트워크 효과로 인해 사용자 수는 더욱 증가하게 되는 원리이다.

네트워크 효과를 얻기 위해서는 사람들의 인식 속에 사실상 표준으로 자리 잡아야 한다. 카카오톡은 가까운 사람들과 대화할 때 사용되는 도구이고, 페이스북은 잘 알지 못하는 사람들과도 일상을 공유할 수 있는 서비스이다. 밴드는 모임의 용도로 사용되고, 유튜브는 동영상을 공유하는 곳이다. 카카오톡, 페이스북, 밴드, 유튜브 등을 통상적으로 소셜미디어라고 부르지만, 각각의 용도에 맞게끔 인식되고 있는 게 사실이다.

소프트웨어 회사가 공짜 프로그램 배포를 모른 척하는 이유도 네트워크 효과를 노린 행동이다. 자사 프로그램 사용자가 많아지면 많아질수록 시장점유율이 높아져 시장을 주도할 수 있기 때문이다. 네트워크 효과에서 중요한 점은 이처럼 서비스 자체의 품질보다는 얼마나 많은 사람들이 사용하고 있느냐이다.

네트워크 효과에서는 초기 사용자의 의견이 대중의 사용에 중요한 영향을 미친다. 카카오내비의 전신인 '김기사', 명함관리 앱 '리멤버', 간편송금 서비스 '토스' 등이 성장할 수 있었던 배경에는 초기 사용자의 자발적인 홍보가 큰 역할을 했다. 사용자의 긍정적인 경험이 주위 사람들에게 영향을 미치면서 추가 사용자를 만들어내고, 그 상품을 선택하는 사람들이 많아지면 많아질수록 수요가 늘어나는 편승효과가 나타난 것이다.

승자가 모든 것을 가져가는 '수확체증의 법칙'

100평의 땅에 한 사람이 농사를 짓다가 추가로 한 사람을 더 투입하면 생산물은 증가한다. 일을 나누어 할 수 있고, 힘든 일은 서로 도와줄 수도 있어 생산량은 당연히 늘어나게 된다. 그러나 100평의 땅에 5명을 더 투입하고, 10명을 더 투입하면 어떻게 될까? 생산량은 늘어나겠지만, 늘어나는 폭은 점차 줄어들 것이다. 이러한 현상을 경제학 용어로 '수확체감의 법칙(Diminishing returns of scale)'이라고 한다.

수확체감의 법칙은 생산요소를 추가로 계속 투입해 나갈 때 어느 시점이 지나면 새롭게 투입하는 요소로 인해 발생하는 수확의 증가량이 감소한다는 이론이다. 일반적으로 토지, 노동, 자본과 같은 생산요소나 대량생산을 추구하는 전통산업에서 수확체감의 법칙이 발생한다. 어떤 산업이든지 일정 수준에 도달하면 성장이 정체될 수밖에 없다는 뜻이다. 여기서 말하는 수확체감이란 생산 그 자체가 줄어듦을 의미하는 게 아니다. 증가는 하지만 그 증가의 폭이 줄어든다는 개념이다.

100년 이상 경제학의 주류를 형성한 이론이 '수확체감의 법칙'이다. 이에 따르면, 시장을 일찍 선점한 기업들이 점차 성장의 한계에 부딪히게 되며, 어느 정도의 시간이 지나면 후발주자들과 함께 가격 및 시장점유율이 균형을 이루게 된다. 삼성전자가 프리미엄 스마트폰으로 중국시장을 공략해서 성공했음에도 샤오미, 화웨이, 비보 등의 중국 브랜드가 삼성전자의 아성을 위협하고 있는 예와 같다.

선두주자와 후발주자의 균형이 이루어지면 시장은 쪼개지기 시작한다. 그렇게 되면 기업들은 원가우위와 차별화를 통해서만 경제적 이윤을 올릴 수 있다. 마이클 포터 교수는 《경쟁우위》와 《경쟁전략》이라는 저서를 통해 수확체감의 법칙하에서 기업이 가장 효율적으로 경쟁할 수 있는 방법들을 제시하고 있다.

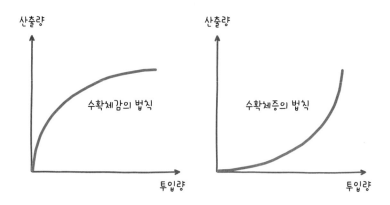

수확체감과 수확체증의 법칙

수확체감의 법칙으로 전통적인 굴뚝산업을 설명할 수 있다면, 최근의 혁신은 '수확체증의 법칙(Increasing Returns of Scale)'으로 설명할 수 있다. 수확체증의 법칙은 투입된 생산요소가 늘어나면 늘어날수록 산출량이 기하급수적으로 증가하는 현상을 말한다. 소프트웨어, 문화, 서비스, 정보산업 등 지식 기반 경제가 이에 속한다. 사람들의 지식이나 노하우에는 자원의 제약이 없어 사용하면 할수록 더 발전하고 더 새로워지며, 기존의 지식과 경험을 통해 끊임없이 새로운 뭔가가 개발된다.

구글, 유튜브, 카카오톡과 같은 지식 기반형 산업은 상품을 개발하는 데 많은 자원이 들어가지만, 개발이 완료되면 생산에는 큰 비용이 들지 않는다. 따라서 생산의 규모가 증가하면 할수록 평균 비용은 감소하게 된다. 정보기술(IT)산업뿐 아니라, 생명공학(BT), 나노기술(NT) 등은 모두 이러한 수확체증의 원리가 적용되는 산업이라고 할 수 있다.

수확체증의 원리는 수확체감의 원리와 달리 '승자독식(winner-takes-all)' 현상을 보인다. 구글과 페이스북처럼 시장에서 앞서가는 기업은 더욱더 후발기업들과 격차를 벌리고 있는데, 실제 구글과 페이스북은 전세계 디지털 광고시장의 대부분을 가져가고 있다. 이러한 '부익부 빈익빈 현상'이 수확체증의 법칙을 증명한다. 물론, 후발주자가 선도기업을 따라갈 수 없다는 게 아니다. 그만큼 어렵다는 말이다. 이를 두고 피터 드러커는 "선도기업이 장악하고 있는 시장에서 그 선도기업을 내쫓고 후발 기업이 그 자리를 차지하기 위해서는 제품 혹은 서비스가 10배 더 훌륭해야 한다."는 '드러커의 법칙'을 제시하기도 했다.

수확체증의 법칙이 적용되는 시대에는 균형보다 불안정성이 높다. 시장이 공유 또는 분할되기보다는 유튜브처럼 한쪽으로 치우친다. 따라서 산업이 하나의 기업에게 점차 집중되기 시작하고, 해당 기업은 독점상태에 이르게 된다. 그리고 모방할 대상이 없는 유튜브는 고객과 시장에 대해 배우면서 시장을 혁신해 나간다. 이러한 시대에서 기업은 장기적인 계획을 세우고 이를 달성하기 위한 플랜을 짜기보다 작은 실천을 통해 고객에게 배우고 적응해 가면서 네트워크를 성장시키는 형태를 취해야 한다.

양면 네트워크 효과를 활용하는 플랫폼 비즈니스

네트워크 효과는 새로운 전환점을 맞이하고 있다. 언제 어디서나 접속할 수 있게 되면서 소유하지 않고 필요할 때만 빌려 쓰려는 사람들이 증가하고 있기 때문이다. 시장의 주인, 즉 소비의 방식이 소유에서 접속으로 바뀌고 있는 것이다. 접속의 시대에는 재산을 장악한 공급자가 재산을 빌려주거나 사용료를 물린다. 입장료, 회비, 가입비를 받고 단기간만 사용할 수 있는 권리를 주기도 한다. 그럼에도 시장은 여전히 살아남겠지만 사회에서 시장이 차지하는 비중은 점점 줄어들게 된다. 비즈니스의 흐름을 바꾸고 있는 기업들은 무엇인가를 소유한 곳이 아니라 '접속'할 수 있는 '네트워크'를 점령한 곳임을 알아야 한다.

플랫폼 비즈니스의 핵심은 양면 네트워크 효과(two-sided network effect)에 있다. 우버가 승객 중에 운전자를 모집하고, 에어비앤비가 쿠폰이나 할인을 통해 게스트를 모으는 이유는 양쪽 시장이 함께 성장해야 네트워크가 확장되기 때문이다. 새로운 시장을 만들어내는 기업들은 양면 네트워크 효과를 적극적으로 활용하는 기업들이다. 네트워크가 록인(lock-in) 효과를 만들고, 선순환을 끌어내고, 영구적인 사용자 네트워크를 구축한다

언제든지 사용할 수 있는 '접속'을 통해 시장의 흐름을 바꾸고 있는 기업으로는 에어비앤비와 우버가 대표적이다. 에어비앤비는 단 하나의 방도 갖고 있지 않으면서 가장 큰 숙박업체가 되었고, 우버는 자체 운영하는 차량을 갖지 않고도 가장 큰 택시회사가 되었다. 사람과 사람, 오프라인과 온라인, 기계와 기계가 하나로 연결되는 네트워크 경제에서는 교환보다는 접속이 많아질 수밖에 없다. 산업사회의 근간이던 '소유'는 주변으로 밀려나고, 무엇인가를 소유하기보다 필요할 때마다 빌려 쓰는 게 합리적이라는 인식이 자리 잡는다. 기업들이 높은 수준의 지적자본을 거머쥔 채 임대하거나 사용권을 제한적으로 빌려주는 방식으로 사업을 전환하고 있는 이유는 그 때문이다.

소유보다 접속이 많아지는 또 하나의 이유는 거래비용을 극단의 수준까지 낮출 수 있어서다. 거래비용이란 상품을 사고팔 때

들어가는 종합적인 비용을 말한다. 예를 들어, 주말에 입을 옷을 사기 위해서는 자동차나 대중교통을 이용해 옷가게까지 이동해야 한다. 매장에 도착해서 원하는 옷을 찾아서 입어보고, 잘 어울리는지 스스로 확인하거나 주변 사람들에게 물어봐야 한다. 옷이 자신에게 맞지 않으면 수선하는 시간과 비용이 추가된다. 이처럼 하나의 상품을 구매하기 위해서는 정보탐색비용, 검토비용, 이동비용, 의사결정비용, 실행비용 등이 들어가는데, 이 모두를 거래비용이라고 한다. 10만 원짜리 청바지 하나를 구매하는 비용을 10만 원이라고만 할 수 없다는 뜻이다.

우리가 앞으로 살아갈 사회는 이 거래비용이 급속히 줄어든 사회이다. 사고 싶은 사람과 판매하려는 사람이 실시간으로 연결되면 이를 통해 거래과정에서 발생하는 고정비의 크기를 줄일 수 있다. 정보화, 사물인터넷, 공유자원의 증가 등 제러미 리프킨이 말했던 공유경제의 확산이 한계비용을 극단의 수준으로 낮춘다. 그렇다고 제품과 서비스의 가격이 0원이 되지는 않는다. 무형의 정보는 무한하게 공유할 수 있지만, 유형의 자산이나 시간은 유한하기 때문이다.

전통적으로 유통업, 금융업이 거래비용을 줄이면서 큰 시장을 만들어 왔다면, 앞으로는 플랫폼을 장악한 기업이 시장을 장악할 것이다. 다르게 표현하면, 플랫폼을 이해하지 못하는 기업에게 미래는 없다고 할 수 있다. 디즈니가 넷플릭스에서 탈퇴해 독립적인

스트리밍 서비스를 시작하고, 스타벅스와 코카콜라, 레드불, GE 같은 기업들이 뉴스룸을 만들면서 브랜드 저널리즘을 확장하고 있는 이유는 플랫폼 비즈니스에서 미래를 본 까닭이다.

4
브랜드가
선택의 이유이다

브랜드가 나를 대변한다

사람들에겐 사회적 지위를 드러낼 수 있는 간접적인 도구나 매개체가 필요하다. 이때 중요한 것이 브랜드이다. 브랜드는 기업이 소비자에게 하는 차별적 약속으로, 소비자들은 해당 브랜드가 이야기하는 신뢰, 혁신, 우아함, 튼튼함, 건강함 등을 믿고 구매한다. 튼튼한 브랜드를 구축하면 하나의 카테고리에서 독점기업이 될 수 있다는 말이다.

소비자 측면에서 브랜드가 중요한 이유는 구매에 따른 위험부담을 감소시킬 수 있고, 구매 의사결정을 단순화시킬 수 있기 때문이다. 또 브랜드마다 상징적인 의미가 있어 이를 통해 자신을 표현하고 싶은 욕구를 충족시킬 수 있다. 제품과 서비스가 넘치는 시대의 소비자들은 너무 많은 선택 앞에서 매번 새로운 정보처리를 하기보다는 브랜드로 소비를 한다.

그렇다면 기업 입장에서 브랜드가 중요한 이유는 뭘까? 바로 차별화를 위한 효과적인 수단이기 때문이다. 기술발전으로 제품과 서비스 간 기능적 차이는 줄어든 반면, 브랜드가 제공하는 정서적, 사회적 가치는 여전히 차별화 수단으로 효과적이다. 소비자들은 제품의 기능뿐만 아니라 브랜드가 자신에게 제공하는 심리적 안정감, 사회적 자아 등도 중요하게 생각한다. 브랜드가 제공하는 이 같은 혜택이 클수록 소비자들의 브랜드 선호와 반복구매는 계속된다.

여기서 브랜드란 단지 상품의 이름만을 의미하지 않는다. 다른 기업의 상품과 구별하기 위한 모든 것, 즉 상품의 특징을 잘 나타내는 이름, 로고, 디자인, 색상, 이미지 등을 모두 결합한 총합의 개념이다. 또 제품의 기능적 조합에 감성과 개성을 입힌 것으로 정서적, 사회적 가치를 제공한다. 루이비통 가방이나 동대문시장에서 판매하는 가방이나 기능적인 특징에는 큰 차이점이 없지만, 루이비통 가방을 드는 순간 스스로의 가치가 더 높아지는 듯한 경험을 하게 되는데, 이것이 바로 루이비통의 정서적, 사회적 가치이다.

물론, 기업이 브랜드 이미지를 쌓아 올리는 데까지는 많은 마케

팅 노력과 투자가 필요한 게 사실이다. 반면, 일단 브랜드 이미지
가 잘 구축되면 상품을 높은 가격에 판매할 수 있고, 마케팅 비용
도 절감할 수 있다. 같은 브랜드명을 이용해 상품 카테고리를 확
장할 수도 있다. 브랜드 확장의 기초가 되는 것이다. 시장에서 잘
쌓아 올린 브랜드 이미지를 브랜드 자산이라고 하는 이유는 이처
럼 기업에게 큰 힘이 되기 때문이다.

기업의 목표는 고객가치를 창출해 이윤을 만들어내는 일이다.
즉, 고객들에게 그들이 생각하는 가치가 있는 상품이나 서비스를
제공하고 이를 통해 돈을 버는 게 목표이다. 아무리 가치가 있는
상품이라 할지라도 고객들이 그 가치를 알지 못하고 설득할 수 없
다면 그 상품은 진흙 속의 진주로 묻혀 버리고 만다. 상품의 가치
를 형성해 나아갈 뿐만 아니라 그 가치로 고객들을 설득해 구매를
유도하는 중요한 매개체, 그게 바로 '브랜드'인 것이다.

어떠한 믿음을 줄 것인가?

보는 것을 믿는 걸까, 믿는 것을 보는 걸까? 다양한 연구결과에
의하면 사람들은 믿는 것을 본다고 한다. 재미있는 실험이 있다.
사람들에게 똑같은 와인을 두 잔씩 나누어주고 맛을 평가하도록
했다. 같은 와인이지만 하나는 한 병에 3만 달러가 넘는 로얄 드 마

리아(Royal De Maria)라고 하고, 다른 하나는 대형마트에서 판매하는 1만 원대의 살트램 메이커스 테이블 쉬라즈(Saltram Maker's Table Shiraz)라고 설명을 한다. 실험 결과 사람들은 매우 비싼 와인을 선호했으며, 이 와인이 참가자들의 두뇌도 활성화시켰다고 한다.

미국 캘리포니아 공학연구소와 스탠포드 경영대학원 연구팀이 발표한 이 실험 결과에 따르면, 사람들은 와인의 가격이 높으면 저렴한 와인보다 맛이 풍부하리라는 기대를 뇌에 전달하고, 뇌는 실제 와인을 마셔보기 전에 이미 좋은 와인이라는 결론을 내려버린다고 한다. 비싸다고 생각되는 와인을 마시면 그 와인의 실제 가치와는 상관없이 뇌가 높은 만족감을 느낀다는 말이다.

이와 '유사한 연구로 사람들은 '사망확률 20%'라는 말보다 '생존확률 80%'라는 말을 두 배 이상 선호하며, '15% 지방이 포함된 고기'라는 표현보다 '85% 살코기'라고 표현된 고기를 더 많이 산다고 한다. 같은 이야기임에도 표현하는 방식에 따라 결과가 달라진다는 뜻이다.

대부분의 소비자들은 이렇게 행동한다. 주어진 정보는 똑같은데, 자신이 믿고 있는 태도에 적합한 정보만, 자신의 믿음에 따라 보이는 정보만 본다. 따라서 기업은 소비자들이 무엇을 믿고 있는지를 알아야 한다. 소비자에게 상품의 특성을 하나하나 설명해 주고 스스로 평가하도록 하는 게 좋을지, 아니면 믿음을 심어주는 게 더 좋을지 생각해 볼 필요가 있다.

기업은 혁신적인 제품을 만들면 소비자가 구매할 것으로 생각하지만 실상은 그렇지 않을 때가 더 많다. 소비자들은 지금까지 자신이 믿어온 것에서 크게 벗어나지 않는 상태에서 일어나는 작은 변화를 큰 변화보다 훨씬 더 잘 받아들인다. 소비자들이 무엇을 믿고 있는지 알면 기업들은 그들에게 어떤 상품을 통해, 어떤 가치를 제공해야 할지 알아낼 수 있다.

사람들이 믿는 것 위주로 보게 되는 이유는 정보처리상의 편파적 경향성 때문이다. 편파적 경향성이란 자기중심적으로 자기에게 이로운 정보만 취하면서 기존의 태도를 유지하려는 성향을 말하는데, 이를 자기중심성, 자기 고양의 욕구, 인지적 보수성이라고 표현한다.

자기중심성이란 사람들은 자기와 관련된 정보를 중요하게 생각할 뿐만 아니라 자기가 좋아하는 것을 남도 좋아한다고 생각하는 성향을 말한다. 이 같은 자기중심성 때문에 보고 싶은 것만 선택해 보게 된다.

자기 고양의 욕구란 자신에게 이로운 정보만 유지하려는 성향을 말한다. 예를 들면, 애플의 맥북을 구입한 사람은 애플 제품광고를 더 많이 보게 된다. 자신의 노트북 구매에 대한 정당성을 확보하려 하기 때문이다. 내가 쓰는 노트북에 대한 높은 평가를 해야 자신의 가치도 올라간다고 생각한다. 맥북을 통해 애플 제품에 대한 긍정적 태도가 만들어지면 나머지 제품에 대한 평가로도 확장되는데, 이러한 경향성은 브랜드 확장에도 사용된다.

인지적 보수성은 기존의 태도를 그대로 유지하려는 성향을 말한다. 사람들은 쉽게 태도를 바꾸지 않는다. 기존의 태도를 바꾸려면 그러기 위한 충분한 동기가 필요할 뿐만 아니라 새로운 정보를 학습해야 한다. 자신의 행동을 바꿔야 하는 동기가 충분하지 않다면 사람들은 굳이 생각을 바꾸려 하지 않는다. 사람들이 자기가 갖고 있던 지식 안에 있는 정보를 우선적으로 처리하게 되는 이유이다.

따라서 기업은 고객들에게 어떠한 믿음을 줄지에 대해 결정해야 한다. 이 믿음의 결과에 의해 표현되는 게 바로 브랜드이다. 어떤 옷을 입고 화장을 어떻게 하는지에 따라 전혀 다른 사람으로 보이는 것처럼, 동일한 상품일지라도 어떤 브랜드로 인식되는지에 따라 전혀 다른 제품이 될 수 있다.

브랜드가 선택의 이유이다

브랜드는 기능적 가치 그 이상을 제공하는 데 중요한 역할을 한다. 스타벅스, 애플, 나이키와 같은 브랜드 안에는 제품의 기능뿐만 아니라 다양한 감정과 상징들이 숨어 있다. 소비자들은 자신이 원하는 감정과 상징을 소비하기 위해 기꺼이 더 많은 비용을 지불한다. 특정 브랜드를 사용함으로써 내가 되고 싶은 모습으로 변모할 수 있다고 생각하기 때문이다. 브랜드는 현재의 나의 모습을 반영하기도 하지만 내가 되고자 하는 미래의 이상형을 반영하기도 한다. 기업들도 이러한 사실을 알고 브랜드에 다양한 감성적 요인들을 넣으려고 노력한다.

브랜드를 통해 사람들은 자신을 표현한다. 몰스킨에 메모하는 사진이나, 스타벅스에서 커피를 마시는 사진 등을 소셜미디어에 올리는 행위가 대표적이다. 이를 '사회적 지위의 간접 표명 심리'라고 한다. 외모든 재력이든 명성이든 재능이든 사람들은 타인에게 자신을 드러내고 싶어 한다. 그것이 일상의 작은 사치일지라도 말이다.

나이키가 오랫동안 사랑받는 이유가 있다. 운동화는 운동할 때 신는 게 본래의 기능이지만, 나이키 브랜드에 빠져 있는 사람들은 소유하는 것 그 자체로 즐거움과 행복감을 느낀다. 나이키 축구화를 신으면 축구를 더 잘할 것 같고, 나이키 농구화를 신으면 농구를 더 잘할 것 같다. 이를 감성적 소비라고 하는데, 제품의 기능적 속성이 아니라 나이키라는 브랜드가 주는 즐거움을 소비하는 것이다.

신발장에 있어야 할 운동화가 잠을 자는 방에 전시되어 있다. 제품마다 고유의 번호가 매겨진 에어조던 시리즈를 구매한 사람들은 운동화를 신고 밖으로 나갈 마음이 없다. 한정판인 에어조던 시리즈를 바라보는 것만으로도 행복하기 때문이다. 이들은 운동화를 방 안에 모셔놓고 인스타그램에 사진을 올리기도 하고, 잠을 잘 때 끌어안고 자기도 한다. 이들에게 나이키는 가슴을 두근거리게 하는 존재이다. 반면, 리복 운동화에서는 이런 감정을 느끼지 못한다.

브랜드에는 많은 정보가 함축적으로 담겨 있다. 순발력, 힘, 열정 등을 원하는 소비자들은 나이키 신발을 구매하고, 안정성이나 편안함 등을 원하는 소비자라면 뉴발란스를 선택할 가능성이 높다. 브랜드는 곧 소비자와 같다.

브랜드 의사결정에 필요한 것들

브랜드 의사결정에서 생각해 볼 또 다른 점은 브랜드를 개별적으로 가져갈 것인가, 공동 브랜드로 가져갈 것인가이다.

생산된 상품마다 모두 다른 브랜드를 사용하는 경우를 개별 브랜드 전략이라고 하는데, 같은 상품군 내에서 또 개별 브랜드를 사용하는 경우를 복수 브랜드 전략이라고 한다.

LG패션은 HAZZYS, DAKS, LAFUMA, JILLSTUART, NEW YORK 등의 브랜드를 사용하고 있다. LG패션처럼 복수 브랜드를 사용하면 소매상의 진열공간을 더 많이 확보할 수 있고, 브랜드 충성도가 높지 않은 소비자를 자사의 다른 브랜드로 옮겨 가도록 할 수 있다. 또 보다 다양한 고객층을 흡수할 수 있다는 장점도 있다. 하지만 아모레퍼시픽의 헤라 쿠션이 아이오페 쿠션의 매출을 둔화시키는 것처럼 복수 브랜드는 자기잠식(카니발라이제이션)을 초래할 가능성도 있다.

공동 브랜드 전략은 생산·판매되는 모든 제품에 하나의 브랜드를 붙이는 전략이다. 카카오는 카카오톡, 카카오맵, 카카오택시, 카카오드라이버 등 많은 서비스에 카카오라는 공동 브랜드를 사용한다. 그 이유는 제품이나 서비스의 연관성을 높이기 위해서인데, 카카오스토리와 카카오택시 등은 카카오톡의 연상효과에 힘입어 소비자들에게 친숙하게 다가갈 수 있었다.

공동 브랜드는 브랜드 개발비용과 마케팅 비용 절감효과가 있다. 카카오스토리 등의 여러 서비스는 카카오톡이라는 브랜드에 힘입어 다양한 비용을 절감했고, 이는 신상품의 출시비용을 낮추는 효과뿐 아니라 신상품에 대한 소비자들의 수용 가능성을 높이는 효과를 가져왔다.

반면, 관계없는 상품에 동일 브랜드를 사용하거나 하나의 서비스가 소비자 신뢰를 잃으면 다른 서비스로까지 그 영향이 확대될 가능성도 있다. 카카오톡에 큰 문제가 발생하면 다른 서비스까지 나쁜 영향을 미칠 가능성이 있다는 말이다.

기업이 공동 브랜드를 구축할지 매번 새로운 개별 브랜드를 사용할지는 다음과 같은 사항을 고려하면 된다.

첫째, 제품의 차별적 가치를 보아야 한다. 기존 상품과 유사성이 크다면 공동 브랜드를 사용하고, 기존과 연관성이 없는 새로운 가치를 제공하는 것이라면 개별 브랜드가 좋다.

둘째, 관여도 관점이다. 저관여 상품이지만 뚜렷한 이미지를 심을 필요가 있을 때는 개별 브랜드 전략이 효과적이다. 예를 들면, 기저귀는 저관여 상품에 속한다. 제품별로 품질이나 가격의 차이가 크지 않아 적당한 제품을 선택한다. 반면, 몇몇 기저귀 회사들은 육아 경험을 제공하는 커뮤니티를 만들기도 하고, 엄마들이 좋아할 만한 샘플도 증정하면서 차별화를 시도하는 것도 사실이다.

셋째, 비용 측면이다. 여러 개의 브랜드를 개발하고 운영하기 위해서는 그만큼의 비용과 사람이 필요하다. 마케팅에 필요한 자원확보와 이에 대한 기업의 태도가 어떤가에 따라 개별 브랜드가 효과적일지, 공동 브랜드가 효과적일지를 결정할 수 있다.

넷째, 신상품의 파급효과와 리스크 측면이다. 현대자동차는 제네시스를 별도의 브랜드로 독립해서 운영하고 있다. 프리미엄급 자동차 브랜드로서의 현대자동차는 제한적이었기 때문이다.

다섯째, 시장 규모이다. 해당 상품의 시장 규모가 충분히 크고 향후 성장 가능성이 높다면 개별 브랜드 전략을 선택하고, 그렇지 않으면 공동 브랜드 전략을 선택하는 게 좋다.

브랜드 확장과 재활성화

하나 이상의 카테고리에서 성공한 브랜드를 보유한 기업이라면 브랜드 확장을 고민하게 된다. 브랜드 확장은 강력한 브랜드를 활용하는 방법으로, 기존 브랜드를 활용하면 광고나 판촉비용, 유통망 확보 등에 들어가는 비용을 많이 절감할 수 있다. 한편으로는 신제품이 시장에서 성공하기가 어려워 기존 브랜드를 활용하기도 한다.

브랜드 전략에는 계열 확장, 브랜드 확장, 복수 브랜드, 신규 브랜드 전략이 있다.

계열 확장은 아이팟, 아이폰, 아이패드, 아이워치와 같이 기존에 기업이 갖고 있던 제품 카테고리에서 기존의 브랜드를 그대로 이용하는 전략이다.

브랜드 확장은 LG패션처럼 LG의 브랜드를 활용해 새로운 카테고리에 진입하는 방식이다. 브랜드 확장이 궁극적으로 성공하기 위해서는 새로운 제품 카테고리와 기존 브랜드의 이미지가 얼마나 적합한지에 대해 면밀히 분석해야 한다.

복수 브랜드는 기존 제품 카테고리에 새로운 브랜드를 개발하는 방식이다. 아모레퍼시픽은 헤라, 설화수, 아리따움, 이니스프리, 라네즈, 마몽드, 아이오페, 에뛰드 등의 다양한 브랜드를 운영하고 있다. 동일한 화장품이라도 목표로 하는 고객층에 따라 브랜드를 다르게 한다. 이 같은 복수 브랜드에서 주의할 점은 너무 많은 브랜드는 자기잠식효과를 가져올 수 있다는 사실이다. 이런 이유로 P&G는 몇 개의 성공적인 브랜드 중심으로 브랜드 전략의 방향을 바꾸고 있다.

신규 브랜드 전략은 새로운 제품 카테고리에 새로운 브랜드를 사용하는 전략이다. LG전자가 '시그니처' 브랜드를 앞세워 프리미엄 가전시장에서 영토를 넓히고 있는 걸 예로 들 수 있다. 또 도요타는 프리미엄 브랜드인 '렉서스'로 고급차 시장을 개척했고, 미국 가전업체 GE는 '모노그램'과 '프로파일'이라는 별도 브랜드를 쓰고 있다.

소비자들이 변하고 새로운 경쟁 브랜드가 나타나면 강력한 브랜드도 과거의 브랜드 자산을 잃고 점점 시장에서 잊혀질 수 있다. 이러한 시기를 브랜드 쇠퇴기라 한다. 하지만 브랜드는 제품과 달리 떨어진 생명력에 다시금 활력을 불어넣을 수가 있다. 이를 브랜드 재활성화라고 하는데, 소비자 기호의 변화, 기술혁신에 의한 신기술의 등장 등 환경변화에 따라 브랜드 가치가 약화된 경우 브랜드에 새로운 활력을 불어 넣는 것을 말한다. 이 같은 브랜드 재활성화 방법으로는 브랜드가 처한 상황에 따라 다르긴 하나 일반적으로 브랜드 인지의 확대, 브랜드 리뉴얼, 디자인 리뉴얼, 브랜드 리포지셔닝 등이 있다.

먼저 브랜드 인지의 확대는 깊이와 넓이를 확대하는 전략이다. 서울우유는 광고 내용에 '하루 세 번'이라는 음용횟수를 구체적으로 제시하고, '아이에 대한 사랑'이라는 감성적 메시지를 전달하면서 우유 소비량을 늘렸다. 소비자와의 감성적 유대를 강화함으로써 소비자 행동이 변화되었고, 이를 통해 위축되었던 시장에서 서울우유는 점유율과 매출을 높일 수 있었다.

브랜드 리뉴얼은 브랜드 정체성의 구성요소들 중 하나 이상을 수정, 변경함으로써 노후화된 이미지를 개선하거나 새로운 이미지를 부가적으로 창출하기 위한 전략이다. LG생활건강 자회사인 해태htb에서 인수한 '구론산 바몬드'가 대표적이다. 구론산 바몬드는 대대적인 리뉴얼 및 공격적인 마케팅에 힘입어 브랜드 매출이 큰 폭으로 성장했다. 20, 30대 소비자를 겨냥해 맛과 디자인을 전면적으로 변경하고 용량을 150ml로 증량하면서 경쟁사보다 더 큰 용량으로 '큰 피로엔 더 큰 피로회복제'라는 슬로건을 내세워 호감도를 높였다.

브랜드 리뉴얼이 문제가 발생한 후 내려지는 처방이라면 디자인 리뉴얼은 문제가 발생하기 전에 이루어지는 처방이다. 리뉴얼은 목적이 아니라 살아 움직이는 시장과 고객의 시선을 맞추는 과정이다. 브랜드가 소비자 기호의 변화, 기술혁신에 따른 환경의 변화, 나아가 트렌드의 변화를 읽지 못하면 소비자의 마음을 지속해서 사로잡지 못한 채 추억 속에 묻혀버린다. 이를 방지하려면 브랜드 정체성을 구성하는 여러 요소 가운데 하나 이상을 바꾸는 전략이 필요하다. 이를 통해 브랜드 이미지의 노후화 및 부정적 연상을 막고 새로운 브랜드 이미지를 더할 수 있다.

브랜드 리포지셔닝(Repositioning)은 경쟁력을 상실했거나, 시장의 크기나 수익성이 낮은 경우에 사용되는 방법이다. 박카스가 대표적이다. 박카스는 주 구매층이 나이 들어가면서 브랜드가 노후화되고 있었다. 이에 20대로 고객층을 넓혀나가는 리포지셔닝을 진행했다. 제품의 핵심 속성에만 머물지 않고 건전한 사회를 향한 브랜드 철학을 발전시킴으로써 다양한 캠페인과 어우러진 박카스는 '아저씨들의 피로회복제'에서 '젊은이들과 함께하는 드링크'로 리포지셔닝 되었다.

5

규모의 경제와
범위의 경제 활용

규모의 경제를 활용한 경쟁자 압도

챈들러는 《Scale and Scope》라는 책에서 금융자본 발달에 따른 기업의 인수합병, 그에 따른 지배구조의 변화와 전문경영인 체제의 도입이 기업의 거대화를 가져오고 규모의 경제, 범위의 경제가 발생하면서 궁극적으로 탁월한 경쟁력을 갖춘 글로벌 기업이 탄생한다고 설명하고 있다.

'규모의 경제(economies of scale)'란 물건의 생산량이 많아질수록 그 물건의 평균적인 생산비용이 줄어드는 현상을 말한다. 고정비용이 많이 들면 생산량 증대에 따른 규모의 경제가 필요해지고,

적으면 반대 현상이 나타난다. 고정비용이 큰 산업일수록 규모의 경제에 대한 중요성이 커진다는 뜻이다.

자동차나 전자제품 등은 상품을 만드는 데 필요한 공장과 기계 설비에 큰 비용이 들어간다. 때문에 물건의 생산량을 늘려 평균적인 생산비용을 낮추는 작업이 필요하다. 많이 팔면 팔수록 가격을 내릴 수 있고, 그렇게 되면 더 많은 제품을 판매할 수 있게 된다. 이를 위해 기업들은 신제품을 다른 회사들보다 빨리 만들어 소비자에게 판매하려고 하고, 때로는 다른 회사와의 합병을 통해 생산 규모를 늘리기도 한다.

금융기업들이 몸집을 키운다든지, 학교에서 급식을 통해 식사비를 낮춘다든지, 인터넷에서 공동구매를 통해 물건을 싼값에 사는 것 등이 규모의 경제가 적용된 예라 할 수 있다.

규모의 경제는 '네트워크 효과'와도 연계되어 있다. 네트워크 효과는 더 많은 사용자의 참여가 네트워크의 가치를 높이고, 더 높아진 네트워크 가치는 더 많은 사용자의 참여를 이끌어낸다. 이는 서비스 가치의 측면에서 선순환 고리를 만들어, 결국 네트워크 효과를 활용한 기업은 규모가 커질수록 더 강해진다. 또 사용자가 많아질수록 제품과 서비스를 만드는 데 들어간 고정비가 분산되는 효과도 가져온다. 특히나 소프트웨어 기업이라면 제품 하나를 추가로 생산하는 데 들어가는 비용이 0에 가까워 규모의 경제 효과를 보다 극단적으로 누릴 수 있게 된다.

규모의 경제를 활용해 성장하고 있는 기업 중 하나가 쿠팡이다.

쿠팡은 연간 매출액, 판매되는 상품의 품목 수, 하루 배송되는 배송상자의 수에서 규모의 경제를 넘어섰다. 여기에는 IT를 중심으로 한 기술투자, 원터치로 끝나는 간편결제 로켓페이, 다양한 판매상품 셀렉션 확보, 1인당 객단가 상승 등의 다양한 요인들이 있는데, 이 중에서 규모의 경제가 가능하도록 하는 요인은 바로 '로켓배송'이다. 로켓배송을 통해 99% 이상의 상품을 정확하게 익일 배송하고 있으며, 이러한 경험이 고객을 만족시켜 쿠팡을 재방문하게 만드는 것이다.

물론, 규모의 경제에 장점만 있는 건 아니다. 규모의 경제를 위해서는 큰 투자가 필요하다. 무엇보다 시장 상황 예측에 실패할 경우 막대한 재고비용이 발생한다. 고정비를 절감하려다 변동비가 높아지게 된다. 전략적 관점에서 봤을 때 이 같은 복잡성을 관리하기 위해서는 많은 노력이 필요하다.

상품의 수명주기가 단축되고, 고객이 요구하는 수준이 높아지면서 동일한 플랫폼에서 단순히 새로운 상품을 추가하는 일이 어려워지고 있다는 사실도 문제이다. 예를 들면, 자동차산업은 전 세계 소비자를 대상으로 일정 판매량이 보장되었기 때문에 경제이론에 따라 대규모 설비투자를 할 수 있었다. 하나의 플랫폼에서 수백만 대의 자동차가 생산되었고, 소비자들은 큰 생각 없이 받아들였다. 그러나 오늘날 자동차 회사들은 지속적인 제품 업그레이드에 따라 설비를 변경해야 한다. 하나의 설비에 의존할 수 없게 된 것이다. 규모의 경제는 모든 기업이 도입할 수 있는 전략이 아

비즈니스 모델을
혁신하는
5가지 길

니다. "큰 것이 항상 좋은 것은 아니다."라는 말을 되새겨 보아야
한다.

상호 연관성 측면의 '범위의 경제'

하나의 기업에서 하나의 상품만을 생산한다면 '규모의 경제'가
유일한 전략이다. 그러나 하나의 기업에서 여러 가지 상품들을 생
산하는 경우가 많다고 가정하면 질문이 바뀌어야 한다. 만약 승용
차 엔진을 만드는 기계와 차체를 만드는 기계가 승용차를 생산하
는 데만 쓰이는 게 아니라 트럭이나 밴을 만드는 데도 쓰일 수 있
다면 어떻게 될까? 어떤 상품을 만들어내는 과정에서 부산물로
다른 상품이 나올 수 있다면 어떻게 될까? 실제 기업의 많은 활동
들은 이처럼 상호 간에 연계성을 갖고 있다.

상호 연관성 측면에서 활용할 수 있는 전략이 '범위의 경제
(economies of scope)'이다. 범위의 경제는 비슷한 기술이나 생산시설
을 이용해 여러 가지 제품을 생산함으로써 얻을 수 있는 경제적 이
익을 말한다. 아마존을 예로 들 수 있다. 아마존은 온라인 도서판
매의 경험을 킨들(Kindle) 라인으로 확장해서 e-book 시장의 리더
가 되었다. 온라인 상거래를 통해 쌓아 올린 인프라를 개방해 클라
우드 컴퓨팅 시장의 주요 영역에서도 우위를 점하고 있다. 머신러
닝 기술을 기반으로 계산대 없는 인공지능 마켓 아마존고(Amazon

Go)를 통해 소매업 시장을 새롭게 혁신해 나가고 있다. '범위의 경제'는 경제학 관점에서 '비관련 다각화'와 유사한 개념이다.

규모의 경제는 '클수록 이익'인 개념이고, 범위의 경제는 '넓을수록 이익'인 개념이다. 규모의 경제는 대량생산과 판매를 통해 이익을 극대화하는 반면, 범위의 경제는 종류를 다양화해서 이익을 높이는 전략이다. 다이소가 전국적으로 매장을 확장하는 이유는 규모의 경제를 겨냥했기 때문이다. 그런데 다이소에서 판매하는 상품이 일반 생활용품에서 인테리어 소품, 의류, 화장품, 문구류로 확대되고 있다. 이는 매장에 방문하는 사람들에게 선택의 폭을 넓힘으로써 범위의 경제를 노린 것이라고 할 수 있다.

범위의 경제를 가장 잘 활용하는 산업으로 엔터테인먼트를 들 수 있다. 인기 있는 아이돌(Idol) 그룹의 멤버는 5명을 훌쩍 넘어선다. 그런데 5명의 멤버가 방송에 출연한다고 해서 방송사에서 출연료를 5배로 주지 않는다. 더구나 멤버들이 함께 생활하는 비용을 비롯해 매니저와 코디네이터까지 10명이 넘는 인원이 움직여야 한다. 결국 멤버를 쪼개 여러 개의 방송에 출연시키거나, 멤버 안에서 다시 2~3명으로 멤버를 구성해 음반을 발매한다.

대한민국의 아이돌은 세계 최고 수준으로 훈련되는 집단이다. 다들 꽃미남 꽃미녀인 데다 노래도 잘하고 춤도 잘 춘다. 게다가 말재주가 좋거나 뛰어난 운동신경 등 적어도 한두 가지 이상의 개인기를 갖고 있다. 다양한 색깔의 멤버가 하나의 그룹으로 활동하면 더 많은 팬층을 확보할 수 있기 때문이다. 기획사들은 아이돌 멤버를 유지하는 비용이 더 들어감에도 범위의 경제를 활용해 더 다양한 방식으로 수익을 높이고 있는 것이다.

B2B 기업인 인텔과 고어텍스가 일반인을 대상으로 광고를 하는 이유도 범위의 경제로 볼 수 있다. 고어텍스는 기능성 섬유를 만드는 회사이지 직접 등산복과 등산화를 만들지 않는다. 인텔도 반도체를 설계하고 제조하는 회사이지 직접 컴퓨터를 만들어 판매하지 않는다. 이들이 일반 소비자를 대상으로 광고를 하는 이유는 더 많은 기업들이 이들의 제품을 사용하도록 하기 위함이다. 이처럼 활용 폭이 넓어질수록 범위의 경제를 더 많이 누릴 수 있게 된다.

규모의 경제와 범위의 경제를 동시에

'규모의 경제'와 '범위의 경제'를 동시에 활용하는 기업으로 삼성전자가 있다. 삼성전자는 높은 수준의 기술적 리더십을 가진 것도 아니고, 방대한 내수시장을 가진 것도 아니었다. 그럼에도 세계적인 기업으로 성장할 수 있었던 이유는 시기적절한 타이밍에 한 템포 빠른 대규모 투자로 지속해서 규모의 경제와 범위의 경제를 추구해 왔기 때문이다.

삼성전자의 경쟁력은 세계 최고 수준의 제조 및 운영 기술에 있다. '관리의 삼성'을 바탕으로 제품 차별화가 어려운 부품시장에서 세계 최고의 기업이 되었다. 삼성전자는 D램, LCD, 하드디스크, 플래시메모리, LED까지 손대는 부품 사업에서 세계에서 가장 큰 생산능력을 가진 회사가 되었다. 삼성전자를 보는 시선도 달라졌다. 한반도의 이름 모를 작은 기업에서 세계가 무시할 수 없는 기업으로 성장했다. 삼성전자의 브랜드 가치가 이를 방증한다.

규모의 경제를 통해 부품을 싸게 공급할 수 있게 되자 여러 가지 기회가 찾아왔다. 반도체, 디스플레이, 배터리 등 부품의 수직 계열화를 통해 안정적인 부품 조달과 품질관리에 성공하면서 애플과의 경쟁에서 유리해진 것이다. 똑같은 스마트폰을 만들어도 다른 기업들보다 더 많은 마진을 남길 수 있으며, 비용을 절약해서 확보한 마진은 다시 마케팅 투자로 이어진다. 세계에서 가장 큰 LCD 공급자가 된 다음에는 TV 시장을 장악했고, 스마트폰 시장을 장악했다. 부품 사업의 규모의 경제가 세트의 경쟁력으로 진화된 것이다.

글로벌 영업망과 브랜드 인지도를 갖추게 되면서 범위의 경제도 생겨나고 있다. 삼성이 TV 경쟁력 강화를 위해 LCD TV의 광원을 LED로 바꿔 TV 기술의 판도를 바꾼 'LED TV'가 대표적이다. LED는 양산된 지 30년이 넘는 소재기술로 그렇게 어려운 기술은 아니었으나 수요처가 마땅치 않아 기업들이 투자를 꺼렸고, 그러다 보니 가격이 비쌀 수밖에 없었다.

삼성은 LED TV 출시를 결정하면서 부족한 LED 공급을 해결하기 위해 계열사를 통해 직접 LED 생산라인에 투자를 했다.

TV 시장점유율 1등이라는 자신감이 없었다면 수요가 창출되지 않은 기술에 대규모 투자를 할 수는 없었을 것이다. 결과적으로 삼성전자는 LED를 세계에서 가장 싸게 공급받는 TV 제조업체가 되었고, 마침내 저렴한 가격을 무기로 LED TV라는 새로운 시장을 열고 말았다.

이러한 범위의 경제는 효과를 톡톡히 보고 있다. 애플과의 관계가 대표적이다. 삼성전자와 애플은 글로벌 IT 시장의 양대산맥이다. 한마디로 정의하기 어려운 특수관계로 얽혀 있다. 스마트폰 시장에선 단 한 치도 물러설 수 없는 경쟁자이다. 하지만 애플은 삼성전자 D램 등 메모리 반도체와 삼성디스플레이의 OLED(유기발광다이오드) 패널, 삼성SDI의 배터리 등 부품을 구매하는 대형 고객사이기도 하다. 또 부품뿐만 아니라 서비스에서도 적과의 동침을 강화하고 있다. 삼성 스마트 TV에 애플의 '아이튠즈'를 탑재하면서 "영원한 적도 동지도 없다."는 말을 떠올리게 했다.

애플 '아이튠즈'는 애플이 자체 보유한 콘텐츠 마켓으로 수십만 개의 동영상, 음악, 영화 등의 콘텐츠를 보유하고 있다. 아마존, 구글과 협력을 강화한 삼성전자가 애플까지 콘텐츠 서비스 파트너로 영입하면서 삼성전자 TV의 콘텐츠 경쟁력이 한층 강화됐다. 삼성전자 TV에서 넷플릭스뿐 아니라 애플의 '아이튠즈' 콘텐츠도 자유롭게 볼 수 있게 되었으니 말이다.

물론, 애플에도 기회가 열렸다. 스마트폰 시장의 성장이 정체되면서 TV 콘텐츠 분야에서 활로를 찾을 수 있게 된 것이다. 애플에 세계 1위 TV 제조사인 삼성전자는 압도적인 콘텐츠 플랫폼이다. 전세계 프리미엄 TV의 절반을 차지하고 있는 삼성전자의 강력한 하드웨어 플랫폼 경쟁력이 콘텐츠 사업을 확대하려는 애플에는 거부할 수 없는 '러브콜'이었다고 전해진다. 스마트폰과 태블릿PC를 가지고 있어도 영화와 드라마는 여전히 TV의 대형 화면으로 시청하는 고객들이 많다. 이런 라이프 스타일 패턴이 애플의 결정에 큰 영향을 미쳤다고 볼 수 있다. 범위의 경제가 확장되고 있음을 이런 예들을 통해 우리는 확인할 수 있다.

비즈니스 모델을
혁신하는
5가지 길

4장

세 번째,
내부역량 관점의
비즈니스 모델
혁신

1
세 번째,
내부역량 관점의 비즈니스 모델 혁신

제조업의 시대는 끝나지 않았다

기업이 내부적으로 진행할 수 있는 것을 극대화하는 게 내부역량 관점의 비즈니스 모델 혁신이다. 기술혁신을 통한 신상품 출시, 가치사슬 재구성, 생산성과 효율성 극대화, 낭비 제거 등이 대표적인 내부역량 관점이다.

기업의 여러 가지 활동 중에서도 가장 중요한 건 '제품'이다. 제조업의 경우 일반적으로 연구개발, 제조, 마케팅으로 기능을 구분해 볼 수 있다. 이 중 연구개발이나 마케팅은 제품과 고객을 만드는 과정으로써 시장 진입 초기에 중요성을 가진다. 창출된 시장과 고객에게 지속적인 신뢰와 만족을 주는 건 고객이 구매해서 사용하는 제품에서 발생한다. '제조의 시대는 끝났다.'라고 주장하는 사람들도 있지만, 이는 단편적으로 해석된 시각이다.

기업이 끊임없이 신상품을 출시하려면 제품과 기술의 수명주기에 대한 이해가 필요하다. 사람이 태어나고 성장해서 나이가 들어가는 것처럼 제품도 수명주기를 갖고 있다. 이를 제품수명주기(Product Life Cycle)라고 하는데, 신제품이 시장에 출시된 후 겪는 도입, 성장, 성숙, 쇠퇴와 같은 일련의 과정을 의미한다. 제품이 사회적 수요와 기술 수준에 따라 상품으로 구체화되었다고 해서 무한히 성공하는 것은 아니다.

예를 들면, 스마트폰은 1990년대 말에 출시되었다. 하지만 당

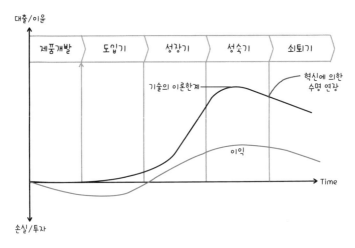

제품과 기술의 수명주기

시에는 하드웨어, 소프트웨어, 콘텐츠, 네트워크가 뒷받침되지 않아 소비자들의 선택을 받지 못했다. 그렇게 10여 년의 시간이 흘러 하드웨어, 소프트웨어, 콘텐츠, 네트워크 기술이 동반 성장하면서 아이폰이 세상에 나올 수 있었다.

도입단계에서 상품으로서의 경제적 가치가 확인되면 시장의 수요가 늘어나면서 성장의 단계로 접어든다. 기업의 생산량이 큰 폭으로 늘어나고 이윤도 점차 커지게 된다. 모든 산업이 그렇듯 성장단계에 들어서면 시장에 참여하는 기업들이 하나둘씩 증가하면서 경쟁이 치열해진다. 그리고 제품의 품질이 상향 평준화되고 기술의 발전이 한계에 부딪히면 기업들의 매출이 점차 감소하는 성숙단계를 맞이하게 된다. 그때가 되면 제품에 대한 대비책이 필요해지는데, 변화하는 수요에 대응해 어떤 제품을 추가시킬 것인지, 어떤 제품을 탈락시킬 것인지 결정해야 한다. 그러다 시장의 반응이 냉담해지면 판매와 이윤이 급속히 감소하는 쇠퇴단계를 맞는다.

제품수명주기에 따른 혁신활동

제품수명주기에 따라 기업의 전략이 결정되므로 제품의 수명에 대해 알고 있으면 제품계획을 체계화하고 합리적으로 관리할 수 있다. 일반적으로 도입기에는 기능이나 디자인과 같은 제품혁신에 집중한다. 얼리어답터라고 불리는 소수의 열정적인 소비자로부터 주목을 받아 완만한 성장을 시작하는 시기이다. 성장기는 대중의 관심을 끌면서 빠르게 성장하는 구간이므로 유통채널을 확장하면서 시장점유율을 높여야 한다. 한편으로는 생산능력 극대화와 같은 공정혁신이 필요하다. 성숙기는 소비자들의 욕구가 바뀌고 대체기술을 가진 경쟁기업이 나타나면서 시장이 정체되는 구간이다. 이때는 경쟁자의 고객을 빼앗아오기 위한 프로모션 활동을 강화하면서 비용 절감과 생산성 제고 같은 공정혁신을 해야 한다.

제품수명주기 이론은 효과적인 제품전략을 수립하기 위한 지침으로서 유용하지만, 각 기업이 처한 상황이나 배경을 반드시 고려해 시의적절하게 관리되어야 한다. 동일한 제품일지라도 기업의

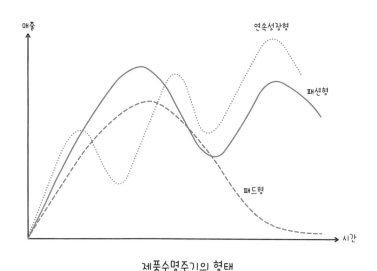

제품수명주기의 형태

전략에 따라 제품수명주기가 달라질 수 있으며, 동일한 주기상에 위치한 기업이라도 전략에 따라 성공 기업과 실패 기업으로 나뉘기 때문이다.

제품수명주기에는 연속성장형, 패션형, 패드형과 같은 여러 형태가 있다.

연속성장형은 새로운 용도와 사용자를 확장해 가며 수명주기가 연속적으로 이어지는 경우를 말한다. 예를 들면, 존슨앤존슨의 베이비 샴푸가 유아용에서 여성용으로, 암앤해머(Arm & Hammer)의 베이킹소다가 제빵용 소다에서 제산제와 탈취제로 수명이 연장된 제품이다.

패션형은 여성의 치마 길이나 남성의 넥타이처럼 일정한 주기를 타고 성장과 쇠퇴를 거듭하는 유형을 말한다.

패드형은 도입기가 거의 없이 바로 성장기에 접어들었다가 성숙기를 거의 거치지 않고 쇠퇴기로 접어드는 형태이다. 아이돌 그룹의 최신 가요와 모바일 게임 등이 대표적인 예이다.

이처럼 제품은 시장에 도입되어 성장을 하다가 성숙기에 접어들게 되고 언젠가는 쇠퇴한다. 따라서 기업은 지속적인 신제품 개발을 통해 제품의 수명주기를 이어나가야 하는데, 이를 위해서는 지속적인 연구개발과 함께 자금흐름의 균형을 이루어야 한다.

기업의 활동을 연속적인 선으로 표현하면 S곡선(S-curve)이 된다. S곡선은 예일대 물리학 박사 출신의 리처드 포스터 (Richard Foster)가 창안한 것으로, 신기술 개발의 성과가 초반에는 별 볼 일이 없는 듯하다가 폭발적으로 성장한 후, 어느 시점에 이르면 정체되다 사라지는 것을 표현하고 있다. 그리고 새로운 기술과 상품이 등장하면서 이전의 기술은 역사의 뒤안길로 사라지는 현상을 설명한다.

물론, 기술이 항상 자신의 한계점에 이를 때까지 발전하지는 않는다. 새로운 지식 기반을 이용해 기존의 유사한 시장 수요를 충족시킴으로써 시장 한계를 극복할 수도 있고, 새롭게 출현한 기술로 대체될 수도 있다. 이 같은 새로운 기술의 등장은 현재 산업의 경쟁구도를 뒤집을 수 있는 힘이 있으며, 그 과정에서 새로운 리더와 실패자가 나오게 된다. 이러한 창조적 파괴(Creative Destruction) 활동이 발전의 핵심 동인이다.

만약 기존 기술을 대체할 수 있는 혁신적인 기술이라면 발전에 가속도가 붙어 기존 기술에 대한 투자보다 더 높은 수익을 얻을

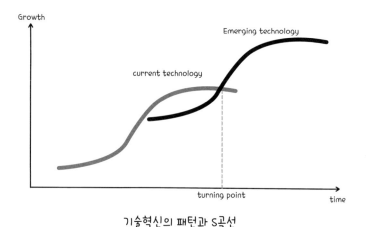

기술혁신의 패턴과 S곡선

수 있다. 따라서 기업에서는 그들이 보유한 기술에 대한 투자나 기술 성능에 관한 자료 및 산업 전반의 기술 성능과 투자에 관한 자료를 활용해 S-curve를 그려봄으로써 기술의 발전 속도와 한계에 관한 깊은 이해를 얻어야 한다.

기업이 놓여 있는 상황에 따라 다르지만 S곡선은 시장 진입시기에 대한 통찰도 준다.

첫 번째 고려요인은 소비자 선호도이다. 소비자들이 기술에 대한 이해도가 높고 불확실성이 적다면 빠르게 시장에 진입하는 게 유리하다. 애플이 아이팟의 터치 경험을 바탕으로 아이폰을 만들어냈을 때 아이팟을 사용해 본 소비자들이 기술에 대한 거부감 없이 아이폰을 받아들인 것처럼 말이다.

두 번째는 보조기술이 충분히 뒷받침되는지의 여부이다. 자율주행차가 일상화되기까지 시간이 필요하다고 보는 이유는 여러 가지 기술이 동반 상승해야 하기 때문이다. 시속 500km로 달릴 수 있는 자동차를 만들어내도 달릴 수 있는 도로가 없다면 무용지물인 것과 같다.

세 번째는 경쟁기업의 진입 위협을 들 수 있다. 잠재적 진입자로서의 능력을 갖춘 기업이 있는 경우, 시장 진입시기를 늦추는 것도 전략이 될 수 있다. 소비자 욕구, 보조기술의 발달 등을 보아 진입시기를 조정하는 것이다.

네 번째, 학습효과와 네트워크 외부성이 강할 때는 빠른 진입이 필요하다. 이를 수확체증이라고 하는데, 앞서 나가는 비즈니스는 더 앞서 나가고 뒤처지는 비즈니스는 더 뒤처질 수밖에 없는 경향을 의미한다. 수확체증의 원리가 적용되는 산업에서는 처음에 어떤 기업이 약간이라도 우월성을 가지게 되면 그 후 시장을 완전히 지배하게 되는 이른바 승자독식(winner takes all) 현상이 나타나기 때문이다.

다섯 번째는 기업의 초기 손실 감당 능력을 들 수 있다. 하나의 제품과 서비스가 의미 있는 시장으로 성장하기까지는 시간이 필요하다. 특히 기존에 사용해 본 경험이 없는 상품은 더 많은 시간을 필요로 한다. 막대한 비용과 위험을 감수할 능력이 없다면 시장 진입시기를 조정해야 한다.

여섯 번째, 기업의 명성도 시장 진입시기에 영향을 준다. 아이폰, 아이패드, 애플워치, 아이팟, 맥북으로 치장한 사람들의 얼굴에는 근거 없는 자부심이 넘쳐난다. 누구나 돈만 내면 살 수 있는 제품이지만, 그들은 애플의 혁신철학에 동참한다는 의식을 공유한다. 이처럼 과거 시장에서의 업적이나 스토리, 기술의 전문성, 상품의 혁신성을 인정받으면 시장 진입에 대한 리스크가 감소한다.

비즈니스 모델을
혁신하는
5가지 길

2
가치사슬 재구성을 통한 비즈니스 모델 혁신

연결된 선택, 가치사슬을 통한 혁신

사람들의 예측과는 달리 월마트는 아마존에 효과적으로 대응하고 있다. 월마트는 미국 전역에 자리 잡고 있는 오프라인 매장을 적극 활용해 아마존의 오프라인 진출을 견제하고 있을 뿐만 아니라 다양한 기술을 온·오프라인에 적용하고 있다. 제트닷컴 인수 후 가격의 할인 폭을 늘리고 무료배송 기준 금액도 낮추는 등 가격 경쟁력도 갖추고 있다. 월마트의 비즈니스 전략은 '오프라인 중심', '가격 경쟁력', '인수합병' 등으로 정리할 수 있다.

월마트가 아마존을 효과적으로 견제하면서 지속적으로 성장하고 있는 이유는 더 스마트하고, 더 빠르고, 더 좋은 결정을 내리기 때문이 아니다. 월마트의 최대 장점은 경쟁자가 흉내 내기 힘든 기술 중심의 무궁무진한 연결이다. 전 세계에 약 3,500명이 근무하는 강력한 기술 연구조직인 월마트랩스(Walmartlabs)가 최신 기술 개발의 선봉으로 이 연결을 가능케 했다.

여기에서 개발된 소프트웨어나 기술들이 오프라인 매장에 즉각 적용된다. 또 장기적인 관점에서의 기술 개발을 위해 스토어 No.8이라는 인큐베이터를 설립했는데, 가상현실이나 드론처럼 전자 상거래에 활용할 수 있는 기술을 연구하는 스타트업을 지원한다.

월마트는 팔리는 물건과 팔리지 않는 물건 하나하나에 대한 재고관리 정보를 매일 제공해 줄 수 있는 IT 시스템에 수십억 달러를 투자해 왔다. 정교한 IT 시스템 덕분에 처음부터 물건을 많이 쌓아놓고 영업할 필요가 없고, 재고정리를 하지 않아도 되었다. 남는 물건이 많지 않으니 할인판매를 할 필요도 없었다.

성공한 기업들에게는 더 나은 결정 혹은 더 스마트한 결정이 있었다고 단정 짓는 경우가 있다. 그러나 월마트가 50년 넘게 지속적인 성공을 거둘 수 있었던 이유는 경쟁업체보다 더 나은 결정을 내려서가 아니다. 월마트가 내린 결정들이 유기적으로 잘 연결되어 있었고, 이를 실행할 수 있는 내부역량이 갖춰졌기 때문이다. 월마트의 경우, 하나의 선택은 다른 많은 선택들과 연결되어 있는데, 그걸 다 무시하고 하나만 따라 한다고 성공할 수는 없다. 연결된 선택들을 도외시한 채 어설프게 하나의 결정에만 따른다면 오히려 상황은 더 악화될 수도 있다.

내부역량 관점에서 연결된 선택을 설명해 주는 게 가치사슬(Value chain)이다. 가치사슬은 본원적 활동과 지원활동으로 구분된다. 구매, 물류, 생산, 마케팅, 영업, 서비스 등은 본원적 활동이고 기업구조, 인적 자원, 기술 정도, 조달 및 구매는 지원활동이다. 이러한 가치사슬은 기업 내부뿐만 아니라 기업 외부의 공급자, 구매자, 사용자와 연결되어 다양한 관계를 형성하게 된다.

마이클 포터의 가치사슬(Value chain) 분석 방법론

기업의 가치사슬은 다음에 나오는 표에서와 같이 다섯 가지 본원적 활동과 네 가지 보조활동으로 이루어진다. 기업활동은 본원적 활동과 보조활동의 단순한 집합이 아니라 가치사슬의 내부적인 상호작용으로 형성된 시스템을 가리킨다. 이처럼 전체적인 최적화와 긴밀한 협업인 상호작용을 통해 기업은 경쟁우위를 만들어내는데, 가치사슬을 단계별로 나누어 분석해 보면 부가가치를 어디에서 높일 수 있는지, 이와 관련된 핵심활동이 무엇인지를 알아낼 수 있다.

기업활동에서 발생하는 비용은 대부분 각 활동 사이의 협업비

이윤

<table>
<tr><td rowspan="4">기업 하부 구조</td><td>기업 구조</td><td colspan="5">기업의 전체적인 관리, 기획, 재무, 법률, 어카운팅, 대중과의 관계 등</td></tr>
<tr><td>인적 자원 관리</td><td colspan="5">인재 초빙, 훈련, 보충, 관리, 개발 등의 모든 활동</td></tr>
<tr><td>기술 개발</td><td colspan="5">R&D, 제품 및 프로세스 개선 등 상품을 개선하는 데 활용되는 기술과 관련된 활동</td></tr>
<tr><td>조달 및 구매</td><td colspan="5">원자재, 기계설비, 건물과 구매 등 물류를 위한 다양한 조달 활동</td></tr>
<tr><td rowspan="2">기본 활동</td><td></td><td>물류 유입 (구매 등)</td><td>운영 활동 (생산 등)</td><td>물류 송출 (배송 등)</td><td>마케팅 & 판매</td><td>서비스</td></tr>
<tr><td></td><td>원자재의 저장, 선별, 인바운드 물품에 대한 해당 생산설비의 관리 등</td><td>상품을 완제품으로 전환하는 데 필요한 활동으로 상품 가공, 포장, 테스트 보수, 설비 유지와 다른 가치를 창출하는 각종 운영 활동 등</td><td>최종 상품의 재고 관리, 주문서 처리, 배송 등 상품을 '상용화'하는 과정 등</td><td>광고, 프로모션, 판매 선택지, 판매 전시 상품을 판매하는 데 활용되는 각종 활동의 핵심이 해당됨</td><td>상품 설치, 수리, 부품 공급, 교환 등 상품의 가치를 유지하고 향상하는 활동. 이 밖에 서비스 분야에는 상품의 가치를 높이기 위한 각종 부대 서비스를 제공하는 활동 등이 포함됨</td></tr>
</table>

마이클 포터의 가치사슬(Value chain)

가치사슬(Value chain)별 차별화 요소

명성

지원적 활동

기업 구조
판매에 대한 최고 경영층의 지원, 기업의 이미지를 높이기 위한 설비, 우수한 경영정보 시스템

인적자원 관리
- 최고의 인력을 유치하기 위한 정책
- 종업원 훈련 및 동기부여를 위한 프로그램

기술 개발
- 독특한 제품 특성
- 빠른 제품 개발 능력
- 독특한 생산공정이나 기계

조달
- 품질 자재
- 품질 부품
- 최상의 운송

- 우수한 운송 스케줄
- 소프트웨어
- 독특한 운송수단이나 차량

- 최고 입지의 싣고 손해를 최소화하는 시스템

- 우수한 매체 조사
- 우수한 매체 노출
- 최상 모델이의 빠른 것

- 최상 매체 선택
- 제품 포지셔닝과 이미지

- 우수한 서비스 인력
- 우수한 판매인력의 확보
- 최상의 모델이의 빠른 것

- 서비스 기술 이용권
- 구매지원 기술
- 고객지향 마케팅

본원적 활동

물류 투입(구매 등)
- 손해 등을 최소화하는
- 양질의 투입 요소의 처리
- 재료자재간에의 적기

운영 활동(생산 등)
- 설계와의 일치성
- 매력적인 제품 외양
- 제품 범위에 대한
- 미진사
- 짧은 제조시간

물류 산출(배송 등)
- 신속, 정시 배달
- 정확하고 민감한 주문 처리
- 손해를 최소화하는 처리

마케팅 & 판매
- 높은 판매와 관리 질
- 넓은 판매망과 판매인력의 질
- 좋은 광고 또는 구매자
- 좋은 기술관련 안내
- 좋은 판촉과 기타 판매 보조물
- 충분한 판매촉진 노력
- 구매자나 것들에 대한 시용 조사

서비스
- 빠른 설치
- 높은 서비스의 질
- 충분한 대체재의 재고
- 넓은 서비스 범위
- 구매자의 서비스 비용을 낮추는 편의

용이다. 기업 내 모든 활동 간의 협업은 본원적 활동 간의 협업뿐만 아니라 보조활동과 본원적 활동 사이의 협업도 포함된다. 본원적 활동 간의 협업은 기업의 수직통합전략과 관련이 있다. 기업의 수직적 협업비용이 수직통합전략을 통해 창출되는 수익보다 낮으면 기업은 전방, 후방통합전략을 고려해야 한다. 그렇지 않다면 관련 업무를 외부로 처리하는 편이 기업에는 더 유리하다.

보조활동과 본원적 활동 간의 협업은 대개 기업의 다원화 전략과 연관되어 있다. 기업의 다원적 협업비용이 다원화를 통한 수익보다 낮다면 다원화 전략은 이익을 가져온다.

내부환경 분석이란 말 그대로 기업이 지닌 내부역량을 분석하는 일이다. 내부환경을 분석하는 이유는 핵심역량을 개발하고 제한적인 자원을 효율적으로 사용하기 위함이다. 다양한 경쟁기업과의 비교분석을 통해 우리 기업이 가지고 있는 상대적인 강점과 약점을 파악하려는 목적도 있다.

가치사슬 분석은 기업의 단위활동들을 강점과 약점으로 분석하고, 경쟁기업과의 현재 혹은 미래의 차별화 원천을 파악하는 데 도움을 준다. 또 가치사슬 분석은 조직 및 구성원 사이의 상호관계를 파악하는 데도 유용하다. 물론, 가치사슬 변화의 속도가 빠른 산업이나 제조기업이 아닌 유통 및 서비스업 기업의 경우에는 거기에 맞는 대응과 변경이 필요하다.

기업은 본원적 활동과 보조활동 전체 관점에서 차별화를 시도할 수도 있고, 개별적인 관점에서 차별화를 시도할 수도 있다. 마이클 포터 교수는 본원적 활동과 보조활동에서의 차별화 지점을 위 표와 같이 제시했다.

가치사슬 관점에서 스타벅스의 혁신전략

가치사슬을 통합해 성공한 기업으로 스타벅스를 들 수 있다. 스타벅스는 커피 원두 구매자, 원두 가공자, 커피 생산자, 유통 및 판매업자를 모두 하나로 통합시켜 새로운 경쟁우위를 만들어냈다. 원두 재배 농장에서부터 고객에게 전달되기까지의 가치사슬을 분석해 가치가 창출되는 주요 활동을 파악한 후, 이런 활동들을 자사의 가치사슬 속으로 통합시킨 것이다. 이런 과정을 통해 최고급 커피를 제공하는 데 필요한 가치창출 활동을 보다 효율적으로 통제하게 되었다.

스타벅스는 집과 사무실 외의 '제3의 장소'라는 콘셉트로 고급성과 전문성이라는 브랜드 이미지를 제안하고 있다. 커피에 개성과 매력을 덧입힌 다양한 메뉴를 출시하고, 여성 소비자층의 취향을 반영해 캐러멜이나 초콜릿 등을 첨가한 달콤한 음료를 지속해서 내놓고 있다. 소비자들의 다양한 욕구를 충족시키기 위해 사이즈, 크림의 양, 시럽 첨가 여부 등의 다양한 옵션으로 선택할 권한도 제공하며, 머그잔과 텀블러 등 커피와 연관된 상품을 교차 판매하면서 브랜드 이미지를 높이고 있다.

스타벅스의 가치사슬 분석

기업 구조
- 가정: 프랜차이즈 방식이 없이 지역마다의 안역
- 성취: 매우 긍정적이라고 인식되는 브랜드 이미지 제고

인사 관리
- 가정: 바리스타를 지점, 교육(근무 시스템), 향상, 긍정적 이미지 제고
- 성취: 종업원 교육 및 음료, 음료에 대한 기술

기술 개발
- 가정: 사이드 메뉴가 디저트 메뉴 및 계절별 메뉴 등 다양화, 사이렌 오더 기술투자
- 성취: 신메뉴 및 음료 계속 개발, 신제품 지속 출시

구매 및 조달
- 가정: 원두 생산자, 핸드 드립 기자, 바리스타, 유통 및 판매를 모두 통합 운영
- 성취: 메뉴 판매(지)로 원두 판매까지 음료

서비스
음료
- 생산, 준비, 음료 서비스의 (라운지에서의) 서비스 대상인
음식
- 생산, 제공, 매니, 음식 등

마케팅 & 영업
대중에 응하는
- 가정: 대중매체 광고
- 성취: 브랜드 포장 컵, 컵홀더, 전단지, 간판
마케팅
- 대중에

물류 산출(제품)
- 가정: 허브 앤 스포크 물류 방식의 배송 유통화
- 성취: 배송 및 음식의
음료

운영 활동(생산)
- 가정: 커피 전문점(시간, 생산, 냄새 등) 한 기존 출시
- 성취: 본사 자회사에서 신메뉴를 지속적으로 출시

물류 투입(구매)
- 가정: 원두 생산, 본사에서 직접 구입, 해외에서 계열화되어 있는
- 성취: 음료 및 음식

오프라인 매장은 세련된 도시적 느낌과 차분하고 은은한 분위기 속에서 커피 본연의 맛과 향기를 음미할 수 있는 환경과 음악을 제공한다. 매장은 통유리를 사용해 매장 안의 사람들이 외부에 노출되도록 한다. 이는 탁 트인 바깥을 내다보면서 이야기할 수 있는 효과를 주는 한편, 바쁘게 지나다니는 사람들의 발걸음을 멈추게 하는 효과가 있다. 커피 한 잔을 사는 게 아닌 커피를 우아하게 마실 수 있는 분위기를 구매한다는 느낌을 주는 효과를 발휘한다.

가치사슬 분석으로 볼 때 스타벅스는 원두 품질, 매장 관리, 브랜드 이미지 관리, 마케팅 전략과 인적 자원 관리를 통해 가치를 창출하고 있다.

먼저 전 세계 30여 개 나라에서 원두를 구입해 매년 1,000회 이상의 샘플 테스트로 품질을 관리한다. 스타벅스 사내의 로스팅 전문가들이 로스팅 작업을 할 뿐만 아니라 테스팅 전문가들을 통해 최고의 커피를 생산하고 있다.

매장 관리에서는 최고의 품질을 유지하기 위해 프랜차이즈 방식이 아닌 직영 형태로 운영하며, 바리스타는 직접 채용과 교육을 진행한다. 이는 고객 신뢰도 향상과 전문점 이미지 제고에 큰 효과로 나타나고 있다.

마케팅 전략 차원에서는 세계 어디에서든 동일한 로고와 매장 인테리어로 일관되고 고급스러운 이미지를 추구하며, 매장 위치 선정 시에는 만남의 장소로서 역할을 할 수 있도록 사람들의 시선에 잘 들어오는 곳에 출점하고 있다.

기업 이미지 마케팅 차원에서 재단 운영, 길거리 청소, 봉사활동, 기부활동, 지역사회 프로그램 운영 등 지역 밀착 마케팅을 실시함으로써 스타벅스의 이미지 제고에 노력을 기울이고 있다.

인적 자원 관리 측면에서 스타벅스는 정규직과 비정규직 모두에게 의료보험 혜택과 진급 교육 기회를 준다. 이를 통해 이직률 감소, 우수한 인력 유치, 직원들의 자부심 제고 등의 효과를 거두고 있다.

가치 네트워크 측면에서는 전자제품 매장, 은행, 백화점, 병원 등에 숍인숍 형태로 제휴전략을 늘려나가고 있다. 이는 마케팅 비용을 늘리지 않으면서 소비자를 확장시키는 효과가 있고, 제휴 기업 입장에서는 고객에게 새로운 서비스를 제공한다는 장점이 있다.

가치사슬 분석에서 유의할 점은 단순히 해당 기업의 역량만을 평가해서는 안 된다는 것이다. 시장에는 항상 경쟁자가 있고, 경쟁기업에 따라 우리가 가진 자원이 강점이 될 수도 있고 약점이 될 수도 있기 때문이다. 올바른 전략을 수립하려면 경쟁기업들의 역량까지 파악하고 분석해야 한다.

분석 범위의 확장도 필요하다. 기업 내부에서 이루어지는 활동뿐만 아니라 공급자 또는 물류업자까지 고려해야 한다. 중요한 활동들을 외부 업체에게 아웃소싱할 때는 자신뿐만 아니라 외부 업체도 가치사슬 분석에 포함시켜야 한다. 그래야만 원재료를 획득하는 시점부터 이를 가공하고 생산해서 상품을 최종적으로 고객에게 전달하는 시점까지의 과정을 분석함으로써 가치창출 과정 전체를 한눈에 볼 수 있다. 그렇게 하면 기업이 실제로 어느 부분에서 얼마만큼의 가치를 창출하는지를 알게 되고, 그 부분에 자원을 집중할 수 있다.

핵심에 집중하고 나머지는 아웃소싱하라

가치사슬을 재구축할 때는 모든 것을 혼자서 다 할 수는 없다는 점에 유의해야 한다. 앞서 설명한 스타벅스는 여러 부분에서 협력 업체를 두고 있다. 전체적인 시각에서 가치사슬을 컨트롤할 뿐 모든 것을 혼자 하지 않는다.

예를 들면, 신세계푸드는 스타벅스 매장에서 판매하는 샌드위치, 케이크, 베이커리류, 샐러드, 바나나 등의 식자재를 공급한다. 이마트는 각종 소모품 등을 공급하고, 신세계아이앤시는 사이렌오더, 스마트 워치 결제, 임직원 교육 플랫폼 SSE EDU 구축 등의 부분에서 협력하고 있다.

핵심에만 집중하고 나머지는 협업이나 아웃소싱으로 비즈니스를 전개하는 기업으로 나이키와 애플도 들 수 있다. 나이키는 제품의 디자인과 마케팅만 직접 담당하고 나머지는 모두 외부 업체에 맡긴다. 스포츠용품을 판매하는 나이키에는 자체 공장이 없다는 말이다. 애플도 자신들이 잘할 수 있는 연구개발, 디자인, 마케팅에 집중하고 단순조립은 폭스콘에 아웃소싱하는 전략을 취하고 있다.

기업이 직접 내부 조달을 할지, 아니면 아웃소싱을 할지는 거래비용이론(Transaction Cost Theory)으로 확인할 수 있다. 거래비용이란 시장에서 상품을 구매하는 데 발생하는 비용을 말한다. 거래 상대를 탐색하거나, 거래 상대와 협상을 하거나, 거래가 이루어진 후 거래 내용을 실제로 이행하는 데 들어가는 비용들이 모두 거래비용이다. 기업은 거래비용을 포함한 총비용이 직접 제조할 때의 비용보다 적다면 아웃소싱을 선택하고, 반대로 직접 제조해서 내부역량을 높여가는 게 유리하다면 수직적 통합을 선택하게 된다.

그럼에도 기업의 여러 활동을 내부화할지, 아니면 아웃소싱을 활용할지의 선택보다 중요한 것은 어떤 방법을 선택하든 그 방법이 경쟁우위에 어떤 영향을 미칠지 따져보는 일임을 명심해야 한다.

3
수직적 통합과
수평적 통합

전체의 효율성을 높이는 '수직적 통합'

기업들은 원자재나 부품을 공급받아 제품을 생산하고 도매상, 소매상을 통해 소비자에게 공급한다. 일반적으로 원재료 공급, 제조, 도매, 소매가 분리되어 각각의 분야에서 전문성을 발휘해 왔다. 그런데 기업이 경쟁력과 통제력을 강화하기 위한 목적으로 외부의 공급업체나 유통업체 등을 흡수하기도 한다. 이를 수직적 통합이라고 한다.

기업의 '관련 다각화'에서 수직적 통합은 지난 반세기 동안 한국 경제를 이끌어 온 방식인데, 원자재→부품생산→최종 조립의 가치사슬을 통합하는 형태로 자동차, 전자, 철강 등 대기업 중심의 산업에서 자주 관찰된다. 수직적 통합은 '전방통합'과 '후방통합'으로 구분된다. 전방통합은 원료를 공급하는 기업이 생산기업을 통합하거나, 제품을 생산하는 기업이 유통채널을 보유한 기업을 통합하는 것을 말한다. 후방통합은 이와 반대 방향으로 건설사가 시멘트 공장을 인수하거나, 자동차 회사가 부품 제조 기업을 인수하는 경우이다.

기업이 수직적 통합을 시도하는 이유는 원재료 등을 안정적으로 공급할 수 있고, 그 공급과정에서 추가 수익을 얻을 수 있기 때문이다. 또 원료부터 제품까지 기술적 일관성을 확보할 수 있다는 장점도 있다. 반면, 수직적 통합에는 막대한 비용이 소요되며 생산성 감소, 높은 조달 비용, 조직 내 비효율, 혁신 인센티브 저하 등의 다양한 문제가 발생하기도 한다.

핵심은 산업별 상황, 경쟁 강도 등이 다르므로 현재 상황, 내부화 비용, 통합 시 비용과 수익 비교 등을 통해 각자 최적의 의사결정을 해야 한다는 점이다. 외주(outsourcing), 하청업체와의 장기적 거래 및 품질관리 협력, 전략적 제휴 등을 적절히 활용해 비효율성을 줄여나가는 것도 방법이 될 수 있다.

수직적 통합으로 비즈니스 모델을 혁신한 기업으로 유니클로를 들 수 있다. 유니클로는 기획부터 생산, 유통까지 직접 담당한다. 이를 일컬어 SPA(Specialty store retailer of Private label Apparel) 혹은 패스트 패션(Fast Fashion)이라고 정의한다. SPA는 미국의 의류 브랜드 GAP이 도입한 개념으로, 전문점(Speciality retailer), 자사 상표(Private label), 의류(Apparel)의 첫 글자를 조합해 만든 명칭이다.

유니클로는 모든 것을 혼자 하기보다는 여러 기업과 함께하는 협력모델을 갖고 있다. 예를 들어, 도레이(TORAY)와는 히트텍, 에어리즘, 울트라 라이트 다운, 드라이 EX 등 고기능 소재를 활용한 제품을 공동으로 개발했다. 또 실과 디자인을 설정하면 기계가 니트 한 벌을 봉제선 없이 입체적으로 엮어주는 '홀 가먼트(Whole Garment)' 기술 부분에서는 시마정밀기계와 협력을 하고 있다. 다이와하우스와는 합작회사 형태를 취하면서 더 빠르고 효율적인 방식으로 물류망을 구축했다. 생산과 원재료 조달, 시장 동향 등에 대한 정보는 미쓰비시상사와 협력하고 있고, 디자인 부분에서는 카우스, 르메르, JW 앤더슨 등과 장기적인 협력체계를 구축했다.

이러한 협력체계 바탕 아래 유니클로는 대량생산 방식으로 효율성을 추구함으로써 제조원가를 낮추고, 유통단계를 축소시켜 저렴한 가격으로 빠르게 상품을 회전시키고 있다. 제품기획과 생산, 판매에 이르는 전 단계를 시스템화함으로써 물류와 고객정보를 보다 효율적으로 관리해 적기적재에 생산을 가능하게 하고, 중간 유통과정을 생략함으로써 제품 공급시간과 생산원가를 절감시킨다. 판매방식도 소규모 대리점이 아닌 대형 매장을 통해 박리다매하는 형식을 따른다.

물론, 유니클로의 이 같은 방식은 큰 리스크를 안고 있기도 하다. 트렌드를 따라가지 못하면 상품 판매가 어려울 수 있고, 사전 예측을 잘못하면 대량의 재고가 발생할 수도 있다. 또 균일한 품질을 달성할 수 있는 역량도 필요하다. 이에 유니클로는 수직적 통합의 장점은 극대화하고 리스크는 최소화하기 위해 다음과 같은 세부전략을 사용하고 있다.

첫째, 유니클로의 옷은 언제나, 어디서나, 누구나 입을 수 있는 대중적인 아이템을 저렴한 가격에 판매한다. 기존의 패션메이커는 패션성을 중시한 나머지 누구라도 가볍게 입을 수 있는 캐주얼 웨어에 관심을 두지 않았다. 반면, 유니클로는 아이에서 어른까지 가볍게 입을 수 있는 캐주얼 웨어를 저가에 판매함으로써 많은 소비자들의 니즈를 만족시키고 있다. 둘째, 매장의 표준화와 매뉴얼을 통해 어떤 매장에서도 동일 상품을 동일 서비스로 판매한다. 매장의 레이아웃, 상품, 가격이 모두 동일하다. 셋째, 일본 디자인 오피스에서 기획한 후 중국과 동남아 공장에서 OEM으로 생산한 상품을 전국의 자사매장에서 판매한다. 넷째, 단품을 싸게 대량으로 판매하고 한 품목을 지속해서 개선함으로써 캐주얼의 정석을 지향한다. 다섯째, 낭비를 줄인 창고형 매장으로써 고객의 요구에 맞춘 상품을 저렴한 가격으로 판매한다.

또한, 유니클로는 상품기획→생산→물류 및 배송→점포 진열→소비자로 이어지는 사이클 주기를 6개월에서 최단 10일로 줄이기 위한 시도를 하고 있다. 이를 위해 본사를 아리아케 물류센터로 이전, 물류와 본사를 한 곳으로 집약시켜 물류 · 판매 · 조직을

비즈니스 모델을
혁신하는
5가지 길

혁신하고 있다. 세부전략으로는 ① '라이프 웨어' 철학을 바탕으로
한 제품력, ② 강력한 협업 모델을 통한 차별화, ③ 제조 소매업
(SPA)에서 정보 제조 소매업으로의 변신을 들 수 있다.

국적, 연령, 직업, 성별을 초월한 다양한 사람들을 위한 옷을 추
구하는 유니클로는 자신의 라이프 스타일을 바꾸는 옷을 '라이프
웨어'라고 정의한다. 그리고 라이프 웨어를 세계의 누구나 어디서
든 비싸지 않은 값에 살 수 있도록 하는 걸 사명으로 삼는다. 그러
면서도 자라나 H&M처럼 유행을 그대로 받아들이지 않는다. 각
각의 옷에 관해 그 시즌의 패션 경향을 확실하게 잡아 베이직 상
품에 그 경향을 집어넣는 게 유니클로 혁신의 방향성이다. 여기에
는 '모두를 위한 옷'에서 '고객 맞춤 제작 서비스'로 전환하겠다는
의지가 담겨 있는데, 아디다스 운동화가 만들어지는 것처럼 고객
의 신체 사이즈와 원하는 컬러, 스타일을 조합해 주문을 받은 후
3~7일 이내에 고객이 원하는 장소로 배송을 해준다. 이를 위해
배송 서비스 과정에서는 물류센터 내 모든 작업을 인공지능 등 IT
기술로 전산화 및 자동화해 재고관리 및 상품의 향후 판매 전망
예측까지 가능토록 하고 있다. 아마존이 사용해 왔던 방식을 도입
한 것이다.

하지만 라이프 웨어의 실현을 위해서는 유니클로 혼자의 힘만
으로는 어렵다. 때문에 소재 개발부터 생산공법, 물류, 상품 판매
까지 모든 프로세스에서 다양한 기업들과 협력하고 있다. 그 결과
로 단순히 유행을 좇아 한 철 입고 버리는 의류를 판매하는 SPA

브랜드 중 하나인 유니클로가 아니라, 장기적인 관점에서 기술 개발 및 타사와의 협력을 통해 '올해보다 내년, 후년의 상품이 더 좋아져 다음에도 사고 싶도록 만드는 데 온 힘을 쏟는 브랜드' 유니클로로 자리매김해 나가고 있다.

부가가치가 높은 활동에 집중하는 '수평적 통합'

대부분의 사용자는 기능이나 디자인을 중심으로 물건을 구매한다. 여기서 말하는 기능과 디자인이란 누구나 한 번에 '멋지다', '예쁘다', '훌륭하다', '편리하다'라고 느낄 수 있는 특성을 말한다. 예를 들면, 여름용 재킷은 디자인이 중요하므로 보자마자 예쁘다고 느끼고 입고 싶다는 생각이 들어야 한다. 또는 차가운 감촉으로 청량감을 극대화하고, 땀이 나도 쾌적한 착용감을 주는 기능성을 제공해야 한다. 이처럼 기능과 디자인은 물건의 가장 중요한 특징이다.

기업은 지금까지 물건의 기능과 디자인을 강조하는 활동을 진행해 왔다. 삼성전자의 QLED TV는 컬러 볼륨 100%를 표현할 수 있는 TV로 미세한 색 차이까지 완벽하게 표현한다고 한다. 그렇다면 사람의 눈으로 구분할 수 있는 미세한 색 차이는 어디까지일까? 사실 자세히 비교해 보면 차이가 눈에 들어올지 모르지만 한눈에 구매하고 싶다는 차이까지 느껴질지는 의문이다. 이는 어느 정도의 품질만 확보된다면 아무리 훌륭한 사양이라도 상품에 대한 수많은 정보 중 하나일 뿐임을 보여준다.

관점을 바꿔보자. 물건을 만들어내는 제조가 중요할까 아니면 판매가 중요할까? 닭이 먼저냐, 달걀이 먼저냐와 같은 질문이긴 하다. 애플을 예로 들어보자. 애플은 아이폰, 아이패드, 맥북과 같은 물건을 판매한다. 하지만 애플은 공장이 없는 팹리스(FabLess) 기업으로 가치사슬의 상류인 상품기획과 하류인 판매만 담당한다. 수익이 적은 생산과 조립은 모두 폭스콘과 같은 외부 기업에 위탁한다. 그렇게 애플은 수익이 가장 많은 부분을 확보하면서 전

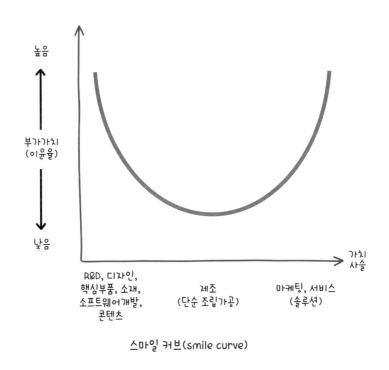

스마일 커브(smile curve)

세계 시가총액 1위 기업이 되었다.

스마일 커브(smile curve)라는 개념이 있다. 세로축에 부가가치, 가로축에 가치사슬을 배치한 후, 제조과정의 상류에서 하류에 이르는 그래프를 그려보면 웃는 사람의 입 모양이 그려진다고 해서 나온 말이다. 스마일 커브는 대만의 컴퓨터 회사 에이서 창업자 스탠 쉬가 소개한 개념으로, 상품 제조의 상류와 하류의 이익률이 높아지는 반면, 중류를 담당하는 기업의 수익구조가 악화됨을 보여준다. 이는 과거에 축적된 자본력을 이용해 공장을 만들고 지속적으로 규모를 키워 왔던 제조업이 더 이상 쉽게 살아남기 힘들다는 의미로도 해석된다.

애플처럼 제품의 구상과 디자인을 정하는 상류의 기획을 셋업이라 부르는데, 어떤 가치의 제품을 어떤 모듈로 구성해 제품화할지 등의 아이디어를 내는 일을 한다. 아이폰은 이전에 없던 새로운 개념의 제품이지만 애플만의 독자적인 기술로 만든 제품은 아니다. 새로운 기술이 아닌, 기존에 존재하던 다양한 기술을 조합해 스마트폰이라는 새로운 제품 분류를 만들어낸 것이다. 소비자는 그 제품에 얼마나 새로운 기술이 쓰였는가가 아니라 그 제품이 얼마나 편리하고 재미있는가를 보고 구매를 한다. 이 기획이 바로 셋업이다.

셋업이 제조보다 부가가치가 높은 이유는 제조업의 상당 부분이 모듈화되고 있기 때문이다. 모듈이란 다양한 부품을 미리 조립해 특정 기능을 수행토록 만들어놓은 것으로 레고 블록처럼 부품을 자유자재로 교체하는 구조를 말한다. 모듈화 사례는 다양한 제품에서 찾아볼 수 있는데, 대표적인 기업으로 미국의 액정 TV 제조사 비지오(VIZIO)를 들 수 있다.

비지오는 애플처럼 공장 등의 제조라인 없이 반도체 설계만 하는 팹리스(fabless) 기업이다. 제조사임에도 불구하고 부품 조달과 조립 등의 제조공정은 대만과 중국기업에 위탁한다. 그게 가능한 이유는 액정 TV를 구성하는 튜너와 패널이 국제적 표준화가 이루어졌기 때문이다. 액정 TV는 영상신호를 수신하는 튜너 모듈, 영상신호를 화상신호로 변환하는 모듈, 변환한 신호를 영상으로 표시하는 액정 패널 모듈로 구성되어 있다. 즉, 기존의 모듈만으로도 어느 정도의 화질을 충분히 실현할 수 있기 때문에 굳이 많은 비용을 들여 새로운 제품을 개발할 필요가 없어진 것이다. 비지오는 액정 TV의 디자인을 좌우하는 스피커와 버튼에 고급 소재를 쓰면서도 가격을 낮게 책정한 덕분에 큰 성공을 거둘 수 있었다.

비지오처럼 어떤 모듈을 조합하면 어떤 기능을 구현할 수 있고, 어떤 외장 부품을 써서 제품을 디자인할 수 있는지를 알면 TV를 만들 수 있다. 물론, 이를 위해서는 디자인과 쾌적성 등 언어로 표현되지 않는 감성적 능력이 필요하고, 이성에 기초한 수학적·논리적 요소를 이해하는 능력을 갖추어야 한다.

부품의 모듈화가 진행되고 3D 프린터로 간단한 제조 등이 가능해지면서 '제조=대단함'이라는 인식이 점차 옅어져 가고 있다. 물건을 제조하는 환경이 바뀌고 있다는 말이다. 이제는 다양한 모듈 부품을 조합해 하나의 제품으로 만들면서 새로운 가치를 창출할 수 있는 시대이다. 새로운 기술을 개발하는 일도 중요하지만, 기존의 기술을 조합해 부가가치를 만들어내는 것도 의미 있는 일이다.

이런 방식이 가능해진 이유는 인터넷을 통한 부품 조달 방식이 진화하고 있기 때문이다. 중국 기업용 전자상거래 사이트 알리바바닷컴에서 필요한 모듈을 판매하는 업체를 검색해 비교견적을 의뢰할 수 있다. 알리바바닷컴에서는 실시간 차트를 보며 교섭을 진행한다.

이 같은 모듈화를 중심으로 한 메이커들은 많은 산업을 변화시킬 것으로 예측된다. 대표적 산업 중 하나가 자동차이다. 자동차의 동력이 가솔린에서 전기로 바뀌면 제조방식에 큰 변화가 생긴다. 전기자동차의 구조가 가솔린차에 비해 매우 단순하기 때문으로, 전기자동차는 모터, 전지, 제어장치만 있으면 되고, 필요 부품 수도 가솔린차의 3분의 2에서 절반 정도에 불과하다. 전기자동차가 대중화되면 자동차도 모듈형 제품에 가까워질 게 뻔하다.

'어떻게'보다 '무엇을'에 초점을

비즈니스는 살아 있는 생물이라 성공하는 기업이 있고 실패하는 기업이 있기 마련이다. 그럼 성공하는 기업과 실패하는 기업의

비즈니스 모델을
혁신하는
5가지 길

차이점은 무엇일까? 이는 팔리는 물건이나 서비스가 무엇인지를 이해했느냐 못했느냐에 달렸다. 사람들이 원하는 것, 즉 우리들이 만드는 물건이나 서비스가 창출하는 가치, 그 창출방법, 결과를 만들어내는 '일'의 질이 중요하다는 말이다.

돌아보면 현재 좋은 성과를 나타내고 있는 기업들은 '어떻게' 만들 것인가가 아닌 '무엇'을 만들 것인가에 집중하고 있음을 알 수 있다. 대량생산과 대량판매 시대는 끝났다. 만드는 게 중요한 게 아니라 팔리는 상품을 만드는 게 중요하다. 샤오미, 애플, 삼성 등은 전 세계를 무대로 여전히 대량생산과 대량판매를 하고 있다. 그럼에도 대량생산의 시대가 끝났다고 할 수 있는 이유는 양산기술이 확립되었기 때문이다. 지난 한 세기 동안 양산기술은 대폭적으로 진화했다. 제조업에서 양산기술을 확보하는 일은 사업에서 더 이상 제약사항이 아니다.

제품과 서비스가 넘치는 시대이다. 거기에는 시장과 생산기술의 성숙이 큰 역할을 했다. 일상적으로 필요한 생필품은 품질이 좋으면서도 저렴하다. 소비자들의 기대치와 눈높이가 높아져 기능 한 개 더 추가하고 성능 조금 개선한다고 구매하지 않는다. 니즈에 부응하는 제품이나 서비스가 제공되어야만 소비자들은 비로소 돈을 지불한다.

사려는 사람보다 판매하려는 사람이 많다는 사실은 경쟁의 정도가 높음을 의미한다. 당연하다. 소비자가 선택할 수 있는 경우의 수가 많아지면 기업이 만든 상품이 곧바로 팔린다고 누구도 장담할 수 없다. 시장조사가 중요한 게 아니다. 고객의 니즈에 대한 정보는 시장에서 개발 쪽으로 흘러가야 한다. 그리고 기업은 만들어서 판매하는 게 아니라 판매될 수 있는 걸 만들어야 한다. 아무리 직관과 통찰을 강조하는 시대라도 팔리지 않으면 의미가 없다.

지난 100년을 '물건이 우위를 점하던 시대'라고 한다면 지금의 시대는 '정보가 우위를 점하는 시대'라고 할 수 있다. 우리는 모두 패러다임이 바뀌는 격변의 시기를 살고 있는 것이다. 패러다임의 변화는 오직 과도기의 인간만이 경험할 수 있는 영역이다. 석기시대 중간에 살았던 사람들은 패러다임의 변화를 겪지 않았다. 청동기시대 중간에 산 사람 역시 패러다임의 변화를 겪지 못했다. 오직 석기시대에서 청동기시대로 넘어가는 격변의 시대를 살았던 사람만이 패러다임의 변화에 부딪쳤다.

"Designed by Apple in California Assembled in China"

'무엇을 만들 것인가'가 '어떻게 만들 것인가'보다 중요한 시대이다. 이를 극명하게 보여주는 기업이 애플이다. 아이폰, 아이패드, 맥북 등의 애플 제품에는 "Designed by Apple in California Assembled in China"라는 표시가 있다. 이 표시는 기획, 설계, 개발 등의 본질적인 가치를 만드는 곳은 캘리포니아의 애플 본사이고, 조립은 중국에서 이루어졌다는 내용이다. 즉, '무엇을 만들 것인가'에 대한 상상력은 애플 직원들의 노동이, '어떻게 만들 것인가'에 대한 양산에는 폭스콘과 같은 중국 회사 직원들의 노동이 투입되었음을 의미한다.

화웨이, 오포, 비보, 샤오미 등 중국 스마트폰 제조업체의 생산량이 큰 폭으로 증가하고 있지만 실제 스마트폰 수익률의 80% 이상은 애플의 몫이다. 이는 무에서 유를 창조하는 가치가 유에서 유를 창조하는 부가가치보다 이익이 높음을 보여준다. 소비자들은 스마트폰을 사는 것처럼 보이지만 실제로는 애플이 제시하는 이미지를 사고 있는 것이다.

물건 중심의 시대를 거쳐 오면서 물건 자체를 만드는 기술은 상향 평준화되었다. 여기에 대다수의 기업이 온·오프라인 플랫폼을 모두 운영하면서 플랫폼 자체의 차별적 가치도 줄어들고 있다. 기업은 결국 '어떻게 만들 것인가'가 아닌 '무엇을 만들 것인가'에 집중해야 한다. 멋진 디자인과 기능의 다양한 홈퍼니싱 제품을 합리적인 가격에 제공하는 이케아에서 가구를 사는 소비자들은 긴 시간 동안 매장을 둘러보고, 가구를 구매하고, 조립하는 과정에 기꺼이 참여하면서 시간과 노력, 돈을 아끼지 않는다.

4
공정을 혁신하는
비즈니스 모델

공정혁신으로 의료체계를 바꾼 '아라빈드 안과병원'

성공적인 비즈니스 모델은 고객 가치제안을 달성할 수 있는 활동체계 구축에 달려 있다. '그건 안 되는 거야.'라거나 '그건 가능하지 않아.'처럼 기존 사고방식의 틀에 넣고 생각하는 게 아니라, 새로운 관점에서 고객이 중요시하는 가치를 제공할 방법을 모색해야 한다. 고객이 저렴한 가격을 중요한 가치로 두고 있다면 그것을 달성할 방안을 찾아야 한다는 말이다.

공정을 혁신해서 의료체계를 바꾼 사례로 인도의 아라빈드

(Aravind) 안과병원을 들 수 있다. 병원은 의사 개인의 경험을 바탕으로 서비스를 제공한다는 점에서 서비스업에 해당하는데, 의사가 한 명 한 명을 진찰하고 그에 맞는 치료를 제공해야 하므로 시스템 구축은 사실상 어렵다. 그러나 아라빈드 안과병원은 맥도날드식 컨베이어 시스템 도입을 통해 원가우위 의료 시스템을 구축했다.

'부자나 가난한 사람이나 공평한 의료 서비스를 받아야 한다.'는 취지로 시작된 아리빈드 안과병원은 국제 구호기구가 아니다. '이윤 없이는 가난한 사람을 지속해서 도울 수 없다.'는 인식하에 저렴하게 혹은 무료로 서비스를 제공하면서도 높은 수익을 달성하고 있다. 실제 아라빈드 안과병원은 외부 원조에 의존하지 않는 민간 병원으로써 60%의 환자들에게 무료 수술을 해주면서도 40%가 넘는 이익률을 올리고 있다. 돈이 없어 시력을 잃은 사람들에게 무료 수술을 해주고도 이윤을 남기다니 어떻게 가능한 일일까?

가장 큰 요인은 표준화, 단순화, 전문화로 대변되는 컨베이어 시스템에 있다. 아라빈드 안과병원은 기존에 한 사람의 의사가 다양한 진료를 하던 방식에서 벗어나 접수, 시력검사, 안압검사, 혈압검사, 사전상담, 의사처방 등 모든 활동을 분업화했다. 최종 진단을 제외한 단순 반복작업은 인건비가 저렴한 여성을 활용하고, 한 명의 의사는 하나의 진찰과 치료만 하도록 했다. 이 경우 전문성이 생겨 서비스 속도가 빨라질 뿐만 아니라 비숙련 의사들을 활용할 수도 있다.

수술도 마찬가지다. 여러 명의 환자를 수술실에 두고, 의사 한 명 한 명이 자신이 담당한 수술만을 처리하면서 이동한다. 제품을 만들 때 컨베이어가 돌아가듯 의사들은 자신이 맡은 치료만 하고 옆으로 이동한다. 의사가 이동해야 하는 동선과 수술 준비에 필요한 시간 등을 최소화해 원가를 낮추는 구조이다.

아라빈드 안과병원은 이원적 가격정책을 활용한다. 돈을 지불할 수 있는 사람에게는 많은 돈을 받고, 돈을 지불하기 어려운 사람에게는 무료로 치료를 해준다. 아라빈드 안과병원이 어려운 환자들에게 돈을 받지 않고 기부금만으로도 운영이 가능한 이유는 환자들이 병원이 가진 가치에 공감하기 때문이다. 환자들은 병원의 존재만으로 시력을 회복할 수 있다고 믿을 뿐만 아니라 더 나은 세상을 만들기 위해 병원이 가치 있는 일을 하고 있다고 믿는다.

그곳에서 의사가 한 명을 수술하는 데 걸리는 시간은 채 5분이 걸리지 않으며, 퇴원까지는 이틀이면 충분하다고 한다. 그 결과 하루에만 안과 수술 3,500건을 시행하고, 1년에 외래환자 220만 명을 진료하는 인도의 대표 안과병원으로 성장했으며, 인도 내 7개 체인을 둘 정도로 성장했다.

턱없이 비싼 인공수정체로 인해 가난한 사람들이 백내장 수술을 못 받는 상황을 해결하기 위해 아라빈드 병원은 렌즈 제조업체 오로랩을 설립하기도 했다. 오로랩은 인도의 값싼 인력과 대량생산 체제로 200~300달러에 달했던 인공수정체 값을 4~5달러로까지 낮추었다. 시장에서는 항상 최상의 제품을 원하는 사람만 존재하지는 않는다. 오로랩에서 만든 인공렌즈는 최상의 제품은 아니지만 시력을 잃어 가는 사람들을 도와줄 수 있는 정도의 품질 수준은 갖추고 있다.

비즈니스 모델 혁신 관점에서 아라빈드 안과병원을 눈여겨볼 점은 다양한 방법의 도입이다. 컨베이어 시스템 도입, 분업화를 통한 숙련도 향상, 단순 작업의 경우 비숙련 의사 활용, 렌즈 제조업체 오로랩 설립 등을 통해 누구도 따라올 수 없는 비즈니스 모델을 만들어낸 것이다.

많은 기업들이 이 점을 간과해 심각한 전략적 실수를 한다. 시스템이나 공정을 만들어내지 못한 채 수익을 희생하는 원가우위는 오래갈 수 없다. 비슷한 전략으로 경쟁하는 여러 개의 기업이 생기면 시장점유율을 중요한 요인으로 생각해 서로 간의 경쟁이 심해지기 때문이다.

아라빈드 안과병원에서 또 하나 중요한 점은 제품의 수준이다. 원가우위는 제품을 무조건 싸게 판매하는 것을 의미하지 않는다. 원가우위 전략을 추구하는 기업의 제품 수준은 경쟁사와 차별화 면에서 동등하거나 비슷해야 한다. 즉, 차별화를 앞세우는 기업과 비슷한 수준의 제품력은 갖추고 있어야 원가우위를 통해 높은 수익을 달성할 수 있다는 얘기이다.

컨베이어 시스템의 한계점

1900년대 초반까지의 노동은 과거보다 크게 전문화되긴 했으나 표준화 방법과 절차가 불충분했으며, 작업의 조정과 통합 그리고 체계화가 부족했다. 노동생산성이 당연히 낮다고 간주했으므로 주된 관심은 어떻게 하면 노동력을 그 잠재능력의 극한까지 끌어올릴 수 있는가였다. 많은 학자들이 생산성 향상을 위해서는 더 나은 기계의 도입, 이익 분배 제도 추구, 더 나은 절차와 방법이 필요하다고 했을 때 프레드릭 테일러(Frederick Winslow Taylor)는 경영관리 방식의 개선을 주장했다. 이것이 바로 유명한 테일러의 '과학적 관리'이다.

지식이나 인간의 창의성은 기계를 압도한다. 프레드릭 테일러가 이를 증명한 최초의 지식인 중 한 명이다. 인간을 기계의 일부로 바라봤다며 비인간적이라는 평가도 많이 받지만, 테일러가 노동생산성 증진에 크게 기여했다는 점만은 분명한 사실이다.

과학적 관리법 또는 테일러리즘((Taylorism)이라 불리는 관리방법은 다음과 같은 과정을 거쳐 탄생했다. 테일러는 작업을 과업 단위로 분류해 체계적인 연구를 시작했는데, 전체 공정을 각각 세분화해 과업 단위로 연구했다. 각각의 작업을 가장 효율적으로 할 수 있는 사람들을 선별해서 그 작업을 수행토록 하고, 그들의 동작과 시간을 체계적으로 연구해 최대한 빠르고 효율적으로 작업을 할 수 있는 시간과 동작을 찾아냈다. 그리고 이 연구결과를 표준화해 노동자들에게 교육시키고 해당 업무를 체계적으로 할 수 있도록 한 것이다. 물론, 목표량을 달성하면 인센티브를 지급했다. 이런 일련의 작업이 비인간적이라는 평가를 받기도 하지만 경제적 효율성 면에서 큰 공헌을 한 건 엄연한 사실이다.

이 과정에서 테일러는 새로운 기술을 발명하지 않았다. 테일러의 과학적 관리법은 재화와 용역을 생산하는 데 적용하는, 달리 말하면 일을 수행하는 방법에 관한 체계적인 지식이었다. 테일러는 일하는 방식을 과학적으로 바꾸면 노동 투입의 증가 없이도 생산성을 향상시킬 수 있다고 믿었다.

작업에 대한 이러한 지식의 적용은 생산성을 폭발적으로 증가시켰는데, 테일러의 과학적 관리법은 포드자동차의 컨베이어 시스템으로 이어졌다. 컨베이어 시스템은 테일러가 시도한 시간동작연구(time and motion study)의 핵심인 '집고 들고 걷고 구부리고 맞추는' 작업동작을 '초시계'로 측정, 반복작업을 표준화한 후 이를 바탕으로 작업능력을 향상시키기 위한 결과물이었다. 테일러식 노동분업과 과학적 관리의 원리는 그렇게 포드의 컨베이어 벨트라는 기계적 생산 시스템과 결합하면서 빛을 발하기 시작했다.

대량생산과 대량소비를 연 컨베이어 시스템을 최초로 도입한 사람은 자동차의 왕 헨리 포드이다. 여기서 재미있는 사실은 컨베이어 시스템은 헨리 포드가 고안한 게 아니라 어느 날 시카고의 한 도살장의 컨베이어 벨트에서 영감을 얻어 만들어졌다는 점이다. 아라빈드 안과병원이 맥도날드의 컨베이어 시스템에서 영감을 얻었던 것처럼 다른 산업에서 흔하게 사용되던 방식을 자신의 사업에 적용한 것이다.

헨리 포드는 값싼 자동차를 만들기 위해 조립순서를 '차체 만들기→타이어 끼우기, 차체 페인트 작업→나머지 모든 부품 조립→최종 검사→출고' 순으로 단순화했다. 사람이 작업대로 가서 일하는 게 아니라 작업물이 컨베이어를 타고 이동하므로 사람은 정해진 위치에서 정해진 작업만 수행하면 되었다. 조립 라인을 이용한 생산은 산업생산 방식의 일대 전환을 가져왔고, 생산증대의 효과도 커졌다. 포드 사의 생산량도 당연히 급격하게 증가했는데, 나중에는 포드 사가 만든 자동차 대수와 나머지 전체 업체가 만든 대수가 같을 정도였다.

컨베이어 벨트는 여전히 멈추지 않고 돌아가고 있으나 한계점도 분명하다. 가장 큰 문제는 인간이 기계로 취급받는다는 사실이다. 1935년 선보인 찰리 채플린의 영화 〈모던 타임즈(Modern Times)〉에는 컨베이어 벨트 공장에서 하루 종일 나사못을 조이다 마침내 눈에 보이는 모든 것을 조여버리는 강박에 빠져 급기야 정신병원에 가고 마는 찰리 채플린을 볼 수 있다. 포드 시스템이라고 불리는 대량생산 방식 체계에서는 이처럼 노동자를 기계화, 부품화시킨다는 비판에서 자유로울 수 없다.

기업 입장에서도 컨베이어 시스템은 한계가 있다. 기업으로서는 원재료가 투입되면 모든 노동자가 정해진 순서에 맞춰 하나의 기계처럼 움직이는 게 가장 이상적인 상황이다. 그런데 공정마다 작업자의 대기시간이 발생하거나 운반이나 작업동작에서 낭비가 발생하기도 한다. 공정을 아무리 잘 설계했더라도 작업자 개개인의 숙련도가 달라 작업이 원활치 않을 때도 있고, 예상치 못한 일들이 발생할 때도 있다. 생산공정이 길수록 그 차이는 더 커지고, 차이가 커질수록 작업의 균형은 흐트러지게 되어 있다. 의도처럼 100% 맞물려 돌지 못한다.

아이러니하게도 컨베이어 시스템에서는 가장 속도가 느린 공정에 의해 생산량이 결정되며, 다른 공정의 작업자는 그 시간에 여유가 발생하게 된다. 1984년 출간되어 지금까지도 사랑받고 있는 엘리 골드렛(Eliyahu Goldratt)의 《더 골(The Goal)》이 바로 병목자원에 대한 이야기이다. 엘리 골드렛은 병목자원의 생산능력이 전체 시스템의 생산능력을 결정하고, 그것이 곧 현금창출률을 결정한다고 말한다. 예를 들어, 10개의 공정으로 이루어진 시스템 중 3번째 공정에서 1시간의 대기시간이 발생하면 그것이 시스템 전체의 대기시간이 되는 식이다. 따라서 시스템 전체의 흐름을 병목자원의 활용도 증대에 초점을 맞추어 재구성해야 한다. 병목자원은 물리적인 기계일 수도 있지만, 잘못 정의된 규정처럼 만질 수 없는 것일 수도 있다.

유연한 생산방식인 셀(cell) 방식

생산성 측면이나 사람에 대한 존중심 측면에서 컨베이어 시스템이 한계를 맞게 되면서 도입된 방식이 셀(cell) 방식이다. 셀 생산방식은 컨베이어 라인 없이 처음 공정부터 최종 공정까지를 작업자가 책임지고 업무를 수행하는 자기 완결형 생산방식이다. 이는 컨베이어 생산 시스템에서 나타난 작업자의 단순 반복작업에서 발생하는 창의력 부족이나 대기시간 발생 같은 낭비를 제거하기 위해 고안된 방식이다.

셀로 분화된다는 것은 고객의 욕구가 그만큼 분화되고 있다는 의미이기도 하다. 고객들은 이제 똑같은 제품과 서비스를 원치 않는데, 기업이 갖출 수 있는 생산설비는 한정되어 있다. 고객의 욕구를 맞추기 위해 기업들이 조직을 세분화하고 생산방식을 바꾸고 있는 이유이다.

셀 방식은 사람, 설비, 물건, 정보 등 생산을 구성하는 각각의 요소 간 연계성을 강화해 효율성을 높이는 것으로, 셀 방식이 효과적으로 운영되면 생산성을 높이고 재고를 삭감할 수 있다. 품질혁신, 리드타임 단축, 면적생산성 향상, 작업자의 질적 향상 등도 모두 셀 생산방식이 기대하는 목표이다. 그러나 셀 방식이 효과적으로 운영되려면 작업을 수행하는 작업자가 다양한 업무역량을 갖추고 있어야 한다. 또 작업자 개인 간 선의의 경쟁이 이루어져야 상향 평준화를 통한 선순환 구조가 만들어진다.

셀 방식의 장점은 유연한 생산이 가능하다는 점이다. 재고 부담도 컨베이어 시스템에 비해 상대적으로 적다. 셀 방식으로 전환해서 생산성을 높인 기업으로 캐논을 들 수 있는데, 캐논은 컨베이어 벨트가 있던 자리에 셀형 작업방식을 도입해 노동시간을 단축시켰다. 제품 수요가 없을 때도 생산을 해야 하는 컨베이어 방식과는 달리 불필요한 근로시간이 줄어들었기 때문이다. 생산방식의 변화가 노동생산성의 증가로 이어진 결과이다.

방카슈랑스는 금융권에서 도입한 셀(Cell) 방식의 대표적인 업무이다. 방카슈랑스는 보험사와 은행이 협력해 제공하는 종합금융 서비스의 일종으로, 보험사의 생명보험과 손해보험 등을 은행이나 증권사에 위탁해 판매하는 것을 말한다. 보험사에겐 은행을 통해 판매함으로써 판매채널을 넓힐 수 있고, 은행은 판매수수료를 통해 부가수입을 창출할 수 있다. 이는 보험사가 그동안 고객을 찾아다니면서 했던 영업방식을 개선한 제도라고 할 수 있다. 셀은 전통적 은행 업무의 정형화된 프로세스를 허물고 일하는 방식 자체를 바꿔보는 실험으로 꼽힌다.

셀 방식으로 조직을 개편하면 빠른 결과를 낼 수 있으며, 주도적으로 일하고 결과에 책임을 질 수 있는데, 이를 애자일(agile, 기민한)이라고도 정의한다. 현대카드는 애자일 조직 도입을 선언하고 사무실 1개 층을 도서관 또는 북카페의 느낌으로 바꾸었다. 기존 사무실의 칸막이를 없애고, 프로젝트 주제에 따라 직원들끼리 자유롭게 업무를 수행할 수 있는 공간을 만든 것인데, 이처럼 국내 금융사들은 IT에서 시작된 애자일 방식을 이용해 비즈니스 부서의 민첩성 확보에 주력하고 있다.

어느 한 부분이 아닌 기업 조직 전체를 대상으로 한 경영의 관점에서 셀 방식이 도입되고 있다. 그 첫 번째 장소가 사무실로, 여러 가지 관리를 통해 제조현장의 생산성은 많이 좋아졌으나 사무실의 생산성은 여전히 바닥인 채로 남아 있다. 점점 더 방대해지는 사무실 조직을 혁신하지 않고는 근본적인 혁신을 기대할 수 없다. 임의 시간에 사무실을 방문해 보면 바쁜 사람과 그렇지 않은 사람을 금방 구별할 수 있다. 물론, 오래 앉아 있는다고 일이 잘되고 있다고 볼 수는 없지만, 사무실의 생산성이 낮다는 것만은 부

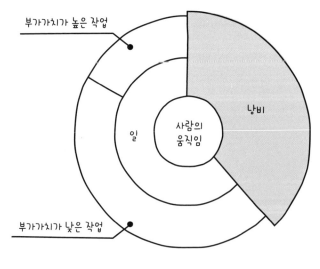

일과 낭비의 구분

인할 수 없는 사실이기도 하다.

사무실에 셀 방식을 도입하려면 먼저 하루의 일을 나열한 후 일과 낭비를 구분해야 한다. 이후 낭비에 해당하는 일들을 모아 시간을 산출하고, 낭비의 유형이 무엇인지 기록한 후 개선계획을 수립한다. 이를 위해서는 프로젝트 리더의 지휘 아래 모든 이들이 진정성을 가지고 참여해야 한다. 전화를 받고, 회의를 하고, 문서를 만드는 등 사무실 업무는 생산현장보다 복잡성을 띤다. 창의성 측면에서 볼 때 투입시간 대비 결과물을 명확히 산출하기 어렵기 때문이다. 그럼에도 일과 낭비를 식별하는 눈으로 작은 것 하나라도 찾아내어 실천하려는 자세가 필요하다. 이를 지속하다 보면 어느 순간 현장과 같은 변곡점이 찾아온다.

5

개량, 개선, 혁신으로
이어지는 시스템

가치의 흐름과 원가절감 효과

판매가격을 높이거나 원가를 절감하면 기업의 이익은 증가한다. 그러나 전 세계가 하나의 경제권으로 움직이기 시작하면서 한 회사의 기준만으로 판매가격을 결정하기는 어렵게 되었다. 차별적 요소는 머지않아 따라잡히고, 경쟁기업은 성능과 품질 면에서 동일한 상품을 더 낮은 가격에 출시하게 되어 있다.

반면, 원가는 기업의 노력으로 충분히 줄여나갈 수 있다. 재료비, 부품비, 가공비, 물류비, 제조경비 등의 원가는 제조부서에 관련된 비용이고 경비이다. 재료나 부품의 원가는 설계단계에서 결정되지만, 생산이 시작되면 재료와 부품이 공장에 입하되어 가공되기 때문에 제조부서가 어떻게 하느냐에 따라 원가절감이 가능해진다. 끊임없는 개선활동을 통해 얻어지는 원가절감과 품질향상이야말로 제조기술의 존재 목적이다.

자동차의 판매가격은 판매 전부터 정해져 있다고 보는 게 도요타의 시각이다. 게다가 자동차 산업의 성숙화로 판매량 예측도 쉽지 않은 게 현실이다. 결국 도요타는 이익을 내기 위해 원가를 절감하는 방법을 선택했다. 내부 관점의 혁신을 통해 원가를 절감할 수 있다면 이익은 보장된 것이나 다름없다.

기업은 가성비 중심의 저가시장에서 브랜드 중심의 고가시장으로 성장해 간다. 그래야만 안정적으로 수익성을 높일 수 있기 때문이다. 문제는 이러한 상향 이동이 자칫 원가의식을 약화시킬 수 있다는 점이다. 원가관리가 느슨해지면 경쟁력을 잃게 된다. 고가로 포지셔닝되어 있는 브랜드들도 끊임없이 원가절감에 노력하고 있다는 점을 잊어서는 안 된다.

일반적으로 R&D, 구매, 제조, 마케팅, 배송, 서비스 형태로 가치가 제공된다고 봤을 때 원가절감 효과가 가장 큰 분야는 연구개발 단계이다. 연구개발 단계에서 원가가 높은 방식이 채택되면 제조단계에서 그만큼 원가가 높아진다. 동일한 상품의 원가가 낮아진다면 이익이 증가하고, 낮아진 원가를 바탕으로 가격 경쟁이나 예상치 못한 리스크에도 버티는 힘이 생긴다. 기업들이 전사적으로 원가절감을 추진하는 이유가 바로 여기에 있다.

가치의 흐름과 원가절감의 효과

원가에 큰 영향을 미치는 소재, 설비, 공정 등이 상품의 기획단계에서 결정되므로 이익을 만드는 방법과 원가를 절감하는 방법은 같은 이야기라고 할 수 있다. 현장에서 낭비요인으로 불리는 과잉생산의 낭비, 대기의 낭비, 운반의 낭비, 가공 그 자체의 낭비, 재고의 낭비, 동작의 낭비, 불량의 낭비 등은 많은 부분이 상

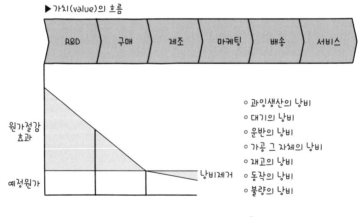

가치의 흐름과 원가절감의 효과[3]

---

3   오자와 케이스케, 《도요타의 품질》, 한경BP 출판 / 호리키리 도시오, 《도요타의
     원가》, 한경BP 출판 참조.

품의 기획단계에서 해결할 수 있는 문제들이다. 연구개발이 진행되면 될수록 구매와 제조단계에서 원가를 절감할 수 있는 범위가 적어진다는 뜻이다.

도요타는 신제품 기획안이 제출됨과 동시에 '원가기획회의'를 진행한다. 원가기획회의에서는 제품의 성능과 목표 품질 달성을 위한 '목표 원가'를 설정하고, 그에 맞는 활동을 시뮬레이션해 보면서 엄격한 과정을 통해 '목표 원가'를 실현하려고 노력한다.

제조과정에서 원가절감에 기여할 수 있는 부분이 제한적이라는 점을 감안하면 모든 조직원이 원가구조와 이익에 대해 관심을 가져야 한다. 각자의 업무와 그 업무의 결과로써 만들어진 상품의 원가에 어떤 관계가 있는지를 모르면 아무것도 개선할 수 없다. 많은 기업들이 도요타를 따라 했음에도 성과를 달성하지 못한 이유는 겉으로 보이는 모습만을 따라 했기 때문이다.

원가를 절감하려면 현재의 위치를 정확히 알아야 한다. 그래야 원가가 얼마나 절감되었는지를 평가할 수 있기 때문이다. 예를 들면, 3월 5일 '밀링 공정 작업에서 장갑 4개, 작업용 마른 수건 5장을 사용했다.'처럼 정확히 기록되어야 원가를 계산할 수 있다. 상품별, 부품별, 조별로 무엇을 얼마나 사용했는지 일일이 기록하고 분류해야 한다. 원가 파악에 예외를 두어서는 안 된다. 파악하기 어려운 간접비 항목이라고 해서 '잡비'로 처리하면 그 순간 중복이나 누락이 발생해 개선의 방향성을 잃고 만다.

가치사슬과 부가가치 발생지점

기업은 물류의 흐름, 정보의 흐름, 자금의 흐름을 관리함으로써 부가가치와 이익을 만들어낸다. 기업의 경쟁력이란 정보의 흐름을 정확하게 예측하는 능력, 물류의 흐름을 가장 빠르고 신속하게 움직이는 관리능력, 자금의 흐름을 효율적으로 활용하는 능력의 합이라고 말할 수 있다.

정보의 흐름은 소비자들의 기호 변화, 새로운 상품과 비즈니스 모델의 요구 등 시장에서 발생하는 수요 예측과 관련된 과정이고, 물류의 흐름은 시장에서 발생한 수요에 대응하여 제품과 서비스를 생산하기 위한 과정이며, 자금의 흐름은 제품과 서비스를 판매한 대가가 부가가치에 따라 분배되는 과정을 말한다. 이러한 흐름을 완벽하게 통제하지 못하면 비효율이 발생하게 되는데, 이 같은 비효율을 최소화시키기 위한 노력을 혁신이라고 정의하기도 한다.

도요타는 원가 개선을 위해 내부의 가치사슬뿐만 아니라 외부로까지의 범위 확대에 중점을 두고 있다. 연구개발, 구매, 제조기술, 제조, 판매는 상호 간에 연관성을 갖고 있다. 연구개발 과정에서 제조의 편의성을 고려한 설계가 필요하고, 구매부에서 부품 조달에 어려움이 없도록 부품의 표준화와 공용화 설계가 필요하다. 구매부에서는 생산에 차질이 발생하지 않도록 부품을 조달해야 하며, 이를 위해서는 부품회사에 대한 정예화와 이원화가 필요하다.

이처럼 가치사슬로 엮어지는 기업의 업무는 상호 간에 연결성을 갖고 있다. 좋은 제품을 만들면 판매도 쉬운 법이다. 이를 두고 스탠퍼드 대학 경영대학원 이타마르 시몬슨 교수는 "제품 자체의 사용가치가 중요해지는 절대가치의 시대가 오고 있다."고 주장한다. 절대가치란 제품과 서비스에 대한 선입견 없는 진짜 가치를 말한다.

과거에는 기업이 소비자들보다 더 많은 정보를 가지고 있었기 때문에 소비자는 브랜드나 가격 같은 부수적인 조건들에 의존해

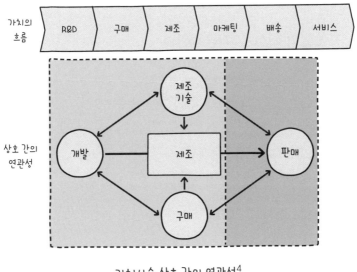

가치사슬 상호 간의 연관성[4]

---

4   오자와 케이스케, 《도요타의 품질》, 한경BP 출판 / 호리키리 도시오, 《도요타의 원가》, 한경BP 출판 참조.

구매할 수밖에 없었다. 하지만 모바일, 소셜미디어 등을 통해 상품과 서비스에 대한 정보를 소비자가 더 많이 가질 수 있게 되면서 진짜 가치인 절대가치를 가늠할 수 있게 되었다. 과거처럼 경쟁상품보다 조금 다른 정도의 우위를 가지거나, 차별성이 부족한 상황에서 광고나 유통의 힘만으로는 승부를 보기가 어렵게 된 것이다. 일부 마케터들의 공정하지 못한 활동도, 다른 상품 대비 상대적으로 좋아 보이게 하는 꼼수도 더 이상 통하지 않는 세상이 되었다.

고품질의 핵심은 '자공정완결'

도요타 생산방식(TPS, Toyota Production System)은 크게 고품질, 재고절감, 낭비 제거로 구분되는데, 최근에는 종업원과 현장이 활성화, 선행개선·간접부문개선, 개선순서·프로세스, 현장의 가시화·글로벌 벤치마킹으로 확대해서 운영하고 있다.

고품질의 핵심은 '자공정완결'이다. 자공정완결이란 제조공정에서 이상이 있으면 즉시 기계를 세워 불량을 개선한다는 개념이다. 자신의 일은 자신이 보증한다는 모토로 도요타가 높은 품질을 달성하는 근간이다. 작업자 한 사람 한 사람이 자신의 공정이 최종 공정이며, 다음 공정은 곧바로 고객이라는 생각으로 작업에 임함으로써 불량품이 잘 나오지 않는다. 불량품이 안 나오면 제품이 만들어진 후 품질검사와 같은 추가 공정이 필요 없어진다.

　도요타는 '자공정완결'을 통해 불량률을 100만 분의 5 내지는 10으로 줄였다. 불량률이 줄거나 조기에 불량을 발견하게 되면서 부서 간 갈등도 많이 해소되었다. 기존에는 앞 공정의 불량품이 최종 제품으로 만들어진 후에나 품질검사가 이루어졌기 때문에 부서 간 갈등이 많았다. 품질관리부에서는 생산부에 이의를 제기하고, 생산부는 구매부에, 구매부는 다시 연구개발부에 이의를 제기하는 형태였다. 이렇게 되면 부서 간 진영논리가 작용해 명확한 문제해결이 불가능하게 된다.

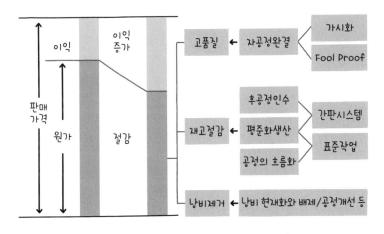

도요타 생산방식의 주요 특징[5]

5　　오자와 케이스케, 《도요타의 품질》, 한경BP 출판 / 호리키리 도시오, 《도요타의 원가》, 한경BP 출판 참조.

자공정완결은 작업자들에게 자긍심을 주는 요인이 되기도 한다. 이전까지는 품질은 품질관리부에서, 생산은 생산부에서 진행하는 것으로 구분해 생각했지만, 자공정완결은 '도요타의 품질은 내가 만들어낸다.'라는 자긍심을 심어주었다. 결과적으로 생산현장 직원들에게 일의 보람의 높여주는 한편, 높은 책임감이 불량률을 감소시키고, 이것이 원가절감으로 이어지는 순환구조가 만들어진 것이다.

'자공정완결'에서 불량률을 개선하는 방법으로 '4M+1M'이 사용된다. '4M+1M'은 소재(Material), 기계(Machine), 방법(Method), 작업자(Man), 검사(Measurement)를 의미한다. 기존과 같이 마지막에 검사하는 방법을 버리고 '① 재료에 문제가 있는가? ② 기계에 문제가 있는가? ③ 작업방법에 문제가 있는가? ④ 작업자의 기능에 문제가 있는가?'를 바탕으로 불량을 개선한다.

각각의 공정에는 '소재(M)'와 '기계(M)'가 있고, '작업자(M)'는 작업표준서와 매뉴얼에 따라 '특정한 방법(M)'으로 가공한다. 각각의 공정을 '4개의 M(생산)'과 '1개의 M(검사)'으로 나누어 불량이 발생하지 않도록 하는 게 핵심이다. 기존 방식처럼 품질관리 담당자가 마지막 단계에서 불량을 검사하지 않고 작업자 스스로 합격품 여부를 검사한다. 그리고 만일 어떤 단계에서 불량이 발생했다면 모두가 참여해 문제를 해결한다. 그렇게 하면 불량률은 낮아지고 검사 인원은 줄어 전체 생산성도 높아진다.

필요할 때 필요한 만큼, 적시 생산 시스템

도요타가 세계 최고의 제조기업이 된 원동력은 '간판방식(看板方式, Just In Time)'이라 불리는 생산관리 방식에 있다. 간판방식이란 필요한 때 필요한 부품만 확보하는 경영방식이다. 적시 생산 시스템에서는 매일 또는 매시간 요구되는 자재를 소량으로 조달함으로써 재고를 최소화할 수 있다. 또 재고의 감소와 관련된 여러 가지 활동을 전개해 비용을 절감하고, 품질의 개선과 작업능률 향상으로 생산성을 높일 수 있다.

도요타가 재고관리에 심혈을 기울이는 이유는 원가절감과 직결되기 때문이다. 자동차의 경우, 완성에서 출고까지 수많은 공정을 거친다. 각 공정에서 재고가 발생하면 공간을 차지할 뿐만 아니라 관리비도 커지게 된다. 재고가 쌓여 있다는 말은 그만큼의 돈이 묶여 있다는 의미이기도 하다. 차는 팔리지 않아도 원재료는 사야 하고, 협력업체에 대금을 지불해야 하는 상황에서 재고가 쌓일수록 자금 압박이 커질 수밖에 없다.

물론, 재고가 전혀 없어도 문제가 된다. 잘 팔리고 있는 상품이 창고에 없다면 돈 벌 기회를 잃어버릴 수 있다. 또 상품을 구매하지 못한 소비자는 다른 기업의 상품을 살 것이므로 여러 가지 손실이 발생하게 된다. 재고는 많아도 안 되지만 부족해도 안 된다는 뜻이다. 재고량을 적절하게 조절하는 일은 사업의 가장 중요한 요소 중 하나이다.

적시 생산 시스템은 늦어도 안 되고 빨라도 안 됨을 의미한다. 빠름과 과잉생산이 허용되면 생산품 보관을 위해 창고가 필요해진다. 재고품은 계산상, 장부상 자산계상이 되어 일반적으로 팔리면 돈을 벌 수 있다고 생각한다. 하지만 팔리지 않으면 현실적으로 돈이 들어오지 않으므로 자재나 외주 쪽에 대한 대금이나 직원 인건비 등을 어떻게 조달할지의 문제가 발생한다. 따라서 적시 생산 시스템의 진정한 의미는 '철저한 낭비 제거 사상과 기술'임을 알아야 한다.

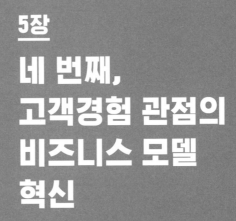

5장

네 번째,
고객경험 관점의
비즈니스 모델
혁신

1

네 번째,
고객경험 관점의 비즈니스 모델 혁신

진실의 순간(Moment of Truth)을 혁신하다

　기술이 성공하려면 소비자에게 경험을 제공해야 한다. 비디오 대여점으로 출발한 넷플릭스가 대표적이다. 넷플릭스는 사용자가 동영상 콘텐츠를 구매하고 소비하는 매 순간의 데이터를 수집한다. 사용자가 어느 순간 동영상을 정지하는지, 언제 되감기와 빨리감기를 실행하는지, 어느 시점에 체류시간이 가장 긴지 등을 분석해 이를 기반으로 사용자의 취향을 파악하고 콘텐츠를 제시한다. 사용자가 서비스 경험을 소셜미디어에 올리면 서비스 자체가 미디어 및 콘텐츠가 된다. 이런 연결성 때문에 기술이 맡는 역할이 점점 중요해지고 있다.

아마존의 성공은 고객경험 관리의 승리이기도 하다. 아마존은 개인화 추천 알고리즘, '원 클릭'으로 대표되는 구매 프로세스의 간결함, 뛰어난 고객 서비스 처리능력 등에 힘입어 치열한 경쟁에서 승리했다. 이제 상품 차별화만으로 경쟁하는 시대는 끝났다. 상품을 구매하는 경험과 서비스가 편하고 재미있지 않으면 고객 마음을 얻을 수 없다. 제품과 제조공정, 시스템 고도화에 따라 쇼핑 정보가 증가하면서 고객의 선택 폭이 더욱 넓어지고 있다. 높아진 고객 눈높이를 맞추려면 경험 제공이 필요하다.

다임러 벤츠도 고객을 위한 디지털 플랫폼 '메르세데스 미'를 운영 중이다. 고객들의 구매과정을 처음부터 끝까지 추적해 분석해본 결과, 디지털 플랫폼에서 고객과 커뮤니케이션하고 그들이 원하는 디지털 경험을 제공하는 게 중요하다는 점을 깨달았기 때문이다. '메르세데스 미'를 통해 상담예약을 하고, 차량구매를 위한 대출 서비스 등을 이용할 수 있다. 또 자신들의 아이디어를 제공하거나 카셰어링 같은 서비스를 이용할 수도 있다. 다임러 벤츠 온라인 채널을 통해 소비자들의 구매 경험을 직접 관리하고, 데이터에 따라 온·오프라인에서 적절한 프로모션을 진행한다.

고객이 판매자를 만나 구매를 진행하고, 구매 후 피드백을 하는 모든 과정을 '고객 구매 여정'이라고 한다. 이때 고객과 판매자가 만나는 접점에서 고객이 제품에 대한 이미지를 느끼는 결정적인 순간을 '진실의 순간(Moment of Truth)'이라고 표현한다. 이 진실의 순간은 다시 고객이 처음 제품을 접하는 순간과 구매 후 사용하면서 느끼는 순간으로 구분된다. 예를 들면, LG전자 판매점에서 최신 노트북을 보고 '노트북 가볍고 좋다.'고 느끼는 순간과, 해당 노트북을 사용하면서 '이 노트북 정말 괜찮은데'라고 느끼는 순간을 말한다.

처음 제품을 접하는 순간에 소비자들의 관심을 끌기 위해서는 프로세스 혁신이 필요하다. 애플스토어에서 운영 중인 '지니어스 바(Genius Bar)'가 대표적인 예다. 지니어스 바는 매장 내 바(Bar) 형태의 테이블에서 전문가(Genius)와 기기를 함께 다루며 상호 소통한다. 단순 판매보다 사용자 체험과 문제해결에 초점을 맞춘 판매 방식이다.

제품을 판매한 후에는 고객경험에 대한 관리도 필요하다. 과거에는 제품을 사용해 본 개인의 의견이 다른 사람들에게 영향을 미치기 어려운 구조였다. 기껏해야 가까운 지인들에게 경험을 이야기하는 정도였다. 하지만 지금은 제품을 사용해 본 경험을 소셜미디어에 손쉽게 올리기 때문에 개인의 경험이 다른 개인의 경험에 큰 영향을 미치게 된다.

이처럼 진실의 순간에 대한 개념이 정립되면서 기업의 활동에 변화가 일어나고 있다. 제품을 어떻게 디자인하고, 전시를 어떻게 해야 하는지 등 고객의 구매 여정에 관심을 갖게 된 것이다. 그리고 제품을 사용할 때 느끼는 편리함과 만족감, 내구성 등의 측면에 더욱 집중하게 되었다. 즉, 고객들의 구매 여정을 따라다니면서 고객과 만나는 접점마다 더 낳은 경험을 제공해야 한다는 사실을 인식하게 된 것이다.

새로운 '진실의 순간'의 탄생

모든 게 연결되는 디지털 시대가 되면서 고객이 진실의 순간을 접하는 공간은 더 이상 오프라인만으로 한정되지 않는다. 이는 B2B(기업과 기업 간 거래) 영역도 다르지 않다. 디지털로 접할 수 있는 콘텐츠가 풍부해지면서 영업사원을 통해서만 진실의 순간을 경험할 필요가 없어졌다. 실제 구글은 3개 대륙, 5개 산업군을 대상으로 조사분석한 후 "디지털 시대의 소비자에게는 '제로 MOT'가 존재한다."고 선언했다.

제로 MOT(Zero Moment of Truth)란 매장에 직접 들르기 이전에 일어나는 의사결정 중 가장 중요한 순간을 말한다. 예를 들면, TV를 시청하면서 드라마에 나온 귀걸이를 스마트폰으로 검색하기도 하고, 인스타그램에서 다른 사람들의 착용 모습을 확인하기도 한다. 네이버에서 가격 비교를 해보고 블로그나 유튜브에서 구매후기를 찾아보기도 한다. 그러고 나서 드라마가 끝나기도 전에 귀걸이를 살지 말지 결정한다.

이는 매장이나 일반적인 소비재에서만 일어나는 이야기가 아니다. B2B나 B2G(기업과 정부 간 거래) 분야의 상품으로까지 영역이 넓어지고 있다. 사람들은 언제 어디서든 정보를 찾아보고 의사결정을 할 수 있는 시대인 것이다.

오늘날의 소비자들은 제품을 보기 위해 오프라인 매장을 찾기보다 먼저 스마트폰 등을 통해 제품에 대한 정보를 검색하고, 제품에 대한 이미지나 설명보다는 직접 사용해 본 사람들이 남긴 사용후기에 더 많은 영향을 받는다. 이러한 마음의 동조가 구매 의사결정에 많은 영향을 준다. 이처럼 고객들이 진실의 순간을 온라인 검색으로 접하게 되자 기업들은 홈페이지나 소셜미디어, 블로그 등에 대한 투자를 늘려 각 구매 사이트에 올라온 사용후기나 파워블로그에 올라온 고객평가에 적극적으로 대응할 수밖에 없게 되었다.

언제 어디서든 진실의 순간을 접할 수 있게 된 결정적인 계기는 스마트폰이다. 이는 모바일을 중심으로 다양한 고객경험을 제공해야 한다는 사실을 의미한다. 사용자 기기에 최적화된 콘텐츠를 제공하고, 모든 채널에 효과적으로 콘텐츠가 도달하는지를 체크해야 한다. 온·오프라인 통합 커뮤니케이션 관점에서 고객과 접점이 될 수 있는 모든 채널에 브랜드를 노출하는 일이 진실의 순간을 맞는 첫 번째 과제이다.

스타벅스, 진실의 순간을 혁신하다

스타벅스는 고객경험 관리 측면에서 진실의 순간을 가장 효과적으로 활용하고 있는 기업이다. 스타벅스의 고객경험 관리전략은 크게 세 가지로 나눠볼 수 있다.

첫 번째는 모바일을 활용한 결제수단 확대이다. 스타벅스는 모바일 결제업체인 스퀘어에 투자하면서 일찍부터 모바일 결제시장에 진출해 있었다. 모바일 주문결제 서비스인 '사이렌 오더'는 고객이 매장에서 기다리는 시간을 최소화해 이용자의 편리성을 높인다. 이렇게 스타벅스 충전 카드가 자리를 잡으면서 미국에서의 적립금 총액이 미국의 웬만한 지방은행 예치금을 뛰어넘는 수준이 되었다. 삼성, 애플, 구글이 모바일 결제 서비스에 적극적으로 나서고 있는 만큼 스타벅스는 이러한 기회를 적극적으로 활용해 모바일 주문결제 서비스를 더욱 확대할 가능성이 높다. 고객이 스타벅스 카드에 넣어둔 돈은 곧장 회사로 들어가므로 구매가 일어나기 전까지는 은행 예치금과 같은 성격을 지닌다. 스타벅스 충전 카드 예치금이 매출증가로 이어지고, 이는 다시 정보기술에 기반한 '서비스의 디지털화' 강화라는 선순환 구조를 구축하고 있다고 볼 수 있다.

두 번째는 딜리버리 서비스이다. 하워드 슐츠는 스타벅스 커피와 음식을 배달하는 딜리버리 서비스를 시작해 모바일 판매 사업을 확대하겠다고 밝힌 바 있다. 향후 매출을 신장하는 데 있어 딜리버리 서비스를 주요한 수단으로 강조한 것이다. 이를 위해 스타벅스는 배달 전문업체 포스트메이트와 제휴를 맺고 뉴욕과 시애틀에서 시범 배달 서비스를 시작했다. 모바일 앱으로 스타벅스 음료나 음식을 주문하면 포스트메이트가 배달해 주는 방식이다. 드라이브 스루(drive-through) 딜리버리 서비스의 연장선이다. 스타벅스는 드라이브 스루 매장에 커피를 타주는 바리스타의 얼굴과 메뉴, 가격 등을 보여주는 비디오 스크린을 설치했다. 고객과 바리스타 간, 넓게는 고객과 스타벅스 간의 유대감을 높이기 위함이다.

세 번째 고객경험 관리전략은 타 산업 IT 플랫폼과의 적극적 제휴로, 이를 통해 기존 고객을 유지하고 새로운 고객을 확보한다는 것이다. 스타벅스는 우버의 대항마로 꼽히는 차량공유 서비스 리프트와 제휴를 맺고 리프트를 이용하는 승객과 기사에게 스타벅스 쿠폰을 지급하고 있다. 음악 스트리밍 서비스 업체인 스포티파이와도 비슷한 계약을 맺었다. 타 플랫폼과의 적극적 제휴 서비스로 기존고객 유지를 강화하고 아직 스타벅스의 충성고객 군에 들어오지 않는 신규고객을 확보하겠다는 전략이다. 아날로그 방식으로 세계적인 커피체인이 된 스타벅스가 디지털 미디어와 마케팅 테크놀로지를 활용해 혁신적인 서비스를 제공하는 미래형 테크놀로지 기업으로 거듭나고 있는 중이다.

질보다는 감성, 경험경제로 이동하다

산업혁명을 겪고 제조업에서 서비스 경제로 이동한 것처럼, 현재는 '경험'이라는 분야로 이동이 일어나고 있다. 지금까지는 고객으로 하여금 제품 및 서비스의 질을 판단해 가장 큰 이익을 얻도록 하는 의사결정을 했다면, 제품과 서비스가 점차 상향 평준화되어 감에 따라 가격, 기술, 품질, 서비스 영역을 넘어 새로운 차별적인 요소를 만들어내지 못하면 생존할 수 없는 시대가 되었다. 부가가치의 원천이 '양보다 질'에서 '질보다 감성'으로 진화한 것이다.

신경제학자 도널드 칼네가 주장한 4E(Evangelist, Enthusiasm, Experience, Exchange)는 고객에게 독창적이고 높은 감성적 부가가치를 제공해야 한다는 이론이다.

4E의 첫 번째는 고객전도사(Evangelist)이다. 충성도가 높은 고객은 제품 구매를 통해 회사에 기여할 뿐만 아니라 고객전도사로서 남들에게도 해당 기업과의 거래를 추천한다.

두 번째는 열광(Enthusiasm)이다. 기업 또는 제품에 대한 만족을 넘어 열광하는 고객이 얼마나 많은지가 경험경제시대에 브랜드 가치를 매기는 중요한 척도가 된다.

세 번째는 체험과 경험(Experience)이다. 고객 입장에서 브랜드는 유통과 편의성을 넘어 체험 영역 안에 놓여야 하며, 이럴 경우 고객은 해당 상품과 더불어 브랜드의 가치를 구매하게 된다.

네 번째는 교환(Exchange)이다. 정보 전달은 일방적인 홍보나 커뮤니케이션 단계를 지나 소비자 간의 체험 교환이 가능해야 한다는 것으로, 소비자의 체험은 동일한 경험을 가진 다른 소비자와의 교환 속에서 더 넓어지고 강해지는 특징을 보인다.

4E를 적용한 사례로는 애플을 들 수 있다. 애플은 하드웨어-소

프트웨어-서비스를 수직 통합해 고객경험에 영향을 미치는 모든 요소를 적절히 통제하며 관리한다. 애플의 충성스러운 고객들은 신제품 출시일에 맞춰 조금이라도 먼저 제품을 손에 쥐기 위해 밤을 새워가며 줄을 서고, 블로그와 페이스북, 인스타그램에 자신의 경험을 공유한다. 이처럼 소셜미디어의 부상으로 기업이 제작한 광고보다 고객의 의견이 기업의 명성에 더 큰 영향을 미치기 시작했는데, 도널드 칼네가 제시한 4E는 미국의 경영 컨설턴트 조셉 파인이 《경험경제학》을 통해 제시한 '관계', '경험', '문화'의 중요성과 궤를 같이한다.

스타벅스의 커피 원재료인 커피콩은 2~3센트에 불과하지만, 여기에 스타벅스에서 제공하는 오렌지색 조명, 초록색 로고, 미국식 카페테리아 등의 경험요소가 추가되면 값이 5,000원이 된다. 인터넷에서는 1,000원이라도 싸게 구매하려고 몇 시간씩이나 서핑하는 사람들이 스타벅스에서는 5,000원을 기꺼이 지불하는 이유는 스타벅스에서 커피를 마신다는 데서 오는 경험과 만족감 때문이다. 스타벅스 테이크 아웃 커피잔을 들고 거리를 활보하면서 스스로 뉴요커가 된 기분을 만끽하는 것이다.

커피콩 재배는 1차산업이며, 그것을 가공해 캔에 담으면 2차산업이 된다. 이 캔에 담긴 커피가 서비스로 전달되는 게 3차산업이며, 여기에 '관계', '경험', '문화'를 포함시키면 4차산업이 된다. 당연히 부가가치는 위로 올라갈수록 높아진다.

니혼게이자이 비즈니스에 의하면 체험과 경험을 공유하는 열광적 고객전도사는 상품의 본원적 기능만을 추구하는 과거의 기능형 소비자에 비해 8.9배의 이익을 기업에 가져다준다고 분석되었다. 또 이러한 열광고객은 일반적 선호고객에 비해서도 2배 이상의 이익을 창출시킨다고 한다.

부가가치에 따른 경제의 단계는 원자재경제→상품경제→서비스 경제→경험경제로 이동하고 있다. 사회가 제조업에서 서비스경제로 전환되면서 고객의 경험이 중요시된다고 했다. 경험경제(experience economy)시대에는 기업이 개인의 참여를 위해 의도적으로 서비스와 제품을 사용하고 경험토록 하는 일이 중요해진다.

기업이 성공적인 고객경험을 관리하기 위해서는 비즈니스 과정에서 발생하는 고객의 모든 경험과정을 해부해 보아야 한다. 고객경험은 크게 제품과 서비스 경험, 커뮤니케이션 경험, 사람을 통한 경험으로 구분된다. 제품과 서비스 경험은 고객이 제품과 서비스를 탐색하고 구매하고 사용할 때 등 모든 단계에서 일어나는 브랜드 경험을 말하고, 커뮤니케이션 경험은 이메일, 블로그, 유튜브, 페이스북 등 기업의 커뮤니케이션 채널을 통한 브랜드 경험을 말한다. 사람을 통한 경험은 자신의 친구나 주변 사람 등을 통해 브랜드를 경험하는 것을 말한다. 이처럼 기업이 모든 경험의 과정을 동일하게 만들고 유지시켜야 긍정적인 고객경험이 나타나게 된다.

2

디지털 기술이 가져온
서비스 디자인의 새로운 지평

사용자 중심의 디자인 설계

'제품 디자인'과 '서비스 디자인'은 근본적인 차이가 있다.

제품 디자인은 제품에 옷을 입히는 개념이다. 제품의 기능요소와 형태요소가 결정돼 이에 따른 사용이 정해지면 디자인팀은 정해진 사양에 따라 디자인을 개발해 왔다. 이처럼 제품 디자인은 제품의 외관을 소비자의 호감도와 편의성 등에 맞게 만들어내는 좁은 개념이다.

이와 다르게 서비스 디자인은 제품이나 서비스를 사용자 중심에서 설계하는 개념이다. 서비스 디자인은 의료 서비스, 공공 서비스, 호텔, 공항, 패스트푸드점 등의 영역은 물론, 기존의 산업 영역에도 새로운 개념으로 접근해 지금까지 유지해 온 각 산업의 정체성을 뒤바꾸고 있다.

여기에는 카카오뱅크가 대표적이다. 카카오뱅크를 사용해 보면 다른 은행들이 제공하는 서비스보다 직관적임을 알 수 있다. 카카오뱅크는 실명 인증 · 인증수단 등록 · 개인정보 입력 · 본인 확인 · 계좌정보 입력 · 신분증 확인의 6단계로 이루어져 있지만 어렵지 않게 직관적으로 구성되어 있다. 반면, 타 금융사의 계좌 개설은 기존 영업점에서 작성하던 서류를 모바일에 그대로 옮겨 놓은 느낌이다.

카카오뱅크의 성과는 카카오가 가진 브랜드를 이용하면서 이모티콘을 활용해 잘 포장하고, ATM 수수료를 무료로 제공한다는 점뿐만 아니라 잘 디자인된 서비스가 얼마나 중요한지를 보여주는 사례이다. 잘 디자인된 서비스는 사람들의 다양한 요구사항에 더 잘 적응하고, 서비스 활동을 더 오랫동안 전달한다. 이를 통해 인적 자원이나 경제적 자원을 더 효과적으로 사용함으로써 궁극적으로 고객점유율과 수익의 향상으로 연결시킨다.

그렇다면 왜 다른 은행들은 카카오뱅크와 같은 서비스 디자인을 제공하지 못했을까? 이는 산업화시대의 분업화와 연관성이 있다. 지금까지 기업들은 제품을 만들고, 마케팅하고, 판매하는 활동을 분업의 방식으로 해결해 왔다. '전문화'라는 이름으로 분업을 하게 되면 비용을 줄이면서 생산성을 높일 수 있다. 하지만 분업은 전체의 관점에서 문제를 바라보지 못하는 한계성을 가진다. 한 두 가지 업무에 특화된 사람들이 수직적 명령체계로 일을 하면 전체적인 관점으로 문제에 접근할 수 없게 된다. 어떻게 보면 카카오뱅크는 0점에서 시작했기 때문에 상식을 비틀어보고, 고객의 관점에서 불편한 점에 대한 고민을 할 수 있었고, 새로운 은행 프로세스를 만들어낼 수 있었던 것이다. 이에 반해 기존 은행들은 다양한 이해관계자들이 있는 데다 기존에 해왔던 방식이 있어 카카오뱅크처럼 새로운 시각으로 서비스를 해석 못하지 않았나 싶다.

분업화는 서비스 디자인 관점에서 볼 때 여러 문제점을 갖고 있다. 예를 들면, 새로운 요금제에 가입하기 위해 통신회사에 전화하면 상담원은 단지 가격정보만을 안내해 준다. A/S나 신규 프로모션 등의 궁금한 사항은 또 다른 방식이나 상담사에게 알아봐야 한다. 병원에 가면 환자들은 얼마나 오래 기다려야 하는지도 모른 채 불편한 기다림을 계속해야 할 때가 많다. 간호사에게 물어봐도, 접수한 곳에 물어봐도 기다려야 한다는 답변만 돌아올 뿐이다. 종합적인 관점으로 서비스를 받아들이는 고객 입장에서 분업화는 좋은 경험을 줄 수 없는 구조인 것이다.

서비스 디자인은 사람에 대한 이해에서 출발한다

분업화가 가진 구조적인 문제점은 생각해 보면 현재 일하는 방식과 조직구조로는 혁신적 서비스를 제공할 수 없다는 의미이기도 하다. 많은 경우에 서비스의 부분 부분들은 잘 디자인되어 있음을 알 수 있다. 하지만 고객은 서비스를 하나하나 나누고 점수를 매긴 다음 전체를 평가하지 않는다. 서비스를 한꺼번에 전체적으로 받아들이고 경험하며, 부분 부분이 아닌 전체가 잘 어우러져 가치를 제공하는가 아닌가로 서비스를 판단한다.

만약 e러닝을 개발하는 사람이 자기가 관리하기 편한 형태로 서비스를 만들고 강사와 수강생의 연계과정을 게을리한다면 강사와 수강생 모두는 실망스러운 경험을 할 수밖에 없다. 서비스를 제품처럼 취급해 온 이 같은 산업화시대의 방식은 고객에게 실망감을 줄 뿐이다. 서비스는 제품과는 근본적으로 다르다. 제품을 취급하는 것과 같이 생각해서는 안 된다. 서비스는 사람들 간의 상호작용과 행동에 대한 항목이다. 서비스 디자인을 하는 데 있어 사람에 대한 이해가 필요한 이유이다.

이처럼 서비스 디자인에서는 고객이 가장 중요하다. 제품만을 만들어온 사람들은 고객을 활용해 서비스를 더 효과적으로 만들어내는 일에 종종 실패한다. 이동하고자 하는 버스 경로와 일정을 잘 알고 있다면 고객들은 버스를 더 자주 이용할 것이다. 또 온라인을 통한 보험금 지급 서비스가 잘 디자인되어 있다면 콜센터에 전화하거나 오프라인 지점을 찾을 필요가 없다.

서비스는 이렇게 제공자와 사용자들에 의해 함께 만들어진다는 사실을 알아야 한다. 서비스 경험은 고객과 서비스가 만나는 다양한 접점 간의 상호작용으로 구성된다. 그리고 서비스의 품질은 다양한 접점들이 고객을 위해 얼마나 잘 조화롭게 작동하는지에 따라 결정된다.

서비스 디자인은 다양한 접점 관리가 바탕이다

고객 관점에서 접근해야 고객가치가 만들어진다. 사람을 태우지 않고 출발하는 여객선은 아무런 가치가 없다. 미용실에선 자신이 원하는 헤어스타일을 말하기 전까지는 아무 일도 일어나지 않는다. 서비스란 사용되는 시점에 가치가 생겨난다는 뜻이다. KTX는 기차를 타는 사람들이 있고, 노선이 마련되고, 빠른 이동이 가능할 때 가치를 발휘하며, 은행은 계좌를 개설하고, 금융상품에 가입하고, 인터넷뱅킹 등의 서비스를 이용할 때 비로소 가치가 부여된다.

이 같은 서비스 디자인의 새로운 지평을 연 도구는 단연 디지털 기술이다. 그동안 호텔, 공항, 패스트푸드점을 위한 것쯤으로 여겨졌던 서비스 디자인이 새로운 분야로 떠오르게 된 것도 하드웨어, 소프트웨어, 네트워크, 플랫폼 등의 디지털 기술 때문이다. 디지털 기술은 새로운 형태의 서비스 제공이 가능하게 만드는 핵심 원동력이다.

스타벅스 코리아는 사이렌 오더 고객을 대상으로 수집한 데이터를 활용해 시럽의 양과 우유의 종류 등 고객 개인에게 최적화된 음료 서비스를 제공한다. 스타벅스의 DNA는 분명 커피이긴 하나 빅데이터와 인공지능을 적극적으로 이용한다는 점에서 IT 회사에 가깝다. 실제 하워드 슐츠가 경영 일선에 다시 복귀하면서 강조한 게 디지털이다. 디지털 혁신을 통해 고객에게 스타벅스의 경험을 높이는 기회를 만들겠다는 전략이다. 이처럼 제품은 다양한 서비스가 연계되어야 한다. 서비스 분야로 확장되어야 다양하고 높은 부가가치가 만들어진다.

서비스 디자인은 고객 이해를 바탕으로 한 관계 구축, 기업과 고객이 함께 원원할 수 있는 구조, 그것이 가능한 조직 내부 시스템을 전제조건으로 한다. 최고경영자의 관심과 함께 내부의 이해와 조정, 직원들의 높은 관심과 참여, 보다 고객 중심적인 사고가 필요하다. 조직이 준비되어 있지 않으면 고객만족이란 허울 좋은 구호에 불과할 뿐이다. 이를 위해서는 서비스 디자인이 기업에게 어떤 영향을 미치는지, 이를 추진하기 위한 역량은 무엇인지, 기업은 어떠한 준비를 해야 하는지에 대한 근본적인 질문이 필요하다.

서비스 디자인은 아웃사이드-인(outside-in) 관점에서 시작된다. 고객가치의 제공을 위한 방편으로 조직을 구성하는 사람, 구조, 역량이 결정된다는 뜻이다. 기업의 현재 성과와 역량으로 미래를 준비하는 비즈니스 관심사와는 접근방법부터 차이가 나는데, 이 같은 고객 관점의 아웃사이드-인 방식은 조직의 역량을 고려하면서 현실적인 비즈니스 목적을 달성하도록 돕는다.

고객경험을 혁신하는 디지털 기술

과거에는 고객이 요구하는 다양한 경험을 제공하기에 현실적인 어려움이 있었다. 스타벅스가 사이렌 오더로 주문을 하고 고객의 닉네임을 불러줄 수 있게 된 것은 정보통신기술의 발전 덕분이다. 또 교통, 통신, 물류의 발달로 인해 가장 좋은 경험을 제공할 수 있는 환경이 만들어졌기 때문이기도 하다. 디지털 기술이 서비스 분야의 급진적인 변화와 파괴를 가져오고 있는 주요 요인 중 하나라는 의미이다.

예전에는 특별한 전문지식을 가진 사람들만 전달할 수 있던 많은 서비스들이 지금은 기술에 의해 전달되는 사례가 증가하고 있다. 편의점 내 자동화기기(ATM)는 계좌 개설, 카드 발급 등 은행 창구업무가 가능하며, 바이오 인증을 통하면 고객이 별도의 매체 없이 출금과 이체 등의 다양한 금융 서비스를 이용할 수도 있다. 이제 디지털 기술은 모든 영역에 영향력을 미치면서 또 다른 방식으로 시장을 만들어가고 있다. 사람을 통해서 전달되던 서비스가 기술에 의해 가능해진다는 것은 서비스 디자인의 필요성이 더욱 커짐을 암시한다. 서비스 디자인이 기술을 인간적으로 만드는 도구들을 제공하고 있다.

아직도 렌터카를 대여하려면 지정된 영업소를 방문해야 한다. 차량에 문제는 없는지 점검한 후 면 대 면으로 계약을 해야 하는 등의 불편함이 있다. 반면, 쏘카와 같은 카셰어링 서비스는 전국에 구축해 놓은 차고지에서 스마트폰 애플리케이션을 이용해 10분 단위로 차량을 빌릴 수 있다. 스마트폰으로 차고지를 결정한 후 차종과 사용시간만 결제하면 될 정도로 간편한 데다 스마트폰을 이용해 차량의 문을 여닫을 수 있어 렌터카 직원을 별도로 만날 필요가 없다. 당연히 기존 단기 렌트방식보다 가격이 저렴하다.

재미있는 점은 카셰어링 방식이 기존 렌터카 대여방식보다 가격이 많이 저렴하지도 않을 뿐만 아니라 이용할 수 있는 차량의 종류와 대수도 제한적이라는 부분이다. 기존의 방식보다는 조금이나마 저렴하고 편리하지만, 그 자체가 혁신적인 수준은 아니라는 것만큼은 분명한 사실이다. 그런데 왜 카셰어링 서비스 이용자들이 증가하고, 앞으로 이 산업이 더욱 커지리라고 예상하는 걸까?

이에 대한 해답은 서비스 디자인 관점에서 찾을 수 있다. 렌터카의 차별화는 서비스를 어떻게 고객에게 전달하고 경험시키는가에 달려 있다. 근처에서 저렴하게 이용할 수 있는 차량이 아니라, 내가 살아가는 생활권에서 내가 소유한 차량과 같은 느낌으로 언제든지 이용할 수 있어야 진정한 카셰어링 경험이 제공된다는 말이다. "여행은 살아보는 거야."라는 슬로건으로 전 세계에서 가장 큰 숙박회사가 된 에어비앤비처럼 처음 가본 여행지에서조차 편안하게 머물 곳을 제공하고, 그 속에서 사람들과 어울리면서 현지인의 삶을 영위하는 경험이 제공되어야 한다.

서비스 디자인은 사람과 함께 만들어가는 것

서비스 디자인을 통해 사용자들이 필요로 하는 경험이 제공된다면 가격은 크게 중요하지 않다. 가격은 고객들이 사용하게 될 제품이나 받게 될 서비스에 대한 기대치를 측정할 수 있는 지표로, 저렴하다는 이유만으로 구매하는 사람들은 많지 않다. '이용해 보고 싶다.'라는 가치가 발생한 이후에 가격을 고려하기 때문에 가격 자체는 구매의 결정적인 이유가 안 된다. 렌터카 회사들은 차량을 구입한 후 발생하는 유지비, 보험, 세금, 차량 감가상각 등의 비용을 감안해 높은 회전율은 고민하면서도 본질적으로 차별화를 할 수 있는 고객경험에 대해서는 큰 신경을 쓰지 않고 있는 게 현실이다.

서비스는 '경험적'인 것과 '가치적'인 것을 구분해 접근해야 한다. '경험적'인 것은 서비스가 사용자에게 전달되는 과정에서 눈에 보이는 부분으로, 이는 잘 훈련된 오케스트라와 같은 개념이다. 오케스트라에서 뮤지션들은 자신이 맡은 파트를 잘 소화해내는 동시에 다른 사람들과 시간을 맞추어 조화를 이루면서 연주해야 한다. 만약 이런 요인들이 고려되지 않고 한 사람이 자신의 실력을 뽐내기 위해 단독으로 연주를 한다면 연주회는 엉망이 되고 만다.

'가치적'인 것이란 '성과'를 의미하는데, 외부와 내부 양면에서 모두 바라보아야 한다. 예를 들면, '이번 콘서트에 만족하셨습니까?'와 같은 질문은 외부가치 측정을 위한 질문이고, '콘서트를 진행하는 데 들어간 비용은 얼마입니까?'와 같은 질문은 내부가치 측정을 위한 질문이다. 내부가치 측정은 서비스 제공 조직이 얼마나 잘 돌아가고 있는지를 말해 준다.

서비스 디자인에서 강조되는 점은 '사람과 함께' 디자인된다는 부분이다. 사람들이란 단순히 고객이나 사용자만을 의미하지 않는다. 서비스는 소비자와 마주하게 될 직원들이 함께 만들어가는 요소이다. 이런 점에서 서비스 디자인은 전통적인 사용자 중심 디자인 및 마케팅 분야와 큰 차이점이 있다. 전 세계에 있는 스타벅스 매장에서 일관된 서비스를 경험할 수 있는 이유는 자체적으로 양성된 숙련된 바리스타들의 뛰어난 지식과 열정에 기인한다. 지친 이들에게 오아시스 같은 휴식과 영감 제공을 목표로 내부 시스템을 만들지 않았다면 오늘날의 스타벅스는 없었을지도 모른다.

서비스 디자인 과정에서 내부 직원들이 함께해야 하는 이유는 그들이 어떻게 하느냐에 따라서 성공과 실패가 달려 있기 때문이다. 행복한 직원이 행복한 고객을 낳는다. 서비스를 만들어내고 향상시키는 디자인 과정에 참여한 직원들은 자신의 업무에 더 애착을 갖게 된다. 또 서비스의 복잡한 생태계와 서비스 디자인에 활용되는 방법론을 통해 그들 스스로 지속적으로 서비스를 향상시키는 계기가 되기도 한다. 직원들은 최전선에서 소비자들을 만나는 사람들이다. 최고경영자나 외부 전문가보다 이들이 가진 인사이트가 더 큰 가치를 발휘한다. 게다가 이들은 마케팅 담당자나 관리자들이 경험하지 못하는 면에서의 관점 제시가 가능한 사람들이기도 하다.

3

소비자가 중심이 되는
'경험경제'

고객이 원하는 것을 만들어라

'지식의 저주'라는 말을 들어본 적 있는가? 상대도 나만큼 지식이 있다고 착각하는 것을 말하는데, 기업의 여러 활동에서 확인할수 있다. 제품 개발자들은 소비자들도 자신들처럼 첨단 기능을 능숙하게 사용할 거라고 착각해 신제품을 개발한다. 재미있는 사실은 신제품 관련 고장신고 중 대부분은 실제 제품의 고장이라기보다는 사용방법을 몰라서라고 한다. 소비자는 기업만큼 제품에 관심이 없음에도 기업들은 연일 새로운 뭔가를 추가하느라 여념이없다. 집에서 사용하는 TV 리모컨 중 실제 사용하는 게 몇 개나

되는지를 떠올려보자. 쉽게 이해되지 않는가. 제품을 만든 후 판매하려 하지 말고, 고객의 니즈를 파악해 그들이 필요로 하는 것을 제시해야 성공할 수 있다.

고객의 니즈를 찾아야 한다는 사실은 모두가 아는 기초상식이다. 하지만 말처럼 쉽지 않다. 기업은 먼 훗날보다는 당장의 현실이 중요하기 때문이다. 기업의 운영 혹은 공급체인에 들어 있는 제품들을 판매하는 데 하루하루를 집중하다 보면 그 중요성을 잊어버리고 만다.

훌륭한 브랜드나 성공한 기업을 분석해 보면 모든 사업 영역에서 더 좋은 경험을 제공하기 위해 치열하게 노력했음을 알 수 있다.

네스프레소는 고급 커피를 간편하게 즐기고 싶어 하는 소비자들의 욕구를 꿰뚫고 '캡슐커피'를 만들어냈다. 커피 애호가들의 니즈 충족을 위해 고급스럽고 값비싼 커피 경험을 제공한 것으로, 이를 위해 밀림협회에서 지정한 기준에 맞추어 지속 가능한 방법을 통해 커피를 조달하고, 농부들과 돈독한 관계를 맺음으로써 고품질의 커피를 생산해냈다. 그리고 미리 로스팅한 커피 원두를 조그만 캡슐에 하나씩 진공 포장해 판매했다. 커피 머신에 캡슐을 넣고 누르기만 하면 알아서 커피가 나온다. 기계를 세척할 필요도 없다. 남은 캡슐만 버리면 된다. 원두는 보통 개봉 2주가 지나면 맛이 변하지만 캡슐 커피는 신선도가 유지된다는 점도 장점이었다.

뿐만이 아니다. 네스프레소는 세계적인 디자인 회사 알레시에 디자인을 맡기는 한편, 크룹스와 매지믹스 같은 제조회사에 의뢰해 커피 머신을 생산했다. 생산에서 제조, 유통까지 광범위한 협력체계를 구축한 것이다. 또 소비자들과 직접적인 브랜드 관계 구축을 위해 1,000만 명 이상의 네스프레소 클럽 멤버십 회원들과 직접 일 대 일 마케팅을 수행하면서 그들의 요구에 즉각적으로 대응했으며, 네슬레의 공유가치 창출과 환경 및 사회에 대한 책임을 다하려 제품 공급망도 새롭게 디자인했다.

고객이 원하는 것을 찾기 위해서는 깊이 들어가 보아야 한다. 리서치 회사를 통해 수집한 시장조사 보고서를 훑어보는 게 아니라 소비자를 직접 만나 이야기하고 그들의 행동을 관찰해야 한다. 정량적인 데이터는 숫자 파악에는 도움이 되지만 새롭게 떠오르는 기회를 발견하는 데는 한계가 있다. 소비자 조사를 통해 그동안 몰랐던 새로운 사실을 발견해낸 예는 별로 없다. 만약 소비자 조사로 새로운 것을 발견할 수 있다면 경쟁기업도 조사를 통해 관련 정보를 알고 있다고 보아야 한다. 아무리 뛰어난 조사기술을 사용하더라도 감춰져 있는 정보는 쉽게 밖으로 드러나지 않는다. 특히 소비자의 의식구조는 그렇게 단순하지 않다는 사실을 이해해야 한다. 그렇다고 소비자 조사가 불필요하다는 말이 아니다. 조사의 한계를 인식하고 의사결정에 참고하는 정도가 바람직하다는 뜻이다.

소비자가 중심이 되는 '경험경제'

경험경제란 기술의 발달로 제품에 대한 경쟁력의 차이가 없어진 상황에서 소비자들이 차별화된 경험과 서비스 구매에 가치를 두기 시작했다는 새로운 경제 개념이다. 롤프 옌센은 "고객의 구매 결정은 이성적 이유보다는 감성적 요인에 따라 이루어지며, 사람들은 상품에 담겨 있는 감성, 가치, 이야기를 구매한다. 따라서 기업은 제품 자체의 기술적 우수성이나 편리함보다는 이야기와 신화를 만드는 데 주력해야 경쟁력을 확보할 수 있다."고 했다.

과거에는 우월한 기능이 있는 상품 하나를 만들면 시장을 장악할 수 있었다. 경쟁자가 이를 따라잡는 데 시간이 걸렸기 때문이다. 하지만 지금은 누구나 우월한 기능과 외관을 빠르게 따라잡을 수 있다. 이처럼 서비스와 상품, 온라인과 오프라인의 경계가 무너진 상황에서 기업은 미래의 시장을 소비자에서 찾을 수밖에 없게 되었다.

인공지능(AI), 사물인터넷(IoT), 소셜네트워크서비스(SNS) 등 기술의 발전으로 인해 사람과 사람, 사람과 사물, 사물과 사물이 연결되는 '초연결시대'가 성큼 다가왔다. 브랜드는 어떤 상품과 서비스를 제공할지에 대한 고민을 넘어 고객과 어떤 관계를 맺을지 고민해야 한다. 새로운 시대에 단순히 재화를 팔고 고객들과 일시적인 거래를 하는 브랜드로 기억될 것인지, 고객이 원하는 경험을 제공하고 지속적인 관계를 유지할 것인지 선택해야 한다. 거래(Transaction)가 아닌 관계(Relationship), 재화(Goods)가 아닌 경험(Experience)으로 선택의 패러다임이 변화하는 시점이기 때문이다.

경험경제의 배경으로는 긴밀하게 연관된 세 가지 이유를 꼽을 수 있다.

첫 번째는 경험경제의 기폭제 역할을 한 SNS의 확산이다. SNS가 대중적으로 확산되면서 사람들은 특별한 뭔가를 경험하고 이를 다른 사람들에게 자랑하는 일에 매력을 느끼기 시작했다. 남들이 하기 어려운 경험, 기억에 남을 만한 경험을 SNS로 공유하는 일이 가치 있다고 여기게 된 것이다. 사람들에게는 이제 물질적인 풍요가 아니라 경험의 풍요가 성공을 의미하게 되었다.

두 번째는 최대 소비자 집단으로 급성장하고 있는 밀레니얼 세대의 특징이다. 밀레니얼 세대는 소유에 집착하지 않는 대신 대중에게 자랑할 수 있는 갖가지 경험에 가치를 둔다. 예전에는 럭셔리 상품을 사는 것으로 부를 과시했다면, 소셜미디어의 발달로 인해 이제는 경험의 축적이 더 부러움을 낳고 있다. 밀레니얼 세대로 인해 소비가 '물건 소유'에서 '경험하는 것'으로 전환되고 있으며, 이러한 움직임이 경험경제를 활성화시키고 있다.

세 번째는 자신의 행복을 중요시하기 때문이다. 다른 사람들의 눈치를 보지 않고 자신의 경험가치를 중요하게 여기면서 투자도 아낌없이 한다. 큰 성공도 좋지만 일상의 작은 행복도 놓치고 싶어 하지 않는다. 커피, 자전거, 인디 음악, 아날로그, 동물, 요리, 맥주, 채식처럼 소소하고 일상적인 요소들을 중요하게 생각하는 시대가 되었다.

'경험경제'를 전략적으로 잘 활용하는 곳으로 스타벅스를 들 수 있다. 스타벅스는 거래정보를 통해 매주 수백만 건에 달하는 데이터를 수집, 활용해 개인화된 고객경험을 제공하고 있다. 이 데이터로 고객이 무엇을 어디에서 어떤 방법으로 사는지 파악하고, 그 정보를 날씨, 프로모션, 재고, 현지 이벤트에 대한 인사이트와 결합해 고객들에게 한층 더 개인화된 서비스를 제공한다.

고객은 좋아하는 음식과 음료의 사진이 먼저 표시되는 스크린 앞에서 스타벅스 모바일 앱으로 로열티 포인트를 쌓고, 사전에 음식과 음료를 주문하고 결제할 수 있다. 소비자의 욕구를 파악하고, 각지에 널린 기술을 그 욕구에 맞게 정교하게 융합해 하나의 제품이나 서비스로 디자인하는 일이 성장의 필수적인 전략이 된 것이다.

즐거운 러닝 경험을 선물한 '나이키

1980년대 초반에서 2000년대 초반에 태어난 세대를 밀레니얼 세대라고 한다. 풍요로운 시대에 태어나 성장한 밀레니얼 세대가 경제활동인구의 중심축이 되고 있다. 풍요를 경험한 밀레니얼 세대는 무엇인가를 구매하는 데 욕심을 내지 않는다. 전반적으로 과거 세대와 다르게 소유에 관심이 없으며, 소유보다는 경험을 통해 자신의 정체성을 드러내려 한다.

이러한 세대별 가치관의 변화는 소비 패턴이나 경제활동에도 자연스레 영향을 미치는데, 소유보다 경험을 중시하는 밀레니얼 문화 트렌드를 이해하고 이를 활용하는 기업들이 증가하고 있다.

밀레니얼 세대를 대상으로 한 '경험경제'를 실행하고 있는 기업으로 나이키가 있다. 나이키(Nike)는 즐거운 러닝 경험을 선사하는 다양한 활동을 통해 러닝 트렌드를 주도한다. 국내에서도 '휴먼 레이스(Human Race)'를 비롯해 '위 런 서울(We Run Seoul)', '우먼스 하프 마라톤' 등 해마다 최고 수준의 러닝 이벤트를 개최하고 있다.

이들의 노력은 단순히 단발성 스포츠 이벤트에만 그치지 않는다. 전문 트레이너 및 참가자들과 함께 훈련할 수 있는 '나이키+런 클럽(Nike+Run Club)'이 대표적인 사례이다. 이 서비스는 다양한 수준의 러너들에게 거리, 속도, 레벨 등 실력에 따른 맞춤형 러닝 프로그램을 제공한다. 달리기를 원하는 사람이라면 누구나 웹사이트를 통해 예약할 수 있고, 서울 주요 매장에 집합해 그룹별 달리기에 참여할 수 있다.

소셜미디어에는 매일 달리기의 즐거움을 경험한 소비자들이 본인의 러닝 기록을 자랑하는 사진들을 꾸준히 올린다. 단지 운동화를 판매하는 데 그치지 않고 '운동을 통한 잊을 수 없는 경험'에 집중한 나이키의 성공전략은 이렇듯 소비자들이 브랜드를 경험하고 기록하는 방식을 통해서도 확인되고 있다.

경험경제의 부상은 기업에게 그리 반가운 소식은 아니다. 소비자들의 관심이 상품 구매에서 경험으로 옮겨가면서 레저 및 엔터테인먼트 산업과 경쟁해야 하기 때문이다. 하지만 경험요소로 시장에서 차별화를 만들거나, 탁월하고 혁신적이고 인상적이며 감각적인 상품을 만들어낼 수 있어 기업에게 기회가 될 거라는 점도 알아야 한다.

경험은 또한 부가가치를 창출한다. 경험을 전략적 요소로 활용해 브랜드 친밀도를 높이는 한편, 고객과의 연계를 만들어내 궁극적으로 상품을 판매한다. 특히 경험을 통해 고객이 사적이면서도 감성적으로 브랜드와 연계된다면 엄청난 충성심이 생겨나기도 한다. 이처럼 경험은 상품이나 서비스보다 큰 가치를 창조할 수 있는 새로운 요소이다. 앞으로는 기업이 제공하는 상품이나 서비스를 소비자가 원하는 특정한 경험과 잘 연결시키고, 고도화된 마케팅 분석 솔루션을 통해 효율성을 지속적으로 혁신하는 노력을 이어가야 한다.

총체적인 경험을 제공하는 '룰루레몬'

룰루레몬은 체험 마케팅의 선두주자로 꼽힌다. 1998년 캐나다에서 설립된 이 브랜드는 "생활에 변화를 주는 제품과 체험을 통해 모두가 행복하고 즐거운 삶을 건강하게 누릴 수 있도록 한다."는 경영철학을 내세운다. 일상복처럼 입는 스포츠 의류 브랜드인 룰루레몬(Lululemon)은 명상, 필라테스, 아이스 요가, 건강한 식단 짜는 법, 명상 및 호흡법, 선물 포장 등의 다양한 무료강좌를 개최한다.

룰루레몬의 체험 프로그램 '커뮤니티 클래스'의 모든 수업이 요가복 판매와 직접 관련되는 건 아니다. 브랜드 체험을 위해 요가, 아쉬탕가뿐만 아니라 브로가로 불리는 남성들끼리 하는 요가 등도 가르치며 꽃꽂이, 선물 포장법, 건강한 식단 짜기, 복싱 등 다른 수업도 많다. 무료 수업이라 경쟁률이 보통 4 대 1, 높을 땐 10 대 1까지도 간다.

많은 브랜드가 유사한 행사를 위해 별도의 공간을 대여하는 것과는 달리 룰루레몬은 철저히 매장에서 강좌를 연다. 단순히 애슬레저 제품을 파는 브랜드가 아니라 애슬레저 경험을 제공하는 브랜드로 자리매김하기 위함이다.

유사한 맥락에서 현대카드의 라이브러리 시리즈, 슈퍼콘서트, 고메위크도 현대카드를 단순한 '카드회사'가 아닌 고객과 라이프스타일을 공유하고 문화를 선도하는 기업으로 차별화하는 데 기여한 바가 크다. 현대카드의 문화 마케팅 활동은 카드회사의 본질이 '결제'가 아니라 '다양한 경험'을 가능하게 해주는 매개체라는 부분에 초점을 맞춘 전략이다.

비즈니스 모델을
혁신하는
5가지 길

경쟁이 고도화되고 기술이 상향 평준화될수록 기능적·물리적 특징과 같은 하드웨어만으로는 차별화하기가 어려워진다. 해당 상품과 서비스를 구성하는 감성적이고 경험적인 요소, 즉 소프트웨어의 중요성을 받아들여야 한다. 경험의 시대는 이미 시작되었다. 상품과 서비스를 개발하고 이를 고객의 입맛에 맞추는 접근이 아니라 고객이 진정 원하는 니즈(needs)에 맞춰 우리 브랜드만의 차별적인 경험을 어떻게 전달할지 고민하는 브랜드가 고객의 마음을 사로잡게 될 것이다.

오프라인 매장의 고객경험 혁신

오프라인 중심의 기업이 온라인의 위협에 대응할 방안은 고객경험을 강화하는 일이다. 대표적으로 라이프 스타일을 담은 츠타야(TSUTAYA) 서점을 들 수 있다. 츠타야 서점은 '복합 문화공간' 기능에 충실한 콘셉트로 큰 호응을 얻고 있다. 요리서적 코너에 주방용품을 함께 진열하고, 패션서적 코너에 아기자기한 액세서리를 함께 진열한다. 여행서적 코너에는 바로 비행기 표를 예매할 수 있도록 컴퓨터를 비치하고, 음반코너에는 스피커와 헤드셋 등 관련 상품을 진열한다. 야외 테라스에서는 책도 보고, 커피도 마시고, 친구와 이야기할 수 있는 장소도 제공한다. 츠타야 서점은 이렇듯 단순한 서점이라기보다는 책을 중심으로 한 종합적인 문화공간으로서의 고객경험을 강화하고 있다.

일본에 츠타야 서점이 있다면 우리나라에는 교보문고가 있다. 교보문고 광화문점은 책을 파는 공간에서 '문화를 향유하는 공간'으로 탈바꿈했다. 책장이 차지하던 일부 공간을 널찍한 소나무 테이블로 바꾸고 책을 읽기 좋도록 자연광에 가까운 조명을 설치했다. 서점이 아닌 도서관이 연상된다. 이는 책을 편리하게 구매하도록 하는 기존의 방식과는 큰 차이가 있다. 책을 중심으로 라이프 스타일을 기획하고 제안하면서 사람들이 오래 머물고 싶은 공간으로 포지셔닝하고 있는 것이다.

또 한샘은 라이프 스타일을 담은 공간 패키지 상품을 강화하고 있는데, 공간을 연구하는 전문 디자인팀을 운영하며 출시단계부터 가구 간 조화를 고려한 디자인 제품을 선보이고 있다. 대표적으로 '한샘 리하우스'는 집 전체 인테리어 공사를 원하는 고객에게 부엌, 욕실, 창호, 문, 바닥재, 조명 등을 패키지 상품으로 제공해 선택의 고민을 해결해 준다. 기존 단품 판매에서 패키지 판매 체제로 전환하면서 가구보다는 '공간'을 판매한다는 개념이다.

국내 1위 헬스 & 뷰티 스토어인 올리브영도 고객경험 강화에 박차를 가하고 있다. 그 일환으로 자유로운 분위기에서 화장품 등을 마음껏 발라볼 수 있는 '테스트 공간'을 곳곳에 배치해 놓았는데, 단순히 발라보는 정도가 아니라 기기를 활용해 피부 등의 상태도 측정할 수 있도록 했다. 또 화장을 하지 않았음에도 화장한 모습을 볼 수 있는 '메이크업존 인터랙션'을 통해 디지털 체험이 가능토록 하고 있으며, 기존 제품 구성만으로는 성장에 한계가 있다는 판단하에 라이프 스타일 카테고리를 대대적으로 강화하고 있다.

매년 역성장하고 있는 백화점 업계도 변신 중이긴 마찬가지다. 아시아 최대 식품관을 자랑하는 판교 현대백화점은 프랑스, 이탈리아, 일본, 태국, 미국 현지에서만 맛볼 수 있던 음식점과 전국적으로 유명한 대구 삼송빵집, 부산어묵, 이태원 연화방 등이 입점해 큰 인기를 끌고 있다. 가족 단위 고객을 위해 5층 패밀리 가든에서 회전목마 놀이기구를 운영하며, 어린이 대상 미술교육과 어린이책 미술관, 라인 캐릭터관, 카카오 캐릭터 전시 등 어린이 고객을 위한 다양한 체험공간도 마련해 놓았다.

츠타야 서점, 교보문고, 한샘, 올리브영, 판교 현대백화점 등을 통해 살펴본 것처럼 오프라인은 오프라인으로서의 강점이 있다. 이는 사람들 모두가 가격에 민감해하면서 온라인을 통해서만 상품이나 서비스를 구매할 것 같지만 사실은 그렇지 않음을 의미한다. 온라인의 비중이 커지고 있는 건 사실이다. 하지만 사람은 오프라인에서 살아간다. 오프라인 매장에서 친구를 만나고, 음식을 먹는다. 다양한 고객경험을 강화함으로써 오프라인도 온라인과 경쟁할 수 있다.

진정성을 바탕으로
복합적인 경험 제공

커피 업계의 애플로 불리는 블루보틀

블루보틀은 미국 스페셜티 커피협회의 엄격한 기준을 통과한 원두를 볶아 핸드드립 방식으로 커피를 제공한다. 스타벅스를 능가할 대항마로 평가되면서 '커피업계의 애플'로 불리기도 한다. 커피를 마시기 위해서는 15분 이상을 기다리기도 해야 하지만, 블루보틀은 속도에 연연하지 않고 최고 품질의 커피를 제공한다는 가치를 지켜나가고 있다.

여기에서 한 가지 의문점이 생긴다. 미국에도 커피를 핸드드립으로 맛있게 내려주는 전문점들은 많다. 신선한 원두와 핸드드립 등 나름의 전문성을 갖춘 곳들이다. 유사한 형태의 비즈니스는 이미 존재해 왔다. 그런데 왜 사람들은 블루보틀에 열광하는가? 객관적으로 블루보틀 커피가 더 맛있다고 평가할 수 있는 이유도 없다.

이에 대한 해답은 블루보틀이 제품과 서비스를 단순한 상품이 아닌 복합적인 경험으로 제공하고 있기 때문이다. '블루보틀'은 17세기에 터키로부터 들여온 커피콩을 사용해 중앙유럽에 커피를 최초로 소개한 오스트리아 빈의 커피전문점에서 이름을 가져왔으며, 커피는 싱글 오리진으로 만든 고품질 커피로 미국 스페셜티 커피협회의 엄격한 기준을 통과한 제품만을 사용한다.

또 손님들이 최고의 맛을 즐길 수 있도록 로스팅한 후 48시간이 지나지 않은 신선한 커피만을 판매한다고 강조하는데, 그 같은 스토리에 기반한 고객경험이 커피를 더욱 맛있게 느껴지도록 한다. 그만그만한 비용구조, 엇비슷한 맛과 품질만으로 경쟁에서 이기기 어렵다는 걸 잘 아는 블루보틀은 스토리텔링에 기반한 고객경험으로 차별화를 하고 있는 것이다.

이제 고객은 상품 자체의 속성만으로 구매를 결정하지 않는다. 고객이 처한 상황에 따라 느낌이 더 좋거나 다양한 경험을 제공하는 기업을 선호한다. 그런데도 아직 많은 기업들은 눈에 보이지 않는다며 그것들에 관심을 두지 않고 있다. 돈을 보관해 주는 국민은행보다 스타벅스를 더 선호하는 게 요즘의 소비자인데 말이다.

상품의 품질에 대한 관념이 서비스 경험을 통해 만들어진다고 볼 때 앞으로 서비스 디자인은 더욱 중요성을 띠게 될 가능성이 농후하다. 블루보틀 커피를 마시는 사람들은 커피 자체가 필요해서가 아니다. 이들은 최고급 원두를 사용해 만들어진 커피, 심플하게 디자인된 파란색 로고, 친절한 직원, 감각적인 인테리어 등을 경험하기 위해 블루보틀에 온다.

제품과 서비스의 통합은 단지 상품을 더 많이 판매하기 위함이 아니다. 모든 산업이 성숙해짐에 따라 제품에서의 차이가 빠르게 줄어드는 지금, 결국 제품은 서비스와 어울려 최적화되었을 때 차별화된 고객가치가 만들어진다. 서비스는 제품이 가진 특성을 고객이 최대한 활용할 수 있도록 도와줄 뿐만 아니라 고객 충성도를 견인하는 역할도 함께한다.

제품과 서비스에 녹아 있는 신뢰요소 '진정성'

극도의 시장 세분화로 제품과 서비스의 차별적 요소가 미미해지고 있다. 이를 만회하려는 기업들의 마케팅 전술에 대한 소비자들의 반감도 그 어느 때보다 커지고 있다. 이러한 상황에서 소비자들의 욕구는 제품과 서비스에 녹아 있는 신뢰요소인 진정성의 추구로 옮겨가고 있다. 기업들이 활용하는 진정성 관련 요소는 크게 역사·장소·성분·문화예술 등으로 구분할 수 있고, 각 요인이 중첩될수록 소비자들에게 어필하는 효과도 크다.

제품 자체의 진정성으로 글로벌 기업이 된 곳도 있다. 영국의 화장품 회사 러쉬다. 러쉬는 자사의 모든 제품에 천연원료를 활용하며, 사용된 천연원료를 소비자들이 뚜렷이 느낄 수 있도록 하는 데 중점을 두고 있다. 이를 위해 제품의 향, 제품의 색깔과 제품명 등에 원료의 특성을 최대한 반영했고, 원료의 일부가 사용 중 자연스럽게 확인될 수 있도록 제품을 제조하고 있다. 매장도 전통시장 내 과일 가게나 식료품 가게의 느낌이 나도록 비누 제품을 칼로 잘라 종이에 싸서 판매하는 등 진정성 확보를 위해 적극적으로 연출한다.

러쉬 매장에 가보면 화장품 매장이라는 느낌이 별로 들지 않는다. 어떤 면에서는 식품 매장 느낌이 들기도 한다. 그 이유 중 하나가 제품의 진열방식에 있다. 일반적인 화장품 매장에 가면 모든 제품이 개별적으로 포장돼 있다. 하지만 러쉬 매장에 가면 비누가 커다란 덩어리 형태로 전시돼 있다. 소비자가 마음에 들어 원하는 양을 주문하면 그만큼 커다란 덩어리에서 썰어 떼준다. 마치 정육점에서 고기를 살 때와 같다.

이 같은 방식은 일반적인 화장품을 구매할 때와는 다른 느낌을 고객에게 전달한다. 공장에서 화학적 원료로 기계가 찍어낸 공산품의 느낌보다 농부가 직접 짜낸 우유를 정성스럽게 끓여 만든 치즈와 같다고나 할까. 그렇게 함으로써 천연재료로 만든 신선한 화장품이라는 생각을 갖게 만든다.

제품의 원료도 표시하는 데다 말린 살구와 건포도, 해조류, 곡물 등이 그대로 제품 안에 들어 있다. 그렇다 보니 제품 모양이 일정치 않다. 또 제품을 설명하는 글자들도 모두 손글씨이다. 이러한 것들이 전체적으로 어우러지면서 러쉬 제품은 그 어느 제품보다 자연 친화적이라는 콘셉트를 구축한다.

러쉬(Lush)는 제품 자체의 진정성을 전달하면서 최근 10여 년간 매출이 10배 가까이 성장한 것은 물론, 전 세계 약 50개국에 진출하는 등 글로벌 브랜드로 자리 잡았다.

인터넷과 SNS의 급격한 발달로 모든 정보가 쉽고 빠르게 공유되는 소셜네트워크의 전성시대에 우리는 살고 있다. 똑똑해진 대중과 소비자는 더 이상 진정성 없는, 겉만 번지르르한 홍보나 마케팅에 쉽게 속지 않는다. 지금은 반짝거리는 이미지나 현란한 메시지보다 진심이 담긴 모습, 공감을 불러일으기는 진정성으로 다가갈 때이다.

콘텐츠로 경험을 제공하는 기업들

'배달의민족' 앱을 운영하는 우아한형제들은 격월간 잡지 〈매거진F〉를 발행했다. 인류 식문화에서 의미 있는 식재료를 선정해 세계 주요 생산지부터 유명 셰프들의 활용법, 해당 식재료의 산업 및 경제적 효과 등을 두루 다루는 푸드 다큐멘터리 콘셉트이다. 창간호에서 소금을 시작으로 치즈, 치킨, 토마토, 쌀, 초콜릿, 식초 등 다양한 식재료를 다루고 있다.

아모레퍼시픽은 〈향장〉이라는 미용 전문 잡지를 발행한다. 1958년부터 발행된 〈향장〉은 국내 최초 사외보이자 미용 전문지로, 당시에는 생소했던 올바른 화장법을 비롯해 제품 보관법 등 뷰티 트렌드를 담고 있다. 물론, 화장품 관련 내용만 있는 것은 아니다. 시 · 소설 등 문학작품도 소개하며 문화 콘텐츠도 담고 있다. 〈향장〉을 통해 초기 론칭에 성공한 제품이 '설화수'이다. 1997년 처음 나온 '설화수'는 〈향장〉에 샘플 30만 개를 붙여 발행하면서 TV 광고를 하지 않고도 성공한 사례를 남겼다.

또 이마트는 자체적으로 제작한 잡지 〈월간가격〉을 매월 발행하고 있다. 〈월간가격〉에는 상품, 가격 등 단편적인 정보뿐만 아니라 유통 칼럼과 '이마트 와인 바이어가 추천하는 한식과 어울리는 와인' 같은 읽을거리도 있다. 소비자들은 〈월간가격〉을 통해 할인 소식을 확인하거나 할인쿠폰을 얻을 수 있다.

에너지 음료 회사 레드불은 〈레드불레틴〉이라는 잡지를 발행한다. 시작은 2005년부터였다. 포뮬러 원 경기의 주요 스폰서였던 레드불은 경기가 끝나는 즉시 경기 결과가 인쇄된 가이드를 제공한다는 간단한 목표를 세웠다. 그리고 선수들과 관련된 스토리 및 경기의 역사에 대한 흥미로운 사실들을 수집해 기사를 구성한 후 대량 인쇄한 다음, 거기에 경기 결과를 추가해 잡지를 완성하기 위해 1톤짜리 인쇄기를 경기장까지 싣고 가기도 했다. 그로부터 2년 후인 2007년에 레드불은 표뮬러 원 경기 발행물을 남성 라이프 스타일 잡지로 발전시켰고, 마침내 이 잡지는 〈레드불레틴〉이란 이름으로 5개국에서 출간되었으며, 70%는 글로벌 공통기사, 30%는 각 국가의 로컬 기사로 채워졌다. 레드불은 매달 200만 부 이상의 잡지를 인쇄, 배포하는데, 그중 55만 부는 유료 구독자에게 발송된다.

그렇다면 우아한형제들, 아모레퍼시픽, 이마트, 레드불 등은 왜 잡지를 만들고 있는 것일까? 단순히 제품과 서비스를 홍보하려는 프로모션 측면으로만 보기는 어렵다. 잡지를 만드는 회사가 되려는 것도 아닐 테다.

가장 큰 이유는 가치 있는 콘텐츠로 소비자 경험을 제공하기 위함이다. 블로그, 페이스북, 유튜브 등의 소셜미디어만으로는 심도 있는 이야기를 다루기에 분명 한계가 있다. 반면, 잡지는 심도 있는 콘텐츠를 다룰 수 있을 뿐만 아니라 중장기적인 접근도 가능하다.

사실 페이스북, 인스타그램처럼 다른 회사들이 만들어 놓은 플랫폼에 콘텐츠를 올리는 정도로는 소비자들과 장기적인 관점에서 소통하기에 무리가 있다. 즉 페이스북, 인스타그램 등의 플랫폼에 콘텐츠를 올려두면 기업이 주도적, 장기적으로 콘텐츠를 관리해 나갈 수 없음을 알게 된 것이다.

이처럼 우아한형제들, 아모레퍼시픽, 이마트, 레드불 등이 잡

지를 만들고 있는 이유를 우리는 세 가지로 정리해 볼 수 있다. ①
가치 있는 콘텐츠의 전달을 통한 소비자와의 관계 강화, ② 자체
플랫폼을 활용한 중장기적인 콘텐츠 관리, ③ 이를 통한 브랜드만
의 아이덴티티 정립이다. 그것이 스스로 콘텐츠를 생성할 뿐 아니
라 그것들을 생산하고 소비하는 자체 미디어 플랫폼을 만드는 데
열을 올리는 이유이다.

그렇다면 배달의민족, 레드불, 아모레퍼시픽처럼 잡지를 활용
하려 할 때 어떤 부분에 주의를 기울여야 할까?

첫 번째는 가치 있는 콘텐츠의 제공이다. 기업 관점의 가치가
아닌 소비자 관점의 가치가 중요하다. 이는 콘텐츠를 단순한 마케
팅 전술의 일환으로 받아들이는 게 아니라 진짜와 같은 제품으로
여길 때 가능하다.

두 번째는 사용자의 특성을 정확히 알고 맞춤형 메시지를 보내
듯 오디언스 타깃팅이 필요하다. 기업의 광고라 할지라도 사용자
가 보고 싶어 하는 것이어야 한다는 뜻이다. 사용자의 눈길을 끄
는 콘텐츠는 긍정적인 반응을 유발해 콘텐츠 효과의 극대화로 이
어진다. 콘텐츠의 성과물은 오디언스를 이해하는 데서부터 나온
다는 사실을 알아야 한다.

세 번째는 지속성이다. 누구나 한두 번 실행해 볼 수는 있다. 콘
텐츠 마케팅은 어렵고 비용도 많이 들며, 성과가 나오기까지는 시
간도 오래 걸린다. 반면, 시간이 지날수록 그 가치는 기하급수적

으로 커지게 되어 있다. 그러므로 가치 있는 콘텐츠를 지속적이고 규칙적으로 생산하고 전달해야 효과를 거둘 수 있다.

고객 접점에서 차별적 경험을 디자인하는 것

서비스 디자인을 위해서는 고객 접점별로 고객의 기대와 실제 경험의 차이를 파악해 만족과 불만족 요인들을 도출한 후 경험의 우선순위를 선정해야 한다. 그리고 선정된 우선순위를 바탕으로 독특한 판매 경험의 조합을 구성한다.

예를 들어보자. 던킨도너츠 등의 경쟁사와는 다른 특별한 가치를 제공하기 위해 고객경험을 분석한 크리스피크림은 고객들이 도너츠의 새로운 맛과 즐거운 구경거리, 제조과정의 위생상태 등에 대한 니즈가 있음을 알아냈다. 그리고 이를 바탕으로 "달콤한 도너츠, 도너츠 체험과 즐거운 기다림"이라는 독특한 판매 경험을 디자인했는데, 고객들이 도넛 제작과정을 직접 볼 수 있도록 매장을 설계함으로써 위생에 대한 신뢰와 더불어 도넛에 대한 생생한 고객경험을 제공해 좋은 반응을 얻을 수 있었다.

고객의 피드백도 중요하다. 고객은 생산적 소비자를 일컫는 프로슈머(Pro-sumer)를 넘어, 최근에는 창조적 소비자인 크리슈머(Cre-sumer)로도 활동하고 있다. 따라서 기업은 고객의 의견과 경험에 대한 평가를 적극적으로 반영해 독특한 판매 경험에 대한 실효성과 매력도를 증대시켜야 한다. 이를 통하면 고객과의 공감대 형성이 가능해진다. 나이키도 타이거 우즈, 앤드리 애거시, 호나우도 등 운동선수들을 후원하는 데에서 그치지 않고 직접 제품개발에 참여시킴으로써 '승리'의 경험가치를 극대화해 일반 소비자의 신뢰도를 높이고 있다.

당연한 말이지만 일관되고 통합된 경험이 뒷받침되어야 한다. 일관된 경험이 제공되지 않으면 다양한 접점에서의 경험이 오히려 문제가 되어 기업이 전달하고자 했던 브랜드 메시지가 희석되기 때문이다. 오프라인 매장에서 고가로 포지셔닝해 판매되고 있는 제품이 온라인에서 할인판매되는 경우를 연상해 보면 이해가 쉽다. 이러한 일관성은 고객경험 관리 측면에서뿐만 아니라 고객과의 커뮤니케이션을 비롯한 기업과 고객의 모든 거래 관계에서 유지되어야 할 중요한 요소이다.

고객들이 소비하는 것은 제품 자체의 고유한 사용가치가 아니다. 제품과 결부된 주관적인 경험, 감성 또는 창의적인 아이디어 및 디자인, 제품에 녹아 있는 스토리 등 무형의 가치이다. 이제 기업들은 이익을 실현하기 위해서는 경험가치를 디자인해서 고객에게 제공할 수 있어야 한다. 경험재를 단순히 기존 제품의 판매촉진을 위한 수단으로만 바라볼 게 아니라 기업 전체의 전략으로써 이해해야 한다.

5

고객경험을 설계하는
'서비스 디자인 씽킹'

제품과 서비스, 어떻게 변화시킬 것인가?

기업들은 혁신활동으로 기술개발이나 브랜드 충성도 강화, 디자인 차별화 등을 떠올린다. 아이폰 중심의 차별화된 디자인으로 마니아층을 형성한 애플이나, 꾸준한 브랜드 강화와 다양한 제품 라인업으로 성공적인 혁신을 이룬 삼성전자가 제품 자체를 혁신한 사례라고 할 수 있다.

하지만 앞으로의 비즈니스 패러다임은 제품과 서비스가 결합된 방식으로 전환될 것이다. 보급형 전자책인 킨들(Kindle)을 통해 제품과 서비스를 통합시킨 아마존, 아이폰과 앱스토어(AppStore)를 결합함으로써 이전까지 기업들이 해내지 못했던 제품과 서비스를 통합시킨 애플이 그 예이다.

이처럼 패러다임이 변하는 이유는 고객들의 니즈가 바뀌었기 때문이다. 과거에는 고객에게 다양한 경험을 제공하기에 현실적인 제약과 어려움이 많았다. 반면, 지금은 정보통신기술의 놀라운 발전으로 고객에게 다양한 경험을 제공하는 일이 가능해졌다. 이제 제품과 서비스의 통합은 단지 제품을 더 많이 팔기 위해서가 아닌, 고객에게 경험을 통한 가치를 제공하기 위한 전략적인 선택으로 다루어져야 한다.

사람들은 자신이 처한 상황에 따라 다양한 경험을 원한다. 이를 이해한다면 서비스에 대한 이해도 더욱 정교해져야 한다. 단지 서비스가 제조보다 높은 부가가치를 지녔다는 것만으로 제품과 서비스 통합을 이룰 수는 없다. 서비스를 통해 고객의 요구사항을 이해하고, 고객 접점에 밀접하게 접근한다는 측면에서 서비스로의 확장을 고민해야 한다.

음악 스트리밍 서비스인 '멜론(melon)'에 가입하는 이유는 원하는 음악을 듣고 싶을 때 듣기 위함일 것이다. 여기서 더 나아간 '스포티파이(Spotify)'는 '무슨 음악을 듣고 싶어?'라고 묻는 대신 '이 음악 중에서 골라봐.'라며 선택안을 제시한다. 이를 위해 이용자가 평소에 어떤 음악을 많이 듣는지, 어떤 음악에 금방 싫증을 내는지, 어느 시간에 어떤 음악을 듣는지 등에 대한 정보를 수집한다. 전 세계 방송국에서 특정 시기에 많이 재생되는 음악 정보도 파악할 뿐 아니라 장르, 박자, 작곡가, 보컬, 악기, 코드 등도 분석한다. 그렇게 이용자의 분석정보와 음악에 대한 빅데이터를 바탕으로 취향, 기분, 위치, 계절, 시간에 맞게 음악을 골라준다. 스포티파이는 이처럼 데이터 분석을 통한 음악 추천 방식으로 단숨에 세계 1위 음악 스트리밍 서비스로 성장했다.

제품의 서비스화는 비즈니스 모델에 많은 변화를 가져오고 있다. 사람들이 우버와 같은 공유 서비스를 활용해 필요할 때만 차량을 이용한다면 자동차는 제품이 아닌 서비스가 된다. 가족들과 캠핑을 떠날 때만 필요한 장비를 대여해서 사용한다면 캠핑용품도 제품이 아닌 서비스가 된다. 제품이 서비스를 제공하기 위한 도구로 인식되기 시작한 것이다.

서비스 디자인, 어떻게 실행할 것인가?

서비스 디자인은 고객 또는 사용자 중심으로 이루어지는 혁신이다. 기술 중심의 연구개발 활동은 현재 활용 가능한 보유기술로부터 출발하기 때문에 시장의 요구를 충분히 반영하는 데 한계가 있다. 반면, 서비스 디자인을 활용하면 경험이라는 더 큰 범위에서 관점을 재정비할 수 있게 되는데, 이처럼 디자인 사고와 방법을 활용해 고객의 문제를 해결하고 최적화된 경험을 제공하는 과정이 서비스 디자인이다.

서비스 디자인에서 중요하게 다루는 개념이 컨텍스트(context), 즉 맥락이다. 사람과 제품의 상호작용, 주변 환경, 시간적 흐름 등의 다양한 요소가 어떻게 관계를 맺고 작용하는지를 전체적인 맥락에서 관찰하고 구체화하는 작업으로, 이를 위해 사람들을 인터뷰하고 행동과 환경을 관찰한다. 《컨텍스트를 생각하는 디자인》의 저자 캐런 홀츠블랫은 컨텍스트를 '실제 현장에서 실제로 일을 수행하는 사용자에게서 데이터를 수집해 실제 환경에서 나타나는 사용자 니즈를 이해하는 것'이라고 설명하고 있다. 사무실 컴퓨터로 검색을 하거나 대행회사에 설문조사를 의뢰하는 게 아니라 현장에

		기존 프로세스	서비스 디자인 프로세스
사고		논리적 사고	디자인 사고
관점		경쟁우위를 위한 자원 효율화	사람(고객 및 사용자) 중심
조사방법		설문 등 정량조사 중심	인터뷰, 관찰 등 정성조사 중심
아이디어		평가와 기준 수립에 집중	생성과 창의적 해석에 집중
주요 활동	전반	정량 데이터 기반의 브레인스토밍	공감 기법 중심의 니즈 찾기
	후반	문서화된 사업 기회와 콘셉트	프로토타이핑을 통한 콘셉트 개발

서비스 디자인과 기존 프로세스의 차이점[6]

---

6   《서비스 디자인 씽킹》 배성환 지음, 한빛미디어

나가 고객과 인터뷰하고 그들의 행동을 관찰해야 한다는 말이다. 사람들이 무엇을 원하는지, 해결되지 않은 어려움은 무엇인지, 숨겨진 니즈는 무엇인지 등의 통찰력 있는 정보는 현장에 있다.

서비스 디자인은 컨텍스추얼(contextual, 맥락적) 조사를 통한 고객 통찰을 중심으로, 디자인 사고를 행동으로 구현하는 인간 중심의 구조적 접근법이다. 서비스 디자인이 기존 프로세스와의 가장 큰 차이는 프로젝트의 중심을 경제적 합리성이 아닌 사람에 두고 있다는 점이다.

팀 브라운은 자신의 저서 《디자인에 집중하라》에서 현실에 디자인 사고를 구현하는 과정에 대해 "혁신을 위한 선택의 여지를 넓혔다가(확산) 다시 후보를 줄이면서 결정(수렴)해 가는 과정이 리듬감 있게 되풀이되며 이뤄지는 연속된 교류에 가깝다."고 설명

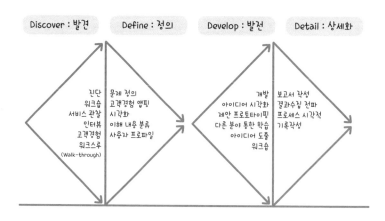

확산과 수렴 과정의 반복, 더블 다이아몬드 모델

비즈니스 모델을
혁신하는
5가지 길

하고 있다. 영국의 디자인 전문기관인 '디자인카운슬'은 이러한 내용을 반영해 다이아몬드 모델을 소개했다. 더블 다이아몬드 모델(Double Diamond Model)은 확산과 수렴 단계로 구성된 두 개의 다이아몬드가 연결된 형태로, 디자인 사고를 실천하는 데 있어 가장 익숙하고 기본이 되는 프로세스이다.

더블 다이아몬드 모델(Double Diamond Model)은 서비스 디자인을 활용할 때 가장 기본적으로 사용되는 프로세스를 시각화한 표이다.

첫 번째 다이아몬드는 '발견'과 '정의'로 이루어진다. '발견'은 문제를 찾은 후 사람들을 이해하고 공감하는 과정을 말하고, '정의'는 다양한 영감을 검토하고 정리하는 수렴의 과정을 말한다.

두 번째 다이아몬드는 '발전'과 '전달'로 이루어진다. '발전'은 문제 해결을 위한 아이디어를 다양하게 구성한 후 적용할 해결책을 찾아 선택하는 과정을 말하고, '전달'은 도출된 솔루션을 사용자에게 전달하는 과정을 말한다.

문제점을 찾아내는 발견(Discover) 단계에서는 기본적인 자료 조사, 경쟁자 조사, 사용자 조사를 통해 무엇이 문제인지를 해석한다. 대부분의 기획자나 디자이너들은 자신들의 직관이나 경험에 의해 제품이나 서비스를 개발하기 일쑤이다. 반면, 서비스 디자인에서는 사용자 조사를 통해 사용자의 목표 및 숨겨진 욕구나 잠재된 욕구를 발견함으로써 혁신적 아이디어를 얻는다. 그러므로 정확한 사용자 조사가 좋은 서비스를 만들어간다.

정의(Define) 단계에서는 친화도 다이어그램(Affinity Diagram), 페르소나(Personas), 고객 여정 지도(Customer Journey Map) 등의 작업이 진행된다. 친화도 다이어그램(Affinity Diagram)은 많은 양의 아이디어를 관련 있는 것끼리 묶어 그룹을 만드는 방법이다. 그룹화된 아이디어들은 이후에 분석과 리뷰를 진행하는 데 사용되며, 조사 결과를 정리하는 데 있어 기본 구조를 제공한다. 페르소나(Persona)란 서비스를 체험하는 가상의 인물이다. 이름, 직업, 나이, 거주지 그리고 인물이 처한 구체적인 상황을 설정해 서비스를 경험할 때 느끼는 경험을 구체적으로 상상할 수 있도록 도와준다. 고객 여정 지도(Customer Journey Map)는 기업이 고객의 입장이 되어 고객의 경험을 디자인하고 그려보는 작업이다. 고객 여정 지도를 통해 서비스 접점에서 발생하는 고객경험을 측정할 수 있다. 고객 여정 지도는 다른 서비스 디자인 방법론과 달리 서비스 프로세스뿐만 아니라 서비스 접점에서 발생하는 고객의 경험 측정이 가능해 고객에게 맞춤형 서비스를 제공하기 위한 방법론으로도 유용하다.

두 번째 다이아몬드의 발전(Develop) 단계에서는 이제까지의 자료와 내용을 바탕으로 문제를 해결하기 위한 아이디어를 찾는다. 방법론으로 아이디어 브레인스토밍, 창조적 아이디어, 서비스 청사진, 아이디어 스케치 등의 작업이 진행된다. 브레인스토밍은 집단적 창의적 발상기법으로 집단에 소속된 사람들이 자발적으로 자연스럽게 제시한 아이디어 목록을 통해 특정한 문제에 대한 해답을 찾고자 노력하는 것을 말한다. 서비스 청사진이란 핵심 서비스 프로세스의 특성을 알아보기 쉽게 가시화시킴으로써 문제를 찾고 혁신을 이루려 사용하는 방법이다. 직원이나 고객, 기업이 서비스를 전달하는 과정에서 수행해야 하는 각자의 역할과 프로세스의 단계 및 흐름 등을 이해하기 쉽도록 묘사해 놓는다.

전달(Deliver) 단계는 도출한 결론을 사용자들에게 전달하는 과정으로 시나리오와 결과 등의 작업이 있다. 시나리오(Scenarios)는 사용자가 서비스를 경험하며 느끼도록 하는 것을 말한다. 시나리오는 스토리보드 형식이나 영상 등 다양한 방식으로 만들 수 있다. 결과(Output)는 서비스 디자인이 적용된 최종 결과물을 말하는데, 이는 서비스의 종류에 따라 달라진다. 애플리케이션의 서비스를 개선하는 작업이라면 앱의 형태로 나올 테고, 병원의 진료 서비스를 개선하는 작업이라면 매뉴얼 형태로 나올 것이다.

디지인 씽킹, 린, 애자일의 접점

데이브 랜디스(Dave Landis)가 소개한 다이어그램을 통해 우리는 디자인 씽킹과 린(Lean), 애자일(Agile)의 접점을 확인할 수 있다. 서비스 디자인에서 다루는 디자인 씽킹이 사용자를 이해하고 혁신하는 방법에 집중하는 과정이라면, 린 UX는 시장에 적합한 방법을 찾고 입증하는 과정으로, 이후 애자일 방식을 통해 기민하고 유연하게 실천할 수 있도록 만든다.

디자인 씽킹, 린, 애자일 방식을 활용해 총체적으로 경험을 향상시키는 방식으로 서비스를 혁신한 기업이 있다. 바로 '쿠팡'이다. 쿠팡은 기술투자를 바탕으로 전방산업과 후방산업을 통합해 궁극적으로 서비스 경험을 확대하는 전략을 취한다.

쿠팡은 편리한 쇼핑 경험을 통한 록인(lock-in) 효과를 거두고 있는데, 로켓배송이 가능한 상품 수를 늘리는 것과 물류센터 확대와 더 빠르고 편리한 결제 서비스를 제공하는 것, 과감한 상품 직매입으로 밤 12시 전에만 주문하면 다음 날 도착하는 로켓배송을 확대하는 것도 편리한 쇼핑 경험을 위해서이다. 아마존과 유사한

디지인 씽킹, 린, 애자일의 접점7

---

7 https://lithespeed.com/lean-ux-dont-part-1-3-2/

비즈니스 모델을
혁신하는
5가지 길

유료 배송 멤버십 서비스인 '로켓 와우'를 통해 당일배송과 신선식품 새벽배송, 30일 이내 무료반품 혜택을 제공하는 것 역시 서비스 경험의 혁신으로 볼 수 있다. 쿠팡처럼 경험 디자인의 구성과 전략을 총체적으로 구축하면 후발주자나 추격자들은 모방이 어려워진다.

디자인 씽킹, 린, 애자일 방법론으로 활용되는 것 중 하나가 스프린트(Sprint)이다. 구글벤처스의 디자인 파트너인 제이크 크냅(Jake Knapp)에 의해 만들어진 '디자인 스프린트(Design Sprint)'는 문제점을 찾고(월요일), 해결책에 대한 브레인스토밍을 하고(화요일), 비판을 통해 의사결정을 하고(수요일), 프로토 타입을 만들고(목요일), 프로토 타입에 대한 소비자들의 피드백을 받는(금요일) 방식이다. 이 방식은 구글뿐만 아니라 페이스북, 에어비엔비, 슬랙, 블루보틀 등이 이용하고 있다.

의사결정권자, 재무 전문가, 마케팅 전문가, 고객 전문가, 기술 및 실행계획 전문가, 디자인 전문가 등으로 구성된 스프린트 참여자들은 스마트폰과 노트북 등 IT 기기를 지참할 수 없다. 화이트보드, 종이, 포스트잇, 마커, 펜, 타임 타이머 등만을 활용, 참여자와 협력해 문제를 해결해 나간다. 5일간 솔루션을 스케치하고, 아이디어들을 비판하고, 프로토 타입을 구축하고, 고객 인터뷰를 지켜본다. 5일이라는 기간은 문제에 초점을 맞추고 쓸모없는 논쟁을 배제할 만큼의 긴급한 느낌을 주는 동시에 팀원들이 지치지 않은 채 프로토 타입을 만들고 테스트할 정도의 여유를 준다.

스프린트는 1주일이라는 시간 동안 한 곳에만 집중하기 때문에 주의가 분산되거나 생산성이 떨어지는 문제를 해결할 수 있으며, 의미 있는 일, 특히 중요한 문제를 해결하기 위한 창의적인 시간이 된다. 중간에 쓸데없는 회의에 참석하거나, 누군가에게 걸려오는 전화를 받을 필요도 없다. 5일이라는 일정이 명확하게 정해져 있는 데다 해결해야 할 중요한 목표 하나를 주므로 자기가 원하는 방식대로 일할 수 있다.

여러 개의 좋은 아이디어보다 한두 개의 뛰어난 아이디어가 혁신의 돌파구가 될 가능성이 높다. 브레인스토밍을 통해 평균 정도의 아이디어를 찾기보다는 개개인의 능력을 극대화할 수 있도록 몰입 환경을 제공하고, 구성원들의 협업으로 문제를 해결하는 디자인 스프린트를 문제 해결의 돌파구로 삼는 것이 좋다.

고객 여정 지도 그리기

고객 여정 지도(Customer Journey Map)란 고객이 서비스를 경험하게 되는 과정을 시각화하는 작업이다. 고객이 처음 정보를 탐색하는 순간부터 서비스 제공이 완료되는 순간까지를 그림이나 사진, 도표 등으로 만든다. 이 과정을 수행하고 나면 고객이 서비스를 어떻게 받아들이고 사용하는지를 고객 관점에서 파악할 수 있다. 게다가 고객 여정 지도를 완수하면 새로운 기회와 문제점 등도 발

견하게 되는데, 서비스 경험을 단계별로 깊게 분석하다 보면 경쟁
사와의 비교가 가능해져 차별화된 마케팅 방법이 찾아지기 때문
이다.

서비스의 핵심적인 품질요소를 발견하는 고객 여정 지도는 동
작으로 표시한다. 그러려면 고객을 페르소나(Persona)로 구체화해
야 한다. 페르소나는 특정한 사용자의 가상 버전 정도로 이해하면

프로필 정보
- 홍보 업무를 수행중인 7년차 직장인.
- 3년 전 결혼한 후 첫돌을 맞는 딸이 있음.
- 최근 남편이 육아휴직을 통해 딸을 돌보고 있음.
- 가정에도 충실하지만 자신의 전문성도 꾸준히 높여나가기를 원함.

구체적인 행동
- 인스타그램, 블로그, 페이스북 등의 소셜미디어를 적극 활용.
- 검색(네이버) 통한 정보 취득이 많음.
- 카카오스토리 등에 아이의 사진을 업로드하여 가족, 친구들과 공유하고 싶음.

고객의 문제
- 첫돌을 맞는 딸의 사진을 전문 스튜디오를 통해서 남기고 싶음.
- 아이가 편하게 촬영할 수 있는 분위기와 사진작가의 역량이 중요함.
- 많은 품목의 액세서리보다는 꼭 필요한 것들 중심으로 서비스를 희망함.
- 다양한 콘셉트로 촬영하고 싶음. (일정 규모를 갖추고 있는 실내 촬영장 등)

이름 : 김소영
나이 : 35세
성별 : 여성
지역 : 서울
직업 : 홍보 업무
소득 : 4,000만 원

고객이 원하는 결과
- "아이의 첫돌 사진을 제대로 기록하고 싶어요."
- "실력 있는 사진작가에게 맡기고 싶어요."
- "가격이 터무니없이 비싸지 않았으면 좋겠어요."
- "우리가 원하는 것에 꼼꼼히 귀 기울여 주었으면 좋겠어요."
- "주중에는 시간이 없어서 주말에 촬영하고 싶어요."

특정 사용자의 가상 버전, 페르소나

네 번째,
고객경험 관점의
비즈니스 모델 혁신

쉽다. 페르소나가 한 명일 필요는 없지만, 너무 많으면 집중을 방해하므로 서비스 디자인 측면에서는 바람직하지 않다.

페르소나를 만드는 주요 이유는 추상적이고 일반적인 개념의 사용자가 아니라 구체적인 사용자에게 집중하기 위함이다. 위는 김소영(35) 씨의 페르소나를 기본으로 사진촬영 스튜디오를 찾는 고객 여정을 지도로 그려본 표이다. 그녀는 딸의 돌사진 촬영이라는 서비스를 받기 위해 서비스의 여러 단계를 이동하게 된다. 이 과정에서 어떤 경험을 주느냐에 따라 기업의 가치가 결정된다. 이처럼 동작을 이해하고 설계함으로써 기업으로 하여금 비즈니스를 더 성공적으로 진행할 수 있도록 도와주는 게 바로 서비스 디자인이다.

페르소나 정보에는 이름, 나이, 장소, 사진, 동기, 불만사항, 목적 등이 포함되어야 한다. 이때 디자인 과정에 필요한 특성들만이 아니라 실제 삶을 사는 사람들의 모든 특성까지 고려해야 한다.

페르소나에서 주요하게 다루어지는 부분이 내러티브(narrative)이다. 내러티브는 스토리(story)와 유사한 개념으로 '언어로 표현이 어려운 모든 종류의 서사성을 포함하는 이야기'라고 정의할 수 있다. 앞서 말했듯 내러티브를 그려나가기 위해서는 사전에 고객들의 욕구, 문제, 목표, 불만 등에 대한 이해가 필요한데, 이를 바탕 삼아 동기(Motivations), 불만사항(Frustrations), 목적(Goals) 등으로 나누어 정리해야 한다.

서비스 전체를 고객 관점에서 바라보는 기업은 생각보다 많지 않다. 그보다는 고객을 막연하게 정의한 후 그들이 중요하다고 생각하는 하나의 단면에 치중하는 경향이 압도적이다. 그것은 고객이 구매를 결정하는 순간일 수도 있고, 기업 전체의 미래를 결정하는 중요한 순간일 수도 있다. 따라서 '어떻게 해야 기업이 서비스 과정 전체를 하나의 큰 그림으로 볼 수 있을까?, 정보를 탐색하는 단계에서 고객은 어떻게 행동하는가?, 구매를 결정할 때 소비자들은 어떤 것들을 고려하는가?, 구매한 후 소비자들은 어떻게 행동하는가?'와 같은 질문들이 고객과 기업 모두에게 더 나은 서비스를 제공하기 위한 열쇠가 된다.

서비스 디자인의 동작은 왼쪽에서 오른쪽으로 수평적인 흐름으로 표현한다. 이는 편의상의 원칙으로, 더 긴 여정 속에서는 반복되는 사이클로 이해해야 한다.

고객 여정은 크게 사전, 시작, 과정, 사후의 과정을 거친다. 위의 고객 여정 지도에서 보면 정보를 찾는 과정이 사전과정이고, 전화와 매장방문을 통한 상담은 시작과정이다. 이후 촬영 및 1차 수정, 모니터, 2차 수정, 사진 출력, 검수, 출고, 액자 및 액세서리 제작, 출고는 과정에 해당한다. A/S 및 추가 서비스 안내 등은 사후과정이다.

이처럼 고객의 현재와 미래 경험에 대한 스토리는 고객에 대한 이해를 높여줄 뿐만 아니라 더 나은 서비스 디자인을 끌어낼 수 있다. 그러므로 서비스 디자인도 고객 여정과 같이 마치 잘 짜인 이야기처럼 사전, 시작, 과정, 사후의 4막으로 구성되어 있다고 보면 된다.

고객 여정 지도를 그리기 위해서는 몇 가지 알아야 할 게 있다.

첫 번째로는 고객이 어디에서 오는지를 알아야 한다. 우리 기업의 제품과 서비스를 이용하기 이전에 무슨 경험을 했는지, 고객이 가지고 있는 편견이나 기대, 사전 지식은 무엇인지를 파악하고, 고객에게는 항상 다양한 선택이 있다는 사실을 기억해야 한다.

우리 기업과 상호작용이 일어나기 이전의 고객경험을 이해하게 되면 다양한 통찰력을 얻을 수 있다. 이를 통해 기업은 새로운 고객의 기대에 맞는 서비스를 개발하거나 마케팅 접근방식을 찾아내 고객 개개인의 특성에 맞게 커뮤니케이션할 수 있으며, 지금까지 충족되지 못했던 요구사항에 맞는 가치제안을 발견할 수 있다.

두 번째로는 고객이 어떻게 서비스와의 관계를 시작하는지 알아야 한다. 사람은 태어나고, 성장하고, 사랑하고, 결혼하고, 아이를 낳고, 슬퍼하고, 기뻐하고, 죽어가는 과정에서 다양한 서비스를 찾게 된다. 어떻게 결혼하고, 어떻게 교육을 시작하고, 어떻게 건강관리를 하고, 어떻게 성공적인 인생을 꾸려나가는지를 알게 되면 고객유지율을 높이면서 비용도 절감할 수 있다. 기분 좋은 시작은 불만족을 피하게 할 뿐만 아니라 기업과 더 많은 거래를 가능하게 만든다.

고객이 제품이나 서비스로부터 얻게 되는 가치, 기업에 대한 소비자들의 생각 그리고 소비자의 경험으로 기업의 새로운 시작이 만들어진다. 예를 들면, 노트북을 구매하거나 새로운 금융상품에

비즈니스 모델을
혁신하는
5가지 길

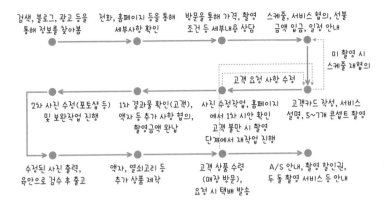

검색, 블로그, 광고 등을   전화, 홈페이지 등을 통해   방문을 통해 가격, 촬영   스케줄, 서비스 협의, 선불
통해 정보를 찾아봄   세부사항 확인   조건 등 세부내용 상담   금액 입금, 일정 안내

미 촬영 시
스케줄 재협의

고객 요청 사항 수정

2차 사진 수정(포토샵 등)   1차 결과물 확인(고객)   사진 수정작업, 홈페이지   고객카드 작성, 서비스
및 보완작업 진행   액자 등 추가 사항 협의,   에서 1차 시안 확인   설명, 5~7개 콘셉트 촬영
                  촬영금액 완납   고객 불만 시 촬영
                                     단계에서 재작업 진행

수정된 사진 출력,   액자, 열쇠고리 등   고객 상품 수령   A/S 안내, 촬영 할인권,
육안으로 검수 후 출고   추가 상품 제작   (매장 방문),   두 돌 촬영 서비스 등 안내
                                     요청 시 택배 발송

구매 여정의 시각화

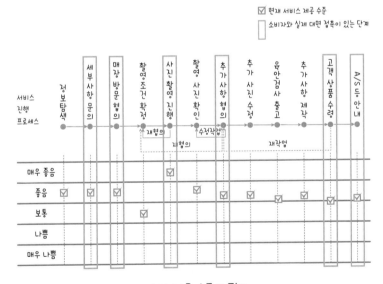

서비스 제공 수준의 평가

가입하는 것 같은 일상적인 경험도 새로운 단계의 시작이다. 이때 만일 특정 제품과 서비스에서 좋지 않은 경험을 했던 소비자라면 다른 제품으로 구매를 이어가지 않을 것이다.

세 번째는 서비스가 제공되는 과정을 스토리텔링 관점에서 구체적으로 그리는 일이다. 이는 꽃집이나 미용실처럼 매일이 큰 차이가 없는 곳도 있는 반면, 병원이나 소방서처럼 긴급한 일이 자주 발생하는 곳도 있으므로 주제에 따라 달라질 수밖에 없다.

서비스가 제공되는 과정을 그리다 보면 계획된 항목과 계획되지 못하는 항목이 있음을 발견하게 된다. 계획된 항목이란 고객이 얻으리라고 기대하는 것으로 스마트폰 기기의 결정, 약정기간, 부가서비스 등 결정된 항목을 말한다. 반면, 고객의 실수로 스마트폰을 떨어뜨려 갑자기 수리나 교체가 필요한 항목 등은 계획되지 않은 항목이다. 고객이 느끼는 서비스 경험의 차이는 그 두 항목의 경험에 따라 달라진다. 계획된 항목에 대한 고객경험보다는 계획되지 않은 항목에 대한 고객경험이 그 차이를 발생시킨다는 뜻이다.

서비스를 이용하는 동안의 고객경험을 구체적으로 그려야 하는 또 다른 이유는 고객 불만과 이탈을 막기 위함이다. 구매 전까지는 온갖 신경을 써주다가 구매가 완료되면 관심을 두지 않는 경우가 있다. 그런데 이것은 객관적이라기보다는 주관적인 느낌일 수 있다. 기업의 의도와 상관없이 고객 스스로 기업에게 관심을 받지 못했다고 느끼게 되면 결국 고객 불만과 이탈로 이어지게 된다.

고객은 변하게 되어 있다. 멋진 디자인에 열광했던 고객도, 저렴한 가격에 구매를 해주던 소비자도 시간이 흐르면 마음이 변하기 마련이다. 이러한 고객의 변화에 부응하지 못하면 고객이 느끼는 기업의 가치는 계속 떨어지고 만다. 따라서 기업은 고객이 경험하는 동안 일어나는 모든 변화를 받아들일 수 있도록 서비스를 제공해야 한다.

그럼에도 뜻밖의 상황은 늘 존재하기 마련이다. 서비스에도 언제든 실수가 있을 수 있다. 고객은 기업의 이런 실수가 즉각적으로 해결되기를 바란다. 적절한 대응이 빠르게 이루어지지 않으면 고객은 큰 실망감을 경험하게 된다. 그리고 이를 통해 기업의 서비스를 판단한다. 기업이라면 고객경험에 끊임없이 관심을 가져야 하는 이유이다.

마지막으로는 사후단계이다. 고객을 일회성으로 바라보는 기업은 없다. 하지만 장기적 관점에서 고객을 관리하는 곳은 생각보다 많지 않다. 한 번 이상 제품과 서비스를 이용한 고객은 다른 서비스로 이동할 수도 있고, 또 다른 사람들에게 추천해 줄 수도 있다. 구매로 전환된 고객에게 주의를 기울이는 일은 그들에게 계속해서 연결되고 있다는 인식을 심어준다. 또 언제든지 고객의 요구사항을 들을 준비가 되어 있다는 노력의 표시이기도 하다.

더불어 사후 관리는 또 다른 시작을 의미하기도 한다. 사후 관리를 통해 고객들이 떠난 이유를 알게 된다면 추가적인 손실을 막을 수 있다. 새로운 고객의 유입보다 기존 고객의 이탈을 막는 게 수익 개선을 위해 가장 먼저 해야 할 일이다. 고객은 기업에게 불평을 하거나 주변 사람들에게 그 불만을 늘어놓기도 한다. 더 큰 문제는 기업에게는 아무 말도 하지 않고 그냥 조용히 떠나면서 주변 사람들에게 불만을 이야기할 때 발생한다. 그러면 기업은 고객도 잃고 잘못을 파악할 기회도 잃어버리게 될 뿐만 아니라 부정적 구전으로 인해 치명상을 입을 수도 있다. 때문에 기업은 불만족한 고객들이 언제든 기업에게 불평과 불만을 늘어놓을 수 있도록 관리해야 한다. 그래야만 부정적 구전을 최소화시킴과 동시에 문제점을 조기에 파악해 대책을 모색하는 기회도 얻을 수 있다.

고객 여정 지도는 기업에게 고객경험에 대한 가시성을 제공해 문제가 있는 영역을 발견하고 개선점을 찾게 도와준다. 그러려면 다양한 접점에서의 고객행동에 대한 데이터 추적과 재구성 작업이 필요하다. 이는 고객 여정 지도를 활용해 고객경험을 개선하는 작업은 일회성으로는 효과를 보기 어렵다는 뜻이다. 3년 이상 장기적 관점에서 조직 전체가 관심을 갖고 접근해야 한다.

6장

다섯 번째,
비즈니스 모델
관점으로
통합하라

1

다섯 번째,
비즈니스 모델 관점으로 통합하라

목표로 하는 고객이 누구인가?

비즈니스 모델 관점의 혁신은 경쟁 관점과 비경쟁 관점, 내부역
량 관점과 고객경험 관점이 모두 맞물려 구성되는 방식이다. 기업
마다 놓여 있는 상황이 다르므로 어떤 하나가 더 좋은 방법이라고
는 말할 수 없다.

비즈니스 모델 관점의 혁신을 위한 첫 번째는 목표 고객이 명확
해야 한다. 기업은 가용할 수 있는 시간과 자본, 사람의 한계로 모
든 사람을 만족시킬 수 없다. 가장 자신 있는 하나의 시장을 선택
하고, 그 하나의 시장에 집중해야 한다.

선택과 집중은 비즈니스의 기본이다. 물론, 시장기회를 무시하는 일은 어렵고도 고통스럽다. 다양한 가능성을 남겨 놓으면 성공 확률도 높아질 수 있고, 최선의 선택이 잘못될 때를 감안하면 차선택도 필요하기 때문이다.

하지만 17대 1로 싸워 이기는 일은 영화에나 나오는 이야기이다. 17명을 이기겠다고 시간과 돈을 17로 나누어 사용하면 아무도 이길 수 없다. 집중을 방해하는 어리석은 집착이 성공 가능성마저 낮춘다. 고통스럽더라도 단 하나의 시장만을 선택한 후 다른 유혹은 외면하는 절제력이 필요하다. 선택과 집중이 포지션을 명확히 할 뿐만 아니라 이를 통해 안정적이고 용이한 현금흐름이 창출된다. 그리고 작더라도 하나의 시장에서 지배력을 확보하면 인

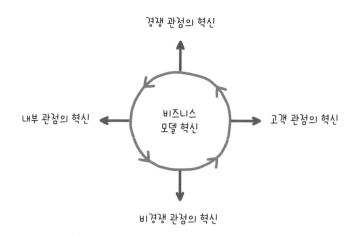

비즈니스 모델을 혁신하는 5가지의 길
(5BM-Innovation Ways)

접한 시장을 공략할 수 있다.

　고전을 면치 못하는 기업들을 보면 대부분 '모두가 내 고객'이라는 함정에 빠져 있다. 처음부터 자신에게 맞는 정확한 시장에 들어가지 못했기 때문이기도 하고, 기업의 생존을 위해 이것저것 하다가 그렇게 흘러온 경우도 있다.

　'중국 사람들에게 이쑤시개 한 개씩만 팔아도 13억 개를 판다.'며 농담처럼 비즈니스에 접근하는 사람들이 있는데, 그 속에는 소비자가 자사의 상품을 선택하는 건 물론이고, 앞으로 계속 시장점유율이 증가하리라는 낙관적인 사고가 바탕에 깔려 있다. 하지만 합리적인 논거가 없다. 소비자들에게는 너무나 다양하고 매력적인 상품과 서비스들이 눈앞에 넘쳐나서 사실 이쑤시개 하나라도 내 제품이 선택받을 기회는 많지 않다. 낙관적인 태도가 분명히 긍정적인 면은 있지만 '모두가 내 고객'이라는 근거 없는 자신감은 착각에 불과하다.

누구에게 돈을 받을 것인가?

　누구에게 돈을 받을 것인가도 중요한 문제이다. 예를 들어, 네이버는 여러 가지 서비스를 무료로 제공하면서 광고를 통해 돈을 번다. TV, 신문, 라디오 등이 모두 유사한 방식이다. 콘텐츠는 무료 수준으로 제공하면서 광고를 통해 수익을 올린다. 서비스를 이용하는 사람(User)과 비용을 지불하는 사람(Customer)이 다르다는 말이다.

사용자가 아닌 구매자가 돈을 내게 만드는 방법도 있다. 다이아몬드를 판매하는 드비어스(De Beers)가 대표적이다. 드비어스는 "다이아몬드는 영원히"라는 카피로 남성들에게 지구상 물질 중 가장 단단한 다이아몬드를 구매하게 한다. 다이아몬드처럼 영원히 변치 않는 사랑을 여성들에게 선물토록 한 것이다.

일상생활에서 보면 사용자와 구매자가 다른 경우가 많음을 알 수 있다. 넥타이의 주 사용자는 화이트칼라의 남자 직장인이지만, 실제 구매자는 주부나 여자친구인 경우가 더 많다. 기저귀도 사용자와 구매자가 다른 경우이다. 상품 자체는 실제 사용자들에게 맞추더라도 비용을 지불하는 사람을 달리하면 더 큰 이익을 얻을 수 있다.

전자상거래 플랫폼인 옥션은 상품을 판매하려는 사람과 구매하려는 사람을 중개해 주는 방식이다. 구매자는 때에 따라 판매자가 될 수도 있고, 반대로 판매자도 구매자가 될 수 있다. 애플의 앱스토어나 구글의 플레이스토어도 비슷한 방식이다. 상품이 소프트웨어라는 무형의 물건일 뿐 판매자와 구매자는 플랫폼에서 연결되어 서로 가치와 돈을 주고받는다.

반면, 페이스북처럼 가치 생산자와 소비자를 명확히 구분하기 어려운 비즈니스 모델에서는 수익 모델을 설계하고 구현하기가

비즈니스 모델을
혁신하는
5가지 길

어려워진다. 페이스북이 자신들의 수익을 극대화하기 위해 광고 노출을 늘리는 순간 사용자들이 이탈하기 때문이다. 페이스북에서 얻고자 하는 가치는 친구들과의 일상 공유이지 광고를 보기 위함이 아니다. 이런 특성을 알기에 페이스북, 인스타그램, 카카오톡 등은 오랜 시간 동안 투자금으로 사업을 운영하면서 수익 모델 설계와 구현에 매우 심혈을 기울여야 했다.

비즈니스 모델 설계에서 구매자(Customer)와 사용자(User)의 차이점 구분은 중요한 일이다. 구매자와 사용자는 다르다. 예를 들어, 페이스북에 참여하는 사람들은 페이스북에서 뭔가를 구매하지는 않는 무료 사용자일 뿐이다. 페이스북에게 구매자는 무료 사용자가 아닌 광고주이다. 광고주는 기업일 수도 있고 개인일 수도 있다. 누구든지 일정 조건만 충족하면 페이스북 상에 광고를 게재할 수 있다.

만약 페이스북에 광고를 게재하려는 광고주라고 가정해 보자. 광고주가 선택할 수 있는 매체는 TV, 신문, 잡지, 라디오, 전단지, 현수막 등 무궁무진하다. 그런데도 페이스북에 광고를 하려는 이유는 무엇일까? 가장 큰 이유는 타깃으로 삼고 있는 목표 고객이 페이스북에 있기 때문이다. 구매자가 관심을 두지 않는 사용자를 모아서는 수익 모델이 만들어지지 않는다는 말이다.

그렇다고 비즈니스 모델의 방향성을 구매자에게만 맞추어서도 안 된다. 실제로 하나의 제품과 서비스가 입소문을 타고 주류 시장에 진입하기 위해서는 사용자가 중요하기 때문이다. 사용자 관점에서 전체적인 만족을 고려하는 게 소비자의 입장과 기업의 매출 모두를 만족시키는 방법이다.

그들은 왜 구매하는가?

고객이 구매할 수밖에 없는 이유를 구매가치라고 한다. 가치(value)란 소비자가 지불하는 비용에 대한 대가로 받는 혜택(benefits)을 의미한다. 어떤 소비자가 핸드폰을 바꾸어야 한다면 애플, 삼성전자, LG전자 등의 상품 중에서 자신의 욕구와 필요를 가장 잘 충족시켜 줄 수 있는 상품을 찾게 된다. 아마 시간적, 금전적으로 혜택이 가장 큰 상품을 선택할 것이다. 이때 아이폰을 사용하던 사람이 갤럭시S로 바꾸게 된다면 그것이 가장 가치 있다고 생각했기 때문이다.

고객이 추구하는 가치는 기능가치, 사용가치, 정서가치로 구분된다. 기능가치는 제품 또는 서비스가 고객에게 제공하는 물리적인 속성을 의미하며, 사용가치는 이러한 물리적 속성으로부터 고객이 얻는 구체적인 혜택을 의미한다. 그리고 정서가치는 다시 이러한 사용가치를 통해 개인의 가치관과 생활에 변화를 주는 심리적 가치를 의미한다.

유기농 농산물을 예로 들어보자. '유기농'이라는 물리적 속성은 기능가치에 해당한다. 고객은 유기농이라는 속성으로 건강한 음식을 먹을 수 있다는 사용가치를 제공받는다. 그리고 건강한 음식을 먹음으로써 몸이 건강해질 수 있다는 정서가치를 얻는다. 이처럼 고객이 추구하는 가치, 즉 고객 니즈는 상호 연계되는 피라미드 구조를 가진다.

여기서 주목할 것은 상위 가치는 하위 가치를 추구하는 원인이 된다는 점이다. 고객은 왜 유기농 농산물을 먹으려고 하는가? 건강한 음식을 먹고 싶기 때문이다. 즉, 고객이 추구하는 사용가치가 기능가치의 원인이 된다. 그러면 고객은 왜 건강한 음식을 먹고 싶어 할까? 마찬가지다. 음식을 통해 건강해지고자 하는 정서가치가 원인이 된다.

따라서 고객의 잠재 니즈를 분석할 때는 이러한 니즈의 구조를 이해하고 상위 가치 관점에서 하위 가치에 더 추가할 가치는 없는지 고민해야 한다. 이전까지 파악되지 않은 잠재 니즈는 우연히 찾아지지 않는다. 전체적인 구조에 대한 이해를 바탕으로 논리적으로 파악해야 가능한 일이다.

제품이나 서비스가 상향 평준화되면서 가치의 기준도 바뀌고 있다. 과거에는 품질만 좋으면 가치 있다고 생각했지만 최근에는 그렇지 않다.

공정무역 커피로 유명한 런던의 몬머스커피는 줄을 길게 서야 하는 불편함에도 모두들 차례를 기다린다. 맛있는 커피뿐만 아니라 의식 있는 소비에 동참한다는 가치를 주기 때문이다. 기계가 아닌 사람이 일일이 핸드드립으로 내려주는 몬머스커피의 제품력이 진심이 되고, 브랜드의 행동과 실천이 공감이 되고, 소비 경험이 가치가 되는 것이다.

예술가들이 쓰는 수첩으로 유명한 몰스킨도 마찬가지다. 몰스킨은 겉으로 보기엔 양장으로 만들어진 책으로 보이지만 열어보면 아무 내용도 없는 수첩이다. 그러면서 '수첩이 아니라 아직 쓰지 않은 책'이라고 한다. 헤밍웨이도 썼고 피카소도 썼다니 한 권쯤은 가져보고 싶게 만든다. 몰스킨을 사려는 사람들은 단순히 쓸 만한 노트를 찾는 게 아니다. 몰스킨이라는 예술도구를 사려는 것이다. 그게 바로 몰스킨이 주는 가치이다. 나를 표현하고, 나를 행복하게 해주는 가치!

몰스킨은 자신들의 가치를 잘 알고 있다. 그래서 수첩이 아니라 당신의 창조성이 아직 쓰이지 않은 '책'이라는 콘셉트를 공유하기 위해 문구점이 아닌 서점에서 판매한다. 헤밍웨이, 피카소와 얽힌 이야기를 꾸준히 전달하면서 매년 유명 아티스트와 연계한 전시 투어도 진행한다. 예술가들이 사용한 몰스킨을 선보이기도 하면서 브랜드에 진정성을 더한다. 몰스킨은 그렇게 단순한 노트가 아니라 물감이나 붓처럼 꼭 필요한 창작도구가 된다.

제품과 서비스는 차고 넘친다. 일상생활에서 자주 사용하는 제품이라면 가성비를 따지겠지만, 나를 위한 것 하나를 구매할 때는 가치를 보고 선택한다. 누군가에게 보여주기 위한 게 아니라 내가 나를 위해 좋은 걸 선택한다는 기쁨을 구매하는 것이다. 남들에게 보여주기 위해 스타벅스에서 커피를 마시는 '작은 사치'와는 또 다르다. 가격은 더 비싸더라도 나에겐 더 합리적이라는 생각이 들어야 하는, 나만의 만족을 위한 선택이기 때문이다.

구매가치는 비타민적인 것과 아스피린적인 것으로도 구분해 볼 수 있다. 기업이 고객에게 제공하는 가치는 당연히 아스피린적이어야 한다. 비타민은 먹어도 그만 안 먹어도 그만이지만 아스피린은 먹지 않으면 큰 고통이 뒤따르기 때문이다. 사람들이 구매할 수밖에 없으리라 주장하는 이유가 비타민적인 것이라면 비즈니스 모델을 다시 고민해야 한다.

고객가치를 어떻게 전달할 것인가?

구글의 서비스 모델은 검색이지만 수익 모델은 광고다. 카카오톡의 서비스 모델은 메신저지만 수익 모델은 이모티콘 판매, 기프티콘 판매, 게임 중개이다. 그럼 구글을 검색 회사라고 해야 할까, 광고 회사라고 해야 할까? 카카오는 메신저 회사라고 해야 할까, 중개 회사라고 해야 할까?

이 같은 혼란이 발생하는 이유는 기업의 서비스 모델과 수익 모델이 다르기 때문이다. 전통적으로는 서비스 모델과 수익 모델이 일치했다.

의류 회사는 옷을 만들어 판매하고 돈을 벌었다. 서비스 모델과 수익 모델이 일치했기 때문에 소비자들이 선호하는 옷을 만들어내는 일이 가장 중요했다. 유통채널, 가격결정, 프로모션 등은 옷을 만든 이후에 고민했던 영역이다. 디자인, 컬러, 형태, 기능성, 실용성, 브랜드 등을 통한 가치창출이 가장 중요한 문제였던 것이다.

그런데 만약 옷을 판매하는 방법이 달라진다면 어떻게 될까? 스티치픽스(Stitch Fix)는 소비자들이 입력한 데이터만으로 옷을 추천하고 배송해 준다. 데이터를 분석해 좋아할 만한 옷을 찾아낸 다음 전문 스타일리스트가 그중에서 5가지를 골라 고객에게 배송한다. 고객들은 옷을 입어보고 마음에 들지 않으면 반품하면 된다. 스티치픽스와 같은 기업들이 증가하면 전통적 기업은 고민이 깊어질 수밖에 없다.

> ### 비즈니스 모델 = 서비스 모델 + 수익 모델

따라서 가치를 전달하는 서비스 모델과 돈을 벌어들이는 수익 모델을 분리해 고민해야 한다. 가장 큰 이유는 세상이 네트워크로 연결되고 있어서다. 우리가 앞으로 살아갈 사회는 촘촘한 네트워크로 인해 거래비용이 급속히 줄어들게 되어 있다. 사려는 사람과 판매하려는 사람을 실시간으로 연결하게 되면 거래과정에서 발생하는 고정비의 상대적인 크기를 줄일 수 있기 때문이다. 이는 서

비스 모델 자체가 수익 모델로 이어지지 않을 가능성이 커진다는
뜻이다.

고객가치의 전달은 서비스 모델과 수익 모델의 합을 의미한다.
서비스 모델이 어떤 고객가치를 창출하고 고객에게 그것을 어떻
게 전달할지에 대한 내용이라면 수익 모델은 어떻게 돈을 벌지에
대한 내용으로, 누구에게 돈을 받을 것인가, 어떤 방법으로 받을
것인가, 어떤 부분을 판매할 것인가와 연관되어 있다

어떤 방법으로 받을 것인가?

상품 하나에도 다양한 패키징이 가능한 것처럼 돈을 받는 방법
도 월정액, 건별, 고정가격, 변동가격 등으로 다양해지고 있다. 고
객은 언제든지 떠날 준비를 하고 있으므로 단기적이기보다는 장
기적인 수익의 극대화를 목표로 해야 한다.

돈을 받는 가장 전통적인 방식은 물품판매이다. 기업이 가진 상
품의 소유권을 판매하는 방식인데, 기업이 제품과 서비스를 만들
어 소비자에게 제공하고 그 대가를 취하는 비즈니스 형태이다. 다
만, 소비자 입장에서는 다양한 선택의 기회가 있으므로 판매하는
제품이나 서비스가 매력적이어야 한다. 동종 제품이나 대체제에
비해 우위성이 있어야 한다.

소매판매 방식도 전통적 방식 중 하나이다. 소매판매는 인터넷 쇼핑몰, 대형마트, 백화점처럼 누군가 만든 제품을 매입해 판매만 하는 방식이다. 이 방식은 누구나 시장에 쉽게 진입할 수 있어 어떻게 소비자를 확보하고 관리하는가가 성공의 핵심요인이다. 따라서 내부광고, 이벤트 진행, 포인트 적립, 고객관리 등을 통해 방문자의 구매율을 높이면서 재구매를 이끌어내려는 노력이 필요하다.

소비자의 주목을 받을 수 있는 제품을 판매하면서 다른 상품도 함께 판매하는 합계판매 방법도 있다. 유니클로는 세계적인 기업 및 유명 아티스트와 콜라보레이션한 유니크한 디자인이 담긴 옷을 저렴하게 판매한다. 매력적인 제품으로 고객을 유인한 후 다른 상품을 정상가격에 판매함으로써 판매액을 높이는 방식이 유니클로의 비즈니스 모델이다. 다이소나 유니클로처럼 합계판매 비즈니스 모델을 적용하기 위해서는 소비자를 불러 모을 수 있는 저렴한 가격의 제품과 서비스 제공력이 관건이다.

광고가 실린 제품 자체의 가격을 낮추거나 무료로 제공하고 광고를 통해 수익을 올리는 방식도 있다. 구글, 네이버, 다음 등의 검색포털이 주로 사용하는 방식이다. 광고를 통한 비즈니스 모델 방식은 광고 수주가 어려운 불황기에 큰 어려움을 겪을 수밖에 없다. 그러므로 광고 외에 수익을 보장해 줄 수 있는 부가 서비스를 도입하는 방안이 필요하다. 이 비즈니스 모델은 무엇보다 제공하는 콘텐츠가 매력적이어야 한다. 매체에 실린 장소나 제품을 어떤 사람들이 보며, 그들은 어떤 속성을 가졌는지에 대한 파악이 중요

하다. 제공하는 콘텐츠가 명확할수록 광고주를 확보하기가 쉽다
는 사실을 알아야 한다.

프린터나 면도기처럼 제품의 본체는 가격을 낮추어 자사의 시
장 안으로 끌어들인 다음 본체 사용에 필요한 소모품으로 수익을
창출하는 방식도 있다. 질레트나 HP가 대표적이다. 이들은 함께
사용하는 두 제품 중 주력제품의 가격은 낮게 책정해 매출 규모를
늘리고 부속 소모품의 가격은 높게 책정해 수익을 획득한다. 다
만, 이 같은 소모품 판매 비즈니스 모델은 소비자가 제품을 구입
하기 쉽도록 판로를 확보함으로써 고객의 이탈을 방지할 수 있어
야 하며, 소모품 공급과 유지보수가 장기간에 걸쳐 지속적으로 제
공될 수 있어야 한다.

상품과 서비스를 장기간에 걸쳐 정기적으로 사용토록 함으로써
일정하게 매출을 늘려가는 렌탈 방식도 있다. 정수기나 노트북 렌
탈 등이 대표적으로, 렌탈은 정해진 기일에 확신 가능한 수입을
기대할 수 있다. 또 이용자는 전체 금액을 치르고 소유하는 대신
사용하는 시간만큼만 비용을 부담하면 된다.

제품 및 서비스를 제공하는 공급자와 그것을 소비하는 소비자
사이를 중개함으로써 수익을 올리는 플랫폼 방식도 있다. 플랫폼
비즈니스 모델의 수익은 둘 또는 그 이상의 관계자들의 매개 역할
을 해주는 서비스에서 생겨난다. 카드 소유자와 사업자가 거래하
는 과정에 대해 일정 비율의 수수료를 책정하는 방식으로 수익을
창출하는 신용카드 관련 사업을 그 예로 들 수 있다. 이 모델이 활

성화되기 위해서는 정보의 제공자와 수요자를 안정적으로 확보할 수 있어야 한다. 둘 중 어느 하나라도 확보하지 못하면 성공하기 어렵다.

소비자가 원하는 상품만을 구입할 수 있도록 하는 가격 세분화 모델도 있다. 스타벅스는 크게 음료, 푸드, 상품을 판매한다. 가장 많이 찾는 에스프레소는 다시 아메리카노, 카페모카, 카페라떼, 카푸치노 등으로 세분화되며, 크기는 숏(short), 톨(Tall), 그란데(Grande), 벤토(Vento), 트렌타(Trenta)로 구성되어 있다. 여기에 자신의 취향에 맞는 엑스트라를 추가하면 제품 조합이 수백 가지가 나온다. 커피 한 잔을 파는 듯 보이지만 자세히 들여다보면 개개인의 취향에 맞는 세분화된 상품을 판매하는 것이다.

기본 서비스는 무료로 제공하고 더 나은 서비스는 프리미엄 요금으로 제공하는 프리미엄(Freemium) 방식 모델도 있다. 에버노트, 구글드라이브, 드롭박스 등이 대표적으로, 기능이 제한된 무료 서비스를 제공하면서 서비스에 대한 친근감과 이해도를 높일 기회를 준다. 비록 무료이기는 하지만 이 같은 접근성을 통해 충성 고객을 확보하고, 그들이 자발적으로 유료 서비스로 전환하도록 차별화된 기능을 강조한다.

회원만 접근 가능한 장소나 제품, 서비스를 정하고 시간에 기초해 비용을 청구하는 멤버십 방식도 있다. 사무실 공유 서비스 업체 위워크(Wework)가 대표적인데, 부동산업계 '우버'로도 불린다. 좋은 위치의 임대료가 비싼 건물을 통째로 빌려 사무공간을 나눈

후 멤버십 형태로 재임대하는 방식으로 부동산 업계의 혁신을 이끌어냈다. 건물주 입장에서도 건물 활용도를 높이는 동시에 수익이 보장되므로 손해 볼 게 없다. 위워크는 그들만의 문화, 콘텐츠, 콘셉트, 인테리어, 디자인 등을 통해 'We work'만의 브랜드 이미지를 구축해냈다.

제품이나 서비스에 대한 비용을(한 번 혹은 지속적으로) 미리 지급한 고객을 통해 예측 가능한 현금흐름을 만들어내는 서브스크립션(구독) 방식도 있다. 유료 구독 서비스는 우유와 잡지, 신문 등에서 한정적으로 사용했던 방식이다. 그러다 1인 가구 증가, 모바일 환경의 개선, 규제 완화 등으로 플라워, 취미, 수제 맥주, 면도 용품, 셔츠에 이르기까지 범위가 무한히 확대되고 있다. 장소와 시간의 한정성 때문에 접근이 어려웠던 모든 아이템에 서브스크립션 업체는 각각의 간편함과 전문성을 더해 온·오프라인 간 경계를 허물고 있다.

카카오재팬의 만화 유통 플랫폼 픽코마는 '기다리면 무료'라는 비즈니스 모델로 일본 내 메이저 만화 플랫폼으로 성장했다. 만화책 한 권 분량을 디지털화해 여러 편으로 나눠 플랫폼에 올린 뒤 이용자가 한 편을 보고 일정 시간을 기다리면 다음 편을 무료로 볼 수 있도록 한 서비스이다. 기다리지 않고 바로 다음 편을 보려면 요금을 내야 한다. 유료 서비스를 통해 수익을 얻거나 이용자의 사이트 방문을 유도하는 데 효과적인 방식이다.

물론, '기다리면 무료'라는 방식이 전부는 아니다. 픽코마는 자체 인공지능(AI) 추천기술을 활용해 하드 유저별 취향을 분석해 이를 토대로 한 맞춤형 서비스로 유료 판매비율을 높였다. 만화가 끝나는 부분에서 유사 작품을 추천하는 기술도 적용해 전체 작품의 열람률도 끌어올렸다. 독자들이 만화를 보는 시간도 정밀하게 분석해 활용했는데, '통학시간' 및 '통근시간', '식사 중', '목욕 중'처럼 다양한 틈새 시간에 손쉽게 만화를 접할 수 있도록 홍보를 강화했다. 스마트폰으로 24시간 만화를 보도록 수요를 창출해 온 것이다.

공항이나 놀이공원에 있는 '패스트트랙(fast track)'도 시간을 판매하는 방식의 비즈니스 모델이다. 미국 유나이티드 항공사는 덴버에서 보스턴으로 가는 승객이 39달러를 추가로 내면 보안검색대 통과와 탑승에 우선권을 준다. 영국항공은 비즈니스석처럼 비싼 항공료를 지불하는 승객이 여권과 입국심사를 통과하기 위해 줄을 설 필요가 없는 패스트트랙 서비스를 제공하고 있다.

프랜차이즈 비즈니스 모델은 축적된 경험과 기술, 노하우를 일정한 대가를 받고 제공해 주는 방식이다. GM, 포드자동차, 코카콜라와 같은 글로벌 기업들도 프랜차이즈 방식으로 성장했다. 이후 KFC, 맥도널드, 스타벅스 등이 프랜차이즈 방식을 통해 급격히 커왔다. 이 방식은 일관성과 균일성을 기반으로 모든 가맹점에서 동일한 양질의 제품과 서비스를 고객에게 제공하는 것을 전제로 한다. 하지만 가맹본부와 가맹점 간의 공생구조를 이해하지 못하고 자신들만의 이익을 추구하면 모두에게 깊은 상처를 남긴다. 주요 수익구조는 원재료 등을 공급해 유통마진을 가져가거나 매출액 또는 이익 기반의 로열티를 받음으로써 발생한다. 스타벅스커피코리아의 경우 스타벅스 해외 자회사(SBI Nevada)와 상표·기술사용 계약을 맺고 매년 매출의 5% 수준을 로열티로 지급하고 있다.

코카콜라도 프랜차이즈 방식으로 사업을 확장했는데, 국내의 경우 LG생활건강이 코카콜라의 제조와 유통을 담당하고 있다. 이처럼 코카콜라는 하나의 기업이 아니라 전 세계에 프랜차이즈 방식으로 계약한 기업들로 구성된 시스템이다. 이러한 시스템은 신제품 출시, 판촉활동, 설비확장에 도움이 된다.

어떤 부분을 판매할 것인가?

고객에게 가치가 있는 것이라면 모든 게 판매의 대상이 될 수 있다. 반면, 돈을 지불하는 것과 가치를 느끼는 것과는 별개일 때가 많다. 예를 들어, 페이스북이나 구글, 네이버는 모두 플랫폼 비즈니스에 해당하며, 주요 수익 모델은 광고지만 자세히 들여다보면 페이스북, 구글, 네이버 각자가 판매하는 부분이 다르다.

사람들의 관심사를 판매하는 페이스북은 연령, 성별, 지역 등의 인구통계학적인 기본정보를 바탕으로 사람과 사람 사이의 관계, 평상시에 이야기하는 대화 내용 등을 분석해 관심사 중심으로 광고를 노출한다. 광고가 아닌 정보로 인식되도록 하기 위함이다.

하지만 구글과 네이버는 사람들이 검색하는 '키워드'를 판매한다. 키워드 광고는 '판매자가 고객을 찾아' 광고를 하는 게 아니라 검색을 통해 '찾아오는 고객'에게 광고를 노출한다는 점에서 적극적이고 적중률이 높다. 그러나 광고주들의 치열한 경쟁으로 광고단가는 지속적으로 상승하는 반면, 다양한 방법으로 정보를 습득하는 소비자 증가로 광고효과는 점차 낮아지는 추세이다. 소비자가 검색하는 키워드에 맞게 광고를 노출한다는 점에서 키워드 광고는 TV, 신문, 잡지 등에 비해 월등한 경쟁력을 갖지만, 점차 높아지는 비용에 광고주는 부담을 질 수밖에 없다.

70% 이상의 검색 점유율을 가진 네이버는 인터넷 생태계에서 독보적인 존재이긴 하나 소비자는 네이버 외에도 즐겨찾기, 검색, 링크 등을 통해 매일매일 특정 사이트를 방문하면서 콘텐츠를 소비한다. 실제 인터넷 사용자들은 총 사용시간의 5%만을 검색에 사용하고, 나머지 95%는 특정 웹사이트에서 콘텐츠를 소비하는 데 사용한다고 한다. 그렇다면 콘텐츠가 소비되는 사이트에 우리 회사의 광고를 노출하는 방법은 없을까? 화장품 관련 콘텐츠가 있는 사이트에 화장품 회사 광고가 노출되고, 패션의류 콘텐츠에 패션 관련 광고가 노출된다면 소비자의 높은 반응을 끌어낼 수 있을 테니 말이다.

이러한 의문에 해답을 주고 있는 게 바로 '구글 디스플레이 네트워크(Google Display Network)'이다. 정교한 타깃팅이 가능하도록 해주는 구글 디스플레이 네트워크는 방대한 네트워크와 Google Ads 시스템을 활용해 고객이 가는 사이트마다 광고가 노출될 수 있도록 해준다. 구글 디스플레이 네트워크를 활용하면 고객에 대한 도달범위를 확장하고, 새로운 고객을 얻고, 기존의 고객을 유지하고, 판매를 촉진하고, 브랜드 인지도를 높일 수 있는 것이다. 구글은 사용자의 컴퓨터 쿠키값을 활용해 다양한 형태의 타깃팅이 가능하도록 만든다.

지금까지 살펴본 것처럼 수익 모델은 비즈니스 모델을 구성하는 핵심요인이다. 수익 모델은 누가, 무엇에 대해, 얼마나, 어떻게 돈을 지불할 것인가에 대한 답변이다. 기업은 수익을 창출해야만 살아갈 수 있으므로 '고객이 어떤 가치를 위해 기꺼이 돈을 지불할 것인가?', '현재는 무엇을 위해 돈을 지불하고 있으며 어떻게 지불하고 있는가?', '어떻게 지불하고 싶어하는가?', '고객가치를 전달하기 위한 채널들은 통합되어 있는가?' 등을 질문하고 답할 수 있어야 수익 모델을 만들 수 있다.

같은 업종, 다른 비즈니스 모델

같은 업종처럼 보이지만 비즈니스 모델이 다른 경우는 매우 흔하다. '배달의민족'과 '요기요'는 음식을 배달해 주는 서비스로 주요 수익 모델이 광고비와 중개수수료이다. 배달 시장이 지속적으로 확대되면서 물류와 배달의 경계가 허물어지고 시장 쟁탈전이 벌어지고 있다. 여기에 해외 서비스 업체와 국내 기업들도 속속 관련 사업에 진출하고 있어 경쟁은 더욱 치열해지는 상황이다.

그런데 재미있는 것은 두 기업의 비즈니스 모델이 다르다는 점이다. 배달의민족은 커머스 쪽으로 사업을 확장하면서 "좋은 음식을 먹고 싶은 곳에서"라는 새로운 비전으로 음식 배달 시장에 집중하고 있다. B2C 기반의 음식 배달과 정기배송 등을 통한 커머스 분야에서 비즈니스를 바라보고 있음을 알 수 있다.

반면, 요기요는 배달 음식점에 필요한 물품을 공급해 주는 B2B 방식으로 비즈니스를 바라보고 있다. 요기요는 '알뜰 쇼핑'이라는 이름으로 가게 운영과 음식 배달에 필요한 물품들을 소매가 대비 최대 60% 저렴하게 제공하고 있다. 이는 음식점, 요기요, 물품 공급업체 모두에게 이익이 되는 전략이다. 소상공인은 어차피 필요한 물품을 저렴하게 구매할 수 있고, 공급업체는 대량발주를 통해 안정적인 생산과 운영이 가능해지기 때문이다.

이처럼 배달의민족과 요기요는 같은 시장에서 경쟁하고 있지만 비즈니스 모델은 다르다. 배달의민족이 바라보고 있는 고객은 배달을 주문하는 '일반 소비자'이고, 요기요가 바라보고 있는 고객은 음식점을 운영하고 있는 '소상공인'이다. 고객이 다르므로 당연히 제공하는 가치에도 차이가 있다. 배달의민족은 일반 소비자를 대상으로 '음식'과 '배송' 측면에서 가치를 제공하고, 요기요는 소상공인을 대상으로 '저렴한 물품'이라는 가치를 제공한다. 이렇듯 목표 고객과 고객가치가 바뀌게 되면 이를 구성하는 채널, 핵심자원, 파트너, 비용구조, 수익구조도 달라진다.

같은 업종에서 다른 전략을 취하는 또 다른 사례로 알라딘과 교보문고가 있다. 독서인구가 줄고 온라인을 통한 도서구매가 일반화되면서 오프라인 서점의 미래는 밝지 않다. 이러한 상황에서 알라딘은 오프라인 중고서점으로 비즈니스를 확장하고, 교보문고는 문구, 음반, 리빙, 키덜트, 만년필, 화방, 디지털, 여행, 뷰티, 패션 등과 관련된 감성 디자인 용품과 결합된 분야로 비즈니스를 확장하고 있다.

알라딘은 온라인에서 구축된 브랜드를 활용해 사람들이 많이 찾는 번화가에 오프라인 서점을 오픈했다. 주요 포인트는 기존 중고서점이 갖고 있던 냄새 나고, 낡고, 책이 어디에 있는지 알 수 없던 혼잡스러움을 개선하는 일이었다. 실제 알라딘 중고서점은 깔끔한 인테리어와 편리한 검색 시스템, 현금으로 책값을 쳐주는 매입 정책, 환한 조명과 잘 정돈된 서가, 책이 어디에 있고 얼마에 사고팔 수 있는지 등에 대해 손쉬운 서비스를 제공하면서 오프라인 매장 수를 확대하는 중이다.

반면, 교보문고는 서점을 체험과 감성적인 공간으로 해석하고 있다. 교보문고 광화문점은 리모델링을 통해 5만 년 된 대형 카우리 소나무로 제작한 독서 테이블을 설치했다. 디지털에서 줄 수 없는, 아날로그적 즐거움을 체험할 수 있는 공간으로 바꾼 것이다. 교보문고 합정점은 서점을 가운데 두고 서점과 시너지가 날 만한 식음료 업종으로 나머지 상가 매장을 직접 기획, 구성했다. 서점 안에서 만년필, 스피커 등 다양한 상품을 파는 매대를 서가 사이사이에 두며 서점과 상점의 경계를 흐리면서 라이프 스타일 공간으로 다각화하고 있는 것이다.

배달의민족과 요기요, 알라딘과 교보문고를 통해 본 것처럼 같은 산업이라도 경쟁하는 방식은 얼마든지 달라질 수 있다. 즉, 기업이 경쟁하는 경기장을 어떻게 정의하느냐에 따라 비즈니스 모델과 사업전략 등이 모두 달라진다는 뜻이다. 기업은 각자 유리한 경기장을 선택하고 그 안에서 승리하기 위한 포지션을 결정해야 한다. 경쟁이 치열한 업종에 진출한다거나, 기존에 이루어 놓은 것을 잃을까 봐 우물쭈물하는 건 전략이 아니다. 업계에서 작동 중인 경쟁요인을 깊이 있게 이해한 후 자신의 계획을 실행하는 것이 전략이다.

같은 업종이지만 비즈니스 모델이 다른 이유는 기업이 추구하는 방향성이 다르기 때문이다. 이를 '경기장 선택의 문제'라고 정의할 수 있다. 경기장 선택은 어느 분야에서 사업을 할 것인가의 문제로, 여러 가지 선택지 중에서 기업이 진정으로 집중해야 할 분야를 찾아내는 일이다. 단 하나만의 정답이란 없다. 모든 것을 종합해 시대와 시장의 맥락을 읽을 수 있어야 한다. 결국 전략이란 어디에서 경쟁할 것인지 그리고 그곳에서 어떻게 이길지에 대한 것이라고 말할 수 있다.

전략의 본질은 선택이다. 어떤 사업에 참여하고 어떤 사업에 참여하지 않을 것인지, 선택한 사업영역에서 어떻게 경쟁할 것인지, 어떤 방법으로 승리를 만들어갈 것인지, 어떤 역량과 강점을 핵심 역량으로 만들어가야 하는지, 이러한 것들을 만들어가기 위한 내부 시스템을 어떻게 만들지를 선택하는 게 바로 전략이다.

따라서 '어떤 종류의 상품을 제공할 것인가?, 어떤 소비자를 목표로 하고 있는가?, 소비자의 어떤 욕구를 충족시켜줄 것인가?, 어떤 유통채널을 이용할 것인가?, 고객에게 어떻게 도달할 것인가?, 가치사슬은 어느 지점인가?, 어떤 국가나 지역에서 경쟁하려고 하는가?, 온라인이 좋을까, 오프라인이 좋을까?' 등의 종합적인 질문을 통해 경쟁할 장소인 경기장을 결정해야 한다.

2

기존의 것을
조금만 비틀어라

어느 시대에나 혁신은 있어 왔다

'비즈니스 모델' 하면 애플과 구글 등을 떠올리지만 사실 비즈니스 모델은 새로운 개념이 아니다. 비즈니스 모델은 역사가 기록되기 전부터 존재해 왔던 것으로 로마제국의 번영, 콜럼버스의 신대륙 발견, 산업혁명 등과 함께 계속되어 왔다. 예를 들어, 콜럼버스가 인도양과 대서양 항로를 개척한 이유는 지중해 무역으로는 원가경쟁력을 확보한 베네치아 상인들을 이길 수 없었기 때문이다.

베네치아 상인들은 300여 년 동안 지중해를 통해 향신료 산업을 독점하면서도 가격을 끊임없이 내려가면서 경쟁국들을 압도했다. 실제 베네치아는 1420년에서 1440년 사이에 후추 도매가 시세를 50%나 내리는 데 성공했다. 지중해 무역으로는 이런 베네치아의 독점체계를 무너뜨리기 어렵다고 판단하고 새로운 방식의 비즈니스를 시작한 것이 그들이 주장하는 신대륙 발견이었다.

지구는 둥글다고 믿은 콜럼버스는 바다 건너 서쪽으로 나아가도 마르코 폴로가 실크로드를 따라 도달했던 중국이나 인도에 닿으리라는 확신이 있었다. 이에 1942년에 산타마리아호를 비롯한 3척의 배를 이끌고 스페인 팔로스만을 출항하게 된다. 이때 주위의 반대를 물리치고 콜럼버스에게 자금을 지원한 이사벨라 1세는 엔젤 투자가에 해당한다. 콜럼버스가 성공하자 많은 이들이 꿈을 안고 서쪽 바다를 향해 출발했고, 성공한 사람들은 황금과 향료를 가득 싣고 돌아와 그동안의 손실을 보상하고도 남을 정도의 부를 축적할 수 있었다.

세계 경제사에 이런 예들은 숱하다. 더 좋은 제품을 더 싸게 만들 수 있는 사람이 패권을 쥔다. 또 한때의 성공에 취해 머뭇거리는 사이에 새로운 경쟁자가 나타나기도 한다. 과거와 달라진 게 있다면 경쟁방식이 다양해지고, 기간이 짧아지고 있다는 점이다. 지금은 역사가 되어버린 노키아는 2009년도에 애플보다 6.4배나 많은 연구개발비를 쓰고도 혁신적인 제품을 내놓지 못했으며, 디지털 카메라 연구를 가장 먼저 시작하면서 관련 특허를 가장 많이 보유했던 코닥도 이제는 역사가 되었다.

네이버와 카카오는 통신회사를 무력화시킨 가운데 '네이버페이'와 '카카오페이'로 기존 금융시장을 파괴하고 있다. 오프라인 서비스라고 여겨졌던 택시시장도 '우버'가 나타나면서 파괴되고 있다. 기존 경쟁자들이 규제를 강화하는 형태로 대응하고 있는 가운데 이들은 많은 사용자들의 지지를 등에 업고 파괴적 혁신을 멈추지 않고 있다.

다른 업종을 베낀 비즈니스 모델

'허브 앤드 스포크(Hub & Spoke)'는 축을 중심으로 바큇살이 뻗은 자전거 바퀴 모양에서 유래했다. 각각의 지점에서 발생하는 물량들을 중심이 되는 한 거점(허브)에 집중시킨 후 각각의 지점(스포크)으로 다시 분류해 이동시키는 형태를 말한다. 허브 앤드 스포크 시스템은 물류 분야에서 주로 사용해 왔다.

글로벌 물류기업 페덱스가 고안했다고 알려진 허브 앤드 스포크는 허브 공항에 여러 출발국가의 화물을 모아 보내야 할 나라로 각각 재분배하는 방식이다. 운송수단이 대형화되고 물량이 늘어남에 따라 규모의 경제를 통해 운송비 절감과 효율성을 높이기 위한 것이다. 허브 앤드 스포크 시스템을 효율적으로 운영하기 위해서는 전제조건이 있다. 전 세계의 환적 물량을 어느 정도 규모 이상 모아야 한다. 그래야만 규모의 경제를 기반으로 한 효율성을 만들어낼 수 있다.

　스타벅스는 매장 입지를 선정할 때 '허브 앤드 스포크' 전략을 활용한다. 유동인구가 많은 특정 지역에 매장을 집중시켜 브랜드 인지도를 강화하면서 특정 상권을 점령하는 방식이다. 예를 들어, 유동인구 50만 이상의 상권이 30개라고 가정하면, 30개 상권에 각각 1개의 매장을 30개 오픈하는 게 아니라 허브 역할을 할 수 있는 핵심 상권에 1~2개 매장을 오픈한다. 그렇게 일정 기간 동안 브랜드 인지도를 높인 후 나머지 상권에 2차 허브를 만들어간다. 스타벅스의 경우 1차 허브는 종로, 명동, 을지로 일대, 2차 허브는 혜화동, 테헤란로에서 서초동 교대까지 이어지는 강남 일대, 대학가가 몰려 있는 신촌 일대 그리고 디지털 단지로 거듭나고 있는 금천구로 매장을 확대했다.

　허브 앤드 스포크 시스템은 국제적으로도 광범위하게 사용되고 있다. 국제적 교역이 이뤄질 때, 세계 각국의 지리적 위치를 고려해 특정한 나라의 공항이나 항만이 허브로 부상하면 이를 통해 또 다른 국가 또는 각 국가 내 다른 도시들로 스포크가 되어 화물을 운송할 수 있다. 따라서 항만이나 공항이 허브로써 중요한 기능을 하게 된다.

　물론, 장점만 있는 건 아니다. 각 허브나 스포크가 서로의 수요를 감당할 능력을 갖추지 못하면 비효율이 발생한다. 또 스포크 간 거리가 인접해 있더라도 허브를 거칠 수밖에 없을 때도 있어 시간적 비효율이 발생하기도 한다. 그러므로 스포크에서 허브로 항공

수요를 집중시킨 다음 허브에서 다른 허브로 항공수요를 이동시키는 방식으로의 스케줄 관리와 집중화가 중요한 요소가 된다.

허브 앤드 스포크 시스템은 우리 주변에서 쉽게 확인할 수 있다. 만약 수원에 사는 사람이 용산 전자상가 온라인 몰에서 택배로 물건을 주문했다고 치자. 물건이 용산에서 수원으로 바로 배달되는 게 아니다. 대전이나 옥천과 같은 허브를 거쳐 다시 수원으로 배달된다. 물류 사업은 이처럼 전국에서 생겨난 물량들을 중심 허브로 집결시킨 후 이를 분류해 지역별로 다시 이동시키면서 규모의 경제를 달성한다.

스타벅스가 허브 앤드 스포크 전략을 사용하는 이유는 경쟁을 용이하게 하고 경영자원을 효과적으로 사용할 수 있기 때문이다. 매장 간 거리를 두어 영업권을 보호해 주는 게 합리적으로 보이지만, 이는 오히려 경쟁자의 시장 진입기회의 빌미가 되기도 한다. 허브 앤드 스포크 방식을 통해 특정 상권에 집중하면 경쟁자의 진입을 봉쇄할 수 있다. 특정 상권에 매장을 밀도 있게 배치하면서 경쟁을 피하는 방식이다. 매장 간 매출잠식이 일어날 수 있으나 인근 매장으로 수요가 분산된다고 해서 부정적으로만 볼 수도 없다. 수요가 분산되면 고객의 대기시간이 줄 뿐만 아니라 고객이 더욱 편안하게 매장 안에 머물 수 있는데, 이는 고객의 체류 시간을 높여 재구매와 재방문으로 이어지게 만든다.

허브 앤드 스포크 전략은 경영자원의 효율화 관점에서도 장점이 있다. 물류를 담당하는 한 대의 트럭이 더 많은 매장을 커버할 수 있고 매장 간 재고와 인적관리도 수월해진다. 또 지역 내 밀집된 매장에서 동시에 같은 프로모션을 진행할 수 있어 광고효과도 높아진다. 게다가 지역 수요를 독점함으로써 소비자가 다른 매장을 선택하더라도 회사 전체의 실적은 안정될 수밖에 없다.

지리적 접근성이 중요한 업계에서 허브 앤드 스포크 시스템은 광범위하게 사용될 수 있다. 유통채널이 백화점, 대형마트, 편의점 등으로 다양해지고, 카테고리 킬러와 복합몰 등이 증가하고 있다. 이러한 배경에는 고객 욕구의 다변화, 즉 고객경험 욕구의 다변화가 자리 잡고 있다. 고객은 자신에게 맞춤화된 서비스를 원하고 다양한 구색과 체험, 전문적 설명 등 엔터테인먼트적 요소를 기대한다. 기업들은 각종 체험관과 플래그십 스토어를 통해 고객경험을 충족시키려 하지만 투자 대비 효과에 대해서는 확신하기 어렵다. 바로 이러한 고민의 대안으로 활용할 수 있는 방법이 허브 앤드 스포크 전략이다.

나이키는 뉴욕, 런던, 베이징, 도쿄, 파리, 서울 등 전 세계 12개 거점 도시를 중심으로 사업전략을 수정했다. 아디다스와 언더아머의 사업 확대로 브랜드 간 경쟁이 치열해지자 성장성이 높아 보이는 특정 도시에 집중하려는 이유 때문이다. 현지 소비자 취향에 맞춰 제품을 개발하고 생산하면서 지역 안에서 독점적 지위를 확보하겠다는 뜻인데, 이렇게 되면 규모에 상관없이 경쟁에 대응할 수 있게 된다.

또 금융권에서도 허브 앤드 스포크를 도입하고 있다. '커뮤니티' 도입을 전면적으로 확대해 나가는 신한은행은 지리적으로 인접한 리테일 영업점과 기업금융센터 6~7개를 묶어 커뮤니티를 구성하고 있다. 점포 간 협업과 인력 공유를 통해 업무 효율과 시너지를 높이고, 성과 평가 역시 커뮤니티 단위로 진행한다. 예를 들면, 모든 영업점에 외환, 자산관리 전문가를 배치하는 게 아니라 전문성을 갖춘 직원들이 다른 직원들을 교육하면서 점포 간 교차 근무를 통해 고객 서비스 수준을 높인다. 또 휴가 등으로 일손이 부족할 때에도 상호 인력 지원을 통해 고객 불편을 최소화할 수 있다. 매장 축소와 소형화 추세 속에서 정해진 인력을 효율적으로 활용하기 위해 허브 앤드 스포크 시스템 전략을 활용하는 것이다.

이처럼 허브 앤드 스포크 시스템은 물리적 공간이 만든 비대칭성조차도 전략으로 이용할 수 있음을 보여준다. 인터넷의 발달로 산업 간 경쟁의 장벽이 무너지고 있을 뿐만 아니라 경쟁사의 진입을 막을 방법에도 한계가 있다. 이때 물리적인 공간의 경쟁을 차단할 수 있다는 사실은 기업에겐 큰 자산이다. 개별적으로는 비합리적으로 보이지만 다른 요소들을 결합해 오히려 비즈니스 모델을 강하게 만든다. 따라서 비즈니스 모델을 생각할 때는 눈앞의 나무에 얽매이지 말고 숲을 볼 줄 알아야 한다.

비즈니스 모델을
혁신하는
5가지 길

구매에서 구독으로 '구독경제 모델'

신문을 정기적으로 구독하는 것처럼 일정 기간 돈을 내고 콘텐츠나 서비스를 이용하는 방식을 구독경제라고 한다. 멜론, 지니, 벅스 등의 음악 스트리밍 서비스가 대표적이다. 음반 한 장의 가격도 안 되는 비용으로 언제 어디서나 자신이 원하는 음악을 들을 수 있다는 장점이 있다.

이 구독경제는 블랙삭스닷컴이나 미미박스처럼 소비자 각자에게 맞춤화된 상품을 매월 정기적으로 보내주는 서브스크립션(Subscription, 구독)에서 다양한 분야로 확장되고 있다. 유튜브는 'YouTube Red'를 출시해 광고를 보지 않아도 되는 유료 구독형 서비스를 출시했으며, 아디다스는 유명인사가 엄선한 프리미엄 상품들로 구성된 박스를 1년에 4차례 배송받을 수 있는 구독 서비스 'Avenue A'를 운영하고 있다. 미국 신발 전문 몰 슈대즐은 고객이 미리 입력한 취향과 최신 트렌드를 반영해 새 구두를 매달 배달해주고 있으며, 완구 회사 플레이는 레고, 로봇 강아지 등의 장난감을 매주 하나씩 배송해 주는 서비스로 소비자를 공략하고 있다.

구독경제가 이렇게 전 산업에서 광범위하게 도입되고 있는 이유는 안정적인 고객을 확보할 수 있기 때문이다. 동영상, 디지털 음악, 뉴스, e-book 등의 디지털 콘텐츠는 그동안 광고 기반 비즈니스 모델을 전개했다. 하지만 다양한 광고 차단 소프트웨어로 인해 광고 기반 비즈니스 모델로 수익을 창출하기가 점차 어려워지는 실정이다. 이 같은 상황에서 유료 구독자가 무료 사용자보다 월등히 적음에도 불구하고 2~10배 많은 수익이 발생하는 현상들이 나타나기 시작했다. 월정액 기반 유료 구독 서비스가 새로운 비즈니스 모델로 자리 잡기 시작한 것이다.

월정액 기반 비즈니스 모델은 방송 등 디지털 콘텐츠 산업에 많이 있다. 넷플릭스(Netflix)의 월정액 비즈니스 모델이 대표적이다. 넷플릭스는 초기 DVD 대여, 판매 위주에서 스트리밍 서비스로 사업을 본격적으로 확대했다. 넷플릭스의 '큐레이션'은 이용자의 시청 습관을 분석해 만든 콘텐츠 추천 시스템이다. 넷플릭스를 통해 시청하는 콘텐츠가 많아질수록 추천의 정확도는 훨씬 더 높아진다. 이용자로서는 취향에 맞는 콘텐츠를 쉽게 찾아볼 수 있고, 넷플릭스로서는 보유하고 있는 콘텐츠들의 활용성을 증대시킬 수 있다.

월정액 기반 비즈니스 모델은 디지털 콘텐츠 산업에만 국한되지 않는다. 앞서 기술한 것처럼 최근 구독경제 모델이 미디어 산업을 넘어 식품, 의류, 완구 등 다양한 산업 분야로 확산되고 있다. 미국 회사 번들은 월 20달러를 내면 드럼세탁기를 대여해 주고 문제가 생기면 무상으로 수리해 준다. 집카(ZipCar)는 가입비 25달러, 연회비 50달러로 시간당 8.5~10달러로 차량을 빌려준다.

또 오프라인에서 구독 모델로 큰 성공을 거두고 있는 기업은 '달러쉐이브클럽(Dollar Shave Club)'이다. 달러쉐이브클럽은 면도날

비즈니스 모델을
혁신하는
5가지 길

을 매월 정기적으로 배송해 주는 기업으로 단순하고 오래된 산업에서 유통방식의 혁신을 가져왔다. 수명이 정해져 있어 일정한 기간이 지나면 교체해 주어야 하는 면도날은 교체 시기가 다가오면 예비 면도날을 준비해야 한다. 이 같은 면도날 사용방식의 불편을 달러쉐이브클럽은 구독방식이라는 아이디어와 기본에 충실한 제품으로 멋지게 해결해냈다. 달러쉐이브클럽의 면도날 구독 모델은 면도날 구입의 번거로움을 해결하면서도 지속적으로 면도날을 구입해야만 하는 정기고객을 확보했다는 점에서 매우 큰 의미가 있다.

달러쉐이브클럽은 디자인, 마케팅, 고객 응대를 제외한 나머지 부분은 아웃소싱으로 해결한다. 면도날은 국내 기업인 도루코에서 공급받고 있고, 물류는 켄터키 소재 물류 회사를 이용하고 있다. 잘할 수 있는 부분에만 집중하고 나머지는 외부 자원으로 해결하면서 질레트와 같은 글로벌 기업과 경쟁한다. 유통방식을 바꾸는 방식만으로 면도날 시장의 혁신을 가져온 달러쉐이브클럽은 다국적 기업인 유니레버에 약 1조 원(10억 달러)의 금액에 인수됐다. 이는 벤처캐피털 투자를 받은 전자상거래 기업 중 역대 4번째로 큰 금액이었다.

과거에 이러한 모델이 없던 것은 아니지만 최근에 확산되고 있는 이유는 소유하지 않으려는 욕구 때문이다. 에어비앤비처럼 내 것을 나눠 쓰는 일조차 관리하고 유지하는 데 비용이 들어간다. 아무것도 소유하지 않으면서 필요할 때 가져다 쓰는 방식이 현대인들에게는 훨씬 편리하고 저렴하다. 전 세계가 저성장의 늪에 빠지면서 소비 트렌드가 상품을 소유하는 '구매'에서 필요할 때 사용한 만큼만 지불하는 '구독'으로 옮겨가는 중이다.

구독 모델은 기업 입장에서도 장점이 있다. 가장 큰 장점은 정기적이고 규칙적인 현금흐름을 확보할 수 있다는 사실이다. 이를 통해 투자와 자금조달 등의 재무계획을 안정적으로 수립할 수 있다. 고객이 선호하는 상품이나 소비형태 등의 데이터를 확보할 수 있다는 장점도 있다. 또 고객들과 장기적으로 관계를 유지하면서 개인화된 맞춤 서비스를 제공할 수도 있다. 개인의 맞춤 서비스는 지속적 구매로 이어져 마케팅 비용 절감도 가능해진다. 신규 고객을 유치하는 데 드는 비용이 현재 고객을 유지하는 데 드는 비용보다 6~7배 높다는 점을 감안하면 기업에겐 큰 매력이 아닐 수 없다.

그렇다면 구독경제 모델을 어떻게 도입해야 할까?

첫 번째로 차별화된 서비스가 필요하다. 구독경제는 소비자가 가치를 인정해 주는 포인트가 명확해야 한다. 달러쉐이브클럽처럼 면도날을 매번 구입하는 번거로움을 덜어주는 것이든, 아디다스의 'Avenue A'처럼 비용을 줄여주는 것이든, 네이버 웹툰의 '미리보기'와 '완결보기'처럼 남들보다 먼저 누릴 수 있는 서비스 제공이든 확실한 차별화 포인트가 필요하다. 재화가 아닌 경험을 소비하는 구독경제는 명확한 차별화 포인트가 존재할 때 의미 있는 비즈니스 모델이 된다.

　두 번째로는 적절한 수준의 요금이 책정되어야 한다. 아마존에서 제공하는 e-book 서비스는 월 9~10달러로 1년에 15권 이상의 도서를 이용하는 소비자에게 적합한데, 2015년 기준 미국인의 연평균 독서량은 4권 수준이어서 다소 비싸게 느낄 수 있다. 해외 음악 스트리밍 서비스의 경우 월 9.99달러를 형성하고 있으나 국내에서 월 이용 요금이 8,000원대로 책정된 이유는 '인터넷 음악=무료'라는 인식이 강하기 때문이다. 소비자들이 지불 가능한 적정 수준의 가격 책정이 중요하다는 말이다.

　세 번째로는 비즈니스 모델의 지속적 확장이 필요하다. 국내 기업 미미박스의 급성장은 시장 상황에 맞춘 빠른 변신이 있었기에 가능했다. 미미박스는 초기 월 16,500원에 소비자에게 맞는 화장품을 '뷰티박스'에 담아 보내주는 서브스크립션(Subscription) 방식으로 큰 성공을 거두었다. 이후 메이크업 아티스트와 협업해 콜라보레이션 제품을 만들었다. 고객 욕구를 직접 파악했고, 제작과 판매에도 직접 참여해 불필요한 가격 거품을 빼면서 큰 호응을 얻었다. 더 나아가 미미박스는 최근 O2O(온라인 기반 오프라인 서비스) 시장에 뛰어들었다. 미미박스는 서브스크립션과 온라인 플랫폼으로 고객을 모은 뒤 드럭스토어 '왓슨스' 입점을 시작으로 롯데백화점 팝업스토어, 롯데 및 신라 온라인 면세점으로까지 영역을 넓혀가고 있다. 미미박스는 비즈니스 모델이 성과를 내는 시점부터 다음 단계의 비즈니스 모델을 구상했다. 비즈니스 모델이 경쟁력을

상실하기 전에 새로운 비즈니스 모델로 전환해 지속적인 성장을
이루고 있는 것이다.

전략적 혁신을 한 기업들

한 산업 내에서 당연하게 받아들여지고 있는 산업규범, 즉 고정
관념을 깨고 보다 많은 가치를 창출하는 전략을 전략적 혁신이라
고 한다. 전략적 혁신을 위한 방법에는 사업 재정의, 고객 재정의,
제품 재정의, 방법 재정의 등이 있다.

사업 재정의(redefine the business)는 기업이 전통적인 사업 부문이
나 현재의 사업 부문이 추구하고 있는 정의에 대해 도전함으로써
기존의 고객, 경쟁자, 제공할 제품, 경쟁우위, 핵심 성공요인, 게
임의 방법 등을 달리하는 걸 말한다. 사업 재정의를 통해 기사회
생한 기업으로는 마블 코믹스와 후지필름 등이 있다. 마블 코믹스
는 '만화책'에서 '캐릭터와 스토리'로 사업을 재정의하면서 기사회
생했으며, 후지필름은 필름 재료로 사용되었던 콜라겐과 사진 변
성을 막는 열화방지 기술 등을 활용해 노화방지에 효과적인 화장
품을 출시했다. 후지필름 총매출액의 20%에 달하던 필름 부문은
현재 1%도 채 되지 않는 반면, 과감한 구조조정과 사업 다각화를
통해 새로 개척한 의료, 전자소재, 화장품 분야는 매출의 40%를
차지하고 있다.

고객 재정의(redefine the who)는 새로운 거대한 고객의 니즈가 등장할 때 또는 고객의 우선순위가 변할 때 시장세분화를 통해 새로운 고객을 찾아내는 걸 일컫는다. 고객을 새롭게 정의하면 사업, 제품, 운영방법 등이 모두 달라진다. 대표적 기업으로 '쏘카'를 들 수 있다. 쏘카는 차량 구입 및 운영과 유지에 들어가는 비용이 부담스러운 개인을 대상으로 10분 단위로 차량을 빌려주는 기업이다. 고객이 희망하는 시간대에 스마트폰 등으로 예약한 후 배정된 차를 이용하면 된다. 차량을 렌트해서 사용하기를 번거로워하는 개인 고객을 고객으로 재정의함으로써 새로운 시장을 만들어낼 수 있었다.

제품 재정의(redefine the what)는 '고객에게 어떤 제품 또는 서비스를 판매할 것인가?'에 대해 다시 한 번 생각해 보는 걸 말한다. 기존 시장에서 경쟁하고 있는 제품이 지닌 고정관념, 즉 규범을 깨고 기존과는 완전히 다른 제품을 만드는 이 방식은 구글드라이브, 드롭박스 등을 대표로 들 수 있다. 클라우드 서비스는 한 사람이 여러 개의 IT 기기를 사용하면서 정보를 한 곳에서 편리하게 이용했으면 하는 저장방식의 재정의에서 나온 서비스이다.

방법 재정의(redefine the how)는 기술, 운송, 대금결제, 생산방식 등 자원과 능력으로 제공할 수 있는 여러 가지 요소들을 새롭게 정의하는 걸 이야기한다. 현재 조직의 핵심역량을 기반으로 경쟁자와는 다른 새로운 제품 또는 사업방법을 창조하는 방법인데, 한국야쿠르트의 '콜드브루 by 바빈스키'가 대표적이다. 기존에 보유하고 있던 '야쿠르트 아줌마'를 통해 사무실까지 배달해 줌으로써 포화상태인 커피시장에서 새로운 돌풍을 일으켰다. 콜드브루 by 바빈스키는 합리적인 가격, 로스팅 후 10일이라는 짧은 유통기한, 세련된 패키지 등을 등에 업고 주목받고 있다.

비즈니스 모델을
혁신하는
5가지 길

3
기업의 존재 이유와
목적은 무엇인가?

구성원이 꿈꾸도록 해야 한다

비즈니스 모델과 혁신을 이야기하다 보면 끝점은 '사람'으로 향한다. 일은 결국 사람이 하는 것이기 때문에 이들을 하나의 방향으로 나아가도록 해야 한다. 세상을 바꾼 사람들은 자발적 행동가들이다. 남이 시키는 대로 일을 하거나 먹고 사는 데에만 집중하는 사람들은 세상을 바꾸기 어렵다. 물질적인 보상만으로 사람들을 움직이기에는 분명 한계가 있기 마련이다.

비즈니스의 주력 세대가 밀레니얼 세대로 교체되고 있다는 점도 고려해야 한다. 밀레니얼 세대는 언제 어디서나 쉽게 기술을 접할 수 있고, 다른 사람들과 연결되어 있다. 글로벌 마인드로 무장하고 넓은 식견을 갖춘 그들은 자신이 좋아하는 일을 좇는 사람들이다. 삶의 중심이 온전히 '자신'인 그들을 이끌려면 그들에게 꿈을 심어주어야 한다.

여러 구성원이 모여서 일을 하는 기업의 꿈은 미션, 비전, 목적이라는 형태로 구체화할 수 있다. 사실 미션, 비전, 목적 같은 것들이 과연 필요할까 하는 의구심도 든다. 당장의 생존이 중요하고, 아무리 좋은 의도라도 돈을 못 벌면 모두 말장난에 불과하다고 생각할 수도 있다. 그러나 어린아이에게 숨만 잘 쉬고 잘 먹으면 된다고 말하지 않는 것처럼 기업도 단순히 돈을 벌기 위해서만 존재하는 건 아니다.

돈이 되는 일만 좇다 보면 기업의 핵심이 없어지고 존재가치도 사라지게 된다. 당장 조금의 돈은 벌 수 있을지 몰라도 오랜 기간 지속하기는 힘들다. 돈을 많이 벌어 직원들이 원하는 만큼의 급여와 복지를 제공할 수 있다면 몰라도 그렇지 않으면 인재를 잡을 명분도 없다. 단지 돈을 벌기 위해서라면 핵심인재는 갈 곳이 많기 때문이다. 게다가 만약 돈이 중요한 가치가 아니라면 더더욱 있을 필요가 없어진다.

기업은 여러 구성원들이 함께 모여 일하는 곳이다. 말하지 않아도 모두 한 마음으로 움직여 주면 좋겠지만, 그것은 불가능에 가깝다. 각자 가진 생각들을 집중시킬 수 있어야 한다. 그래야 한 방향으로 나아갈 수 있다. 이 방향에 따라 정립된 미션과 비전이 기업 성장의 중요한 기준점이 된다.

모든 기업은 설립한 목적이 있다. 유기농으로 재배한 친환경 농산물을 판매하기 위해서라거나 좋은 음식을 먹고 싶은 곳에서 먹을 수 있도록 해주기 위해서처럼 말이다. 그리고 기업은 이러한 설립목적에 맞추어 비전과 전략을 세우고 실행한다.

목적이 명확해야 그에 맞는 전략을 세우고 실행할 수 있다. 전략이 적합한지 아닌지를 판단하는 기준은 기업의 미션과 비전에 얼마나 부합하는지가 되어야 한다.

예를 들어, '유기농으로 재배한 친환경 농산물'을 판매하는 회사가 있다고 치자. 그런데 유기농산물 가격이 상승하는 바람에 이익률이 떨어졌다. 원가가 오른 만큼 손해를 감수해야 하는 상황이다. 이때 직원 중 한 명이 유기농산물과 비슷한 무농약 농산물을 판매하자는 의견을 낸다. 어떻게 해야 할까?

유기농산물이나 무농약 농산물이나 모두 다 친환경 농산물로 분류되기 때문에 큰 문제는 없다. 유기농산물은 '유기합성 농약과 화학비료를 사용하지 않고 재배한 농산물'을 말하고, 무농약 농산물은 '유기합성 농약은 사용하지 않고 화학비료는 권장 시비량의 1/3 이하를 사용하여 재배한 농산물'을 말한다. 돈이 먼저인 회사라면 무농약 농산물을 판매해도 된다. 무농약 농산물도 친환경 농산물로 구분되므로 고객을 속인 것도 아니다. 하지만 기업의 미션이 명확히 공유된 기업에서는 선택할 수 없는 전략이다. 고객은 몰라도 직원들은 알기 때문이다. 조금의 이익을 위해 고객과의 약속을 포기한다는 사실을 말이다.

미션(Mission), 비전(Vision), 목표(Goal)

미션(Mission)은 기업의 존재 이유를 정의하는 일이고, 비전(Vision)은 기업이 선택한 사업영역 안에서 구체적인 모습을 밝히는 일이다. 목표(Goal)는 비전을 달성하기 위해 중간중간 설정한 이정표가 된다. 사람으로 비유하면 변호사가 되겠다는 건 미션이고, 인권변호사가 되겠다는 건 비전이다. 미션은 '우리 기업은 왜 존재하는가?', '우리 기업은 누구를 위해 존재하는가?'라는 본질적인 질문에 대한 답이라 할 수 있고, 비전은 중장기적인 미래의 모습에 대한 구체적 진술이라고 할 수 있다.

기업활동을 단순히 돈 벌기만을 목적으로 생각해서는 안 된다. 돈을 버는 것은 결과론적인 이야기일 뿐이다. 기업 존재의 본원적인 이유를 진지하게 고민하고, 그것을 글로 표현해 명문화해야 한다. 글로 표현한 미션 선언문은 기업의 존재 이유와 목적을 회사 안팎에서 커뮤니케이션할 수 있게 해준다. 따라서 미션 선언문에는 기업의 주요 사업이 무엇인지, 충족시켜야 하는 고객의 기본적인 니즈는 무엇인지, 달성 가능한 미래상은 무엇인지 등이 포함되어야 한다.

애플의 미션은 "사람들에게 힘이 되는 인간적인 도구들을 제공하여 우리가 일하고 배우고 소통하는 방식을 바꾼다."이고, 구글의 미션은 "세상의 정보를 조직해서 누구나 쉽게 접근하고 사용할 수 있도록 만드는 것"이다. 페이스북의 미션은 "사람들에게 공유할 수 있는 능력을 주어 세상을 좀 더 개방적이고 연결된 곳으로 만드는 것"이다.

이러한 미션을 만들기 위해서는 사전준비가 필요하다. 이를 위한 질문으로 '우리의 주요 고객은 누구인가?', '우리는 고객의 어떤 문제를 해결하고 어떤 니즈를 충족시킬 것인가?', '우리가 수행하는 사업의 포괄적인 영역은 무엇인가?', '고객이 경쟁사가 아닌 우리 기업을 선택할 때 얻는 추가적인 혜택이나 가치는 무엇인가?', '위와 같은 일을 수행하면서 반드시 지켜야 할 원칙은 무엇인가?' 등이 있다. 기업의 목적에 대한 기본적인 질문에 대해 충분히 연구하고 적절한 해답을 찾아야 한다.

좋은 미션 선언문은 짧고 외우기 쉬우며 'and'를 최소한으로 사용해야 한다. 또 사람들에게 제시했을 때 직관적으로 이해가 가능하며 다른 회사와 혼동되지 않아야 한다. 아마존의 "지구상에서 가장 고객지향적인 회사가 되자.", 우버의 "도시들을 더 접근 가능하게 만들어 승객들에게 더 많은 가능성을 열어주고 운전자들에게 더 많은 일거리를 창출하자.", 에어비앤비의 "어느 곳이든 소속될 수 있는 세상을 만들자."처럼 말이다.

만약 '모든 사람들이 더 좋은 캐주얼 웨어를 입을 수 있도록 노력하는 회사'가 어느 기업의 미션이라고 가정해 보자. 미션을 이행해 캐주얼 의류를 제조하는 회사가 되더라도 프라다와 같은 명품을 만드는 회사가 될지, 아니면 유니클로처럼 언제 어디서든, 누구든 입을 수 있는 저렴한 의류를 생산할지에 따라 기업의 모습이 달라진다.

인퓨터컨설팅 유정식 대표가 옮겨 쓴《피터 드러커의 최고의 질문》에서는 미션은 초점이 분명하고 간결해야 한다고 강조한다. 미션은 과업을 '어떻게 해야 하는지'가 아니라 '왜 해야 하는지'를 말해 주는 것이다. 그러므로 직원들이 미션을 숙지하고 그에 맞춰 행동하게 하려면 초점이 분명하고 간결해야 한다.

사업영역 안에서의 구체적인 미래

비슷한 산업에서 비슷한 미션을 갖고 있어도 지향하는 바가 다른 경우가 많다. 도요타자동차의 미션은 "자동차가 중요한 역할을 하는 사회를 만들어 인류가 보다 안전하고 편리하게 생활하도록 함"이고, 볼보자동차는 "자신들만의 전문적 지식을 활용해 수송과 관련된 제품 및 서비스를 제공하고, 안전성을 제고하며, 환경을 보호하여 소비자 가치를 극대화함"이 미션이다. 전략적 비전에 있어서는 도요타자동차는 자동차 산업 전반에 걸친 제품을 생산하는 종합 자동차 회사를 지향하는 반면, 볼보자동차는 상업용 운송수단을 제공하는 세계 최고의 기업을 지향하고 있다. 이처럼 미션은 비슷해도 기업이 가진 강점에 따라 서로 다른 전략적 비전을 설정할 수 있다.

비전이란 기업이 미션에서 선택한 사업영역 안에서 구체적으로 어떤 미래 모습과 시장 지위를 지향한다고 밝히는 것이다. 비전의 초점이 명확해야 하는 이유이다. 두루뭉술하거나 일반적인 비전은 전략을 수립하는 데 별 도움이 되지 못한다. 초점이 명확한 비전만이 미래에 나아갈 구체적인 방향을 제시해 준다. 만약 기업의 미래에 대한 명확한 지향점이 없다면 토끼를 쫓아다니면서 이리저리 방황했던 이상한 나라의 엘리스처럼 될 수 있다.

비전에는 명확성도 필요하다. 비전이 애매모호하면 직원들은 서로 다른 해석을 하게 됨으로써 비전을 달성하기 위한 전략이 제각각으로 달라진다. 또 직원이나 관계자를 이해시키기 위해 많은 시간과 비용을 소모하게 된다. 따라서 비전은 명확하면서도 간결해야 한다.

비전에는 포괄성도 필요하다. 이를 위해 '기업이 궁극적으로 지향하는 곳은 어디인가?', '목적지에 도달키 위해 필요한 주요 성공요인은 무엇인가?', '목적지에 도달하는 방법은 분명한가?', '제품혹은 서비스가 경쟁사와 어떻게 차별화되어 있는가?'라는 질문을 해보아야 한다.

비전은 당연히 실현 가능해야 한다. 아무리 훌륭한 비전이라도 실현이 어렵다면 말장난에 불과할 뿐이다. 실행하지 않으면 아무

일도 일어나지 않는다.

비전을 달성하기 위한 구체적인 실행계획

목표의 중요성을 설명할 때 자주 거론되는 예가 하버드대학교 졸업생들의 이야기이다. 1979년 하버드대학교 경영대학원 졸업생을 대상으로 '명확한 장래 목표와 그것을 성취할 계획이 있는가?'라는 설문조사를 한 적이 있었다.

이 질문에 졸업생의 3%만이 목표와 계획을 세웠으며 그것을 기록해 두었다고 응답했고, 13%는 목표는 있으나 그것을 종이에 직접 기록하지는 않았다고 했다. 나머지 84%는 여름휴가 계획 외에는 아무런 계획이 없다고 대답했다.

그로부터 10년 후인 1989년, 연구자들은 10년 전의 졸업생을 대상으로 다시 한 번 조사했는데, 그 결과 아주 놀라운 사실을 발견했다. 목표는 있었지만 기록하지 않았던 13%는 목표가 전혀 없던 84%의 학생들에 비해 평균 수입이 두 배 이상이었고, 명확한 목표와 계획을 세우고 그것을 구체적으로 기록했던 3%의 졸업생들은 84%의 졸업생보다 소득이 평균 열 배 정도나 많았기 때문이다.

이들 집단 간에는 학력이나 능력의 차이는 거의 없었다. 다만, 목표를 세웠느냐 그렇지 않았느냐의 차이만 있었을 뿐이다. 목표는 그만큼 중요하다.

방향감각을 부여케 만드는 목표는 그것을 향해 나아갈 수 있도록 힘을 집중시키게 해준다. 자신이 보유하고 있는 시간, 체력, 경제력 등의 한정된 자원을 집중해서 사용할 수 있도록 함으로써 불필요한 시간 낭비를 최소화하도록 해주는 것이다.

반면, 목표가 없는 사람은 그때그때 흥미로운 일이나 외부로부터 예고 없이 주어지는 일에 자신의 한정된 자원을 낭비하게 되고, '나와 맞지 않아!', '내 체질이 아니야!', '흥미가 식었어!' 등의 그럴듯한 이유로 또 다른 대상을 찾는 악순환을 되풀이한다. 그리고 이런 악순환은 자신이 가진 자원을 모두 소진할 때까지 계속된다.

목표(Goal)는 비전(Vision)을 달성하기 위한 구체적인 실행계획이다. 그래서 비전보다 구체적이어야 하는데, 목표가 의미를 가지려면 SMART해야 한다.

SMART란 구체적이고(Specific), 측정 가능하며(Measureable), 행동 지향적이고(Achievable), 현실적이며(Realistic), 적시성(Time-Bounded)이 있어야 한다는 뜻이다. 목표를 정하고, 목표를 분명히 하는 것이 성공의 첫걸음이다. 목적지 없는 비행기를 타본 적이 있는가? 없다. SMART로 표현되는 구체적인 계획은 목표로 이끄는 지도이자 설계도이다.

4

외부를 통한 혁신,
오픈 이노베이션

혁신에 필요한 것을 외부에서 찾는다

기업이 독자적으로 진행한 기술혁신의 유효기간이 짧아진 데다 투자금액도 회수 안 된 상태에서 경쟁기업이나 신생기업이 새로운 제품과 서비스를 출시한다. 게다가 점점 똑똑해진 소비자와 공급자는 지속적으로 회사의 이익을 빼앗아간다. 전 세계가 하나의 경제권으로 묶이면서 글로벌 기업과의 경쟁도 피할 수 없는 일이 되었다. 이쯤에서 기업들의 다른 고민이 시작된다.

지식의 풍요로움을 경험하게 되면서 기업의 독자적인 기술혁신 시도에 한계점을 맞이하고 있다. 검색 몇 번으로 중국의 제조업체

비즈니스 모델을
혁신하는
5가지 길

를 찾아낼 수도 있고, 공공기관에서 연구한 논문과 저널에도 손쉽게 접근할 수 있다. 경쟁의 양상도 바뀌었다. 아날로그 시대의 경쟁은 승자와 패자로 구분되는 1:1 싸움이었으나 지금은 네트워크 대 네트워크로 경쟁이 다양화되고 복잡해졌다. 단순 조립시대에서 부품 간의 연결과 상호작용이 중요한 시대로 접어들면서 다양한 분야와의 융합이 중요해진 것이다.

예를 들면 이렇다. 미국 P&G그룹의 섬유 탈취제 페브리즈, 화장품 SK-Ⅱ 등은 자체 기술이 아닌 외부의 기술을 도입해 개발한 성공적인 상품이다. 일본의 리버 일레텍(River Eletec)은 애플의 아이폰과 캐논 카메라에 미세 수정진동자를 제공하고 있다. 삼성전자 스마트폰 등에 사용되는 S펜은 일본 기업 와콤에서 제작했다. 이처럼 기업이 필요로 하는 기술과 아이디어를 외부에서 조달하는 한편, 내부 자원을 외부와 공유하면서 새로운 제품이나 서비스를 만들어낸다.

아웃소싱이 한쪽 방향으로 역량이 이동하는 것이라면 오픈 이노베이션은 기술이나 아이디어가 기업 내외의 경계를 넘나들며 기업의 혁신으로 이어지도록 한다. 기업에는 5% 성장은 없지만 30% 성장은 가능하다는 말이 있다. 바로 그 30% 성장은 혁신에서 비롯된다. 늘 폐쇄적이던 기술의 개발단계를 개방형으로 바꾸면서 새로운 시장, 새로운 기술을 받아들이는 행위가 혁신의 또 다른 모습이다. 모든 것을 기업 혼자만의 기술과 능력으로 해결하려는 NIH(Not Invented Here) 신드롬에서 벗어나야 한다.

개방형 기술혁신 또는 오픈 이노베이션은 '안으로 열린 혁신'과 '밖으로 열린 혁신'으로 구분된다.

안으로 열린 혁신은 대학이나 연구기관과 공동으로 기술을 개발하거나 기술을 개발 중인 벤처기업에 투자하는 방법 등을 의미한다. 대표적인 사례로 유한양행을 들 수 있다. 유한양행은 자체 기술 플랫폼으로 개발하기보다는 강소 바이오벤처 등과 협업해 유의미한 성과를 내는 데 주력하고 있는데, 이는 결국 유한양행이 글로벌 제약시장에 진출하는 초석을 다지는 계기가 되었다는 평가를 받는다.

밖으로 열린 기술혁신은 회사 내 방치된 기술을 라이센스 형태로 제공하거나 특정 분야를 따로 기업체로 떼어내는 분사화 등을 의미한다. 이를 통해 새로운 시장을 창출하면서 기술의 가치를 높일 수 있다. 매출 1조 원 기업에게 100억 원의 시장규모는 매력 없는 사업이지만 창업 멤버 5명으로 구성된 스타트업에게 100억 원 시장규모는 충분히 도전해 볼 만한 일이다.

물론, 오픈 이노베이션의 '상호 신뢰'라는 기본 전제가 있어야 한다. 기술이나 개발계획 등의 공개는 지식재산권과 관련이 있기 때문이다. 상호 신뢰를 통해 좀 더 발전된 형태의 제품 개발이 가능하다고 입증된다면 개방형 기술혁신은 더욱 가속도가 붙을 수밖에 없다.

전통적으로 경제학자들은 개방형 기술혁신은 바람직하지 않다고 생각해 왔다. 기업에서 연구개발을 통해 만든 기술혁신 관련 지식이 외부에 개방되면 기술혁신에 따른 기대수익이 감소해 결국에는 투자 감소로 이어진다고 보기 때문이다. 그런 이유로 대부분의 국가는 일정 기간 동안 발명자에게 시장에서의 독점적 지위를 인정하는 지식재산권 제도를 운영한다. 이러한 권한이 기술혁신에 필요한 투자를 증가시키며 선순환으로 이어져 사회에 더 많은 혜택을 주게 된다고 본 것이다.

그러나 이제 기업들은 낮은 가격으로 질 높은 제품을 생산해야 하고, 고객이 필요로 하는 시기에 빠르게 공급해야만 한다. 산업이나 제품의 수명주기는 점점 짧아지고 기술혁신에 대한 압박은 더욱 커져만 간다. 또 고객의 수요는 다양해지며 구체화되고 있다. 따라서 기술혁신의 방향은 결국 고객 지향적이면서 개방적으로 바뀔 수밖에 없다. 이러한 시대에 기업이 단독으로 기술혁신에 필요한 정보나 지식을 습득하기에는 한계가 있다. 필요한 지식이나 노하우를 외부에서 조달하는 방법을 강구해야 한다.

내부뿐만 아니라 외부를 통한 혁신이 필요한 또 다른 이유는 기술혁신을 둘러싼 환경이 급변하고 있기 때문이다. 기계와 기계가 연결되는 사물인터넷(IoT), 공간정보를 디지털화하는 LBS, 클라우드, 빅데이터, 웨어러블(IoB), SNS로 대변되는 디지털화 기술과 인간을 위한 서비스 디자인, 가상정보를 물질화하는 3D 프린터와 로봇기술, 가상정보를 현실화하는 증강가상현실, 분산화된 신뢰와 거래를 위한 블록체인 핀테크, O2O 동기부여에 필요한 게임화, 반복되는 공통역량을 공유할 수 있는 플랫폼 등이 모든 산업과 기업을 해체하면서 재정의하고 있다. 기업 혼자서는 모든 것을 하기 어려운 시대가 된 것이다.

컨소시엄 형태로 비즈니스를 혁신한 사례로는 '루터란 종합 어린이 병원'을 들 수 있다. 이 병원에서는 아이들이 MRI 촬영 시 공포심을 느껴 촬영시간이 길어지는 운영의 비효율성 문제를 해결하기 위한 프로젝트를 진행했다. 컨설팅을 의뢰받은 필립스사는 외부 인문학자 등을 통해 그 이유가 MRI에 대한 소음보다는 MRI에 대한 무경험이 더 크기 때문이라는 사실을 밝혀냈다. 이 결과를 바탕으로 병원은 대기실에 미니 스캐너를 설치해 아이들이 스캐너에 장난감 등 물건을 넣으면 애니메이션 영상이 나오게 하는 방식으로 촬영을 미리 체험해 볼 수 있도록 했다. 또 촬영장 천정과 벽면에 아이들이 심리적으로 안정감을 느낄 수 있는 영상 및 음향을 설치했다. 그렇게 외부 전문업체, 인문학자 등과 협력해 의료환경을 혁신했다.

이 같은 오픈 이노베이션의 활용범위는 더욱 커지고 있다. 혁신에 대한 구체적인 개발, 크라우드 펀딩, 영업망과의 연계 및 활용, 투자 대상 발굴 및 투자, 교육, 훈련 등 활용 목적 및 범위도 매우 다양하다. 그리고 이처럼 활용범위가 매우 다양해지는 만큼 향후 네트워크 혹은 공동체를 활용해 혁신활동에 활용하는 사례가 크게 증가할 가능성이 높다.

비즈니스 모델을
혁신하는
5가지 길

오픈 이노베이션의 4가지 모형

오픈 이노베이션을 도입하기 전에 고려해야 할 사항은 첫째, 정해진 사람만 참여시킬지 누구나 네트워크에 참여할 수 있도록 할지를 결정하는 일이다. 둘째는 의사결정 방법을 수직적으로 할지 수평적으로 할지에 관한 일이다. 이러한 관점에서 접근이 가능한 협력 네트워크 모형은 크라우드소싱, 혁신공동체, 집단지성, 컨소시엄으로 구분된다.

크라우드소싱(Innovation Mall)은 킥스타터, 크몽, 라우드소싱 등이 활용하고 있는 방법으로, 기업이 문제를 공개해 누구든 그에 대한 해결책을 제안할 수 있게 한 후, 기업은 그중 최적의 방안을

		의사결정 구조	
		수직적	수직적
참여방식	개방형	크라우드소싱 • 기업이 문제를 공개하고 누구든 그에 대한 해결책을 제안할 수 있으면 기업은 그중 최적의 방안을 선택하는 네트워크 • 예) 킥스타터, 크몽, 라우드소싱 등	혁신공동체 • 누구나 문제를 제안하고, 해결책을 제시하며, 어떤 해결책을 선택할지 결정할 수 있는 네트워크 • 예) 리눅스 오픈소스 소프트웨어 커뮤니티
	폐쇄형	집단지성 • 기업 측에서 네트워크 참여자를 선택하고, 문제를 정의하며, 해결책을 선택하는 방식 • 예) 전 세계 350명 이상의 디자인 전문가를 활용하는 알레시	컨소시엄 • 비공개 그룹의 형태로 참가자들이 모여 문제해결 방안을 모색하고 결정하는 방식 • 예) 루터란 종합 어린이 병원과 필립스사의 의료환경 개선

협력 네트워크 모형

선택하는 네트워크 방식을 말한다. 이 크라우드소싱은 개방형이지만 수직적 의사결정 구조를 가진다.

혁신공동체(Innovation Community)는 리눅스 오픈소스 소프트웨어 커뮤니티가 대표적인 예로 누구나 문제를 제안하고, 해결책을 제시하며, 어떤 해결책을 선택할지까지 결정할 수 있는 네트워크 방식이다. 이 방식은 개방형이면서 수평적 의사결정 구조를 가진다.

집단지성(Elite Circle)은 전 세계에서 350여 명 이상의 디자인 전문가를 활용하고 있는 회사 알레시처럼 기업 측에서 네트워크 참여자를 선택하고, 문제를 정의하며, 해결책을 선택하는 방식이다. 집단지성은 폐쇄형이면서 수직적 의사결정 구조를 가진다.

컨소시엄(Consortium)은 루터란 종합 어린이 병원과 필립스가 의료환경을 개선한 것처럼 비공개 그룹의 형태로 참가자들이 모여 문제의 해결방안을 모색하고 결정하는 방식이다. 컨소시엄은 폐쇄형이면서 수평적 의사결정 구조를 가진다.

산업 간의 장벽은 이제 큰 의미가 없다. 생산자, 사용자, 관련 전문가, 이해 당사자들이 참여하는 개방형 기술혁신을 고민해야 한다. 혁신에 대한 아이디어의 발굴, 조직 간 기술이전이나 지식 교류, 기술혁신 사례나 경험담의 공유, 공통의 목적을 가진 집단 간의 협력, 타 분야의 지식 및 기술에 대한 접목 등을 통해 개방형 기술혁신을 도입해야 한다. 물론, 개방형 기술혁신의 출발점은 기술혁신에 관여하는 다양한 집단 간의 상호협력에 있다.

어느 기업이나 변화의 필요성은 느끼지만 어떻게 변화할 것인지가 문제이다. 그렇다고 지금까지의 자신을 부정하고 백지에서 새롭게 출발할 수도 없는 노릇이다. 이러한 딜레마를 해결해 나가고 있는 기업으로 GS홈쇼핑을 들 수 있다. GS홈쇼핑은 외부의 혁신을 기업 안으로 가져와 기업 내부전략과 비전에 맞춰 혁신을 주도하고 있다. 특히 스타트업 생태계의 힘을 빌려 혁신을 시도한다.

다행히 GS홈쇼핑은 영화감상평을 모아 이용자들에게 제공하는 '버즈니'와 인테리어 상품을 판매하는 '텐바이텐' 등에 투자한 경험이 있었는데, 여기에 실리콘밸리 등 해외 스타트업 생태계를 벤치마킹해 최적화된 혁신 프로세스를 만들어냈다.

기존 사업부들은 모두 각자의 영역에서 극심한 경쟁에 노출되다 보니 외부 변화를 감지하고 이에 대응할 여유가 없었다. 이에 스타트업, 은행, 컨설팅 업체, 대기업 등에서 다양한 경력을 가진 외부 전문가 70%와 기존 사내 담당자 30%로 새로운 팀을 만들었다. 이렇게 만들어진 팀은 GS홈쇼핑과 직접적인 시너지 효과를 낼 수 있는 전자상거래 분야뿐 아니라 전자책 유통 플랫폼 '탭온북스', 중고차 거래 애플리케이션 '헤이딜러', 관심사 기반 SNS 서비스 '빙글', 실내 공기 품질 측정 사물인터넷 '비트파인더', 동호회 기반 간편 송금 서비스 '기프트업' 등에 투자했다. 국내 업계 최초로 해외시장에 진출했고, 인도 및 태국, 중국, 베트남, 인도네시아, 말레이시아, 러시아 등에서 현지 사업자들과 공동 투자로 합작법인을 세웠다.

효율성을 담보하는 프로세스로 이미 충분한 수익을 내는 기업에서는 혁신이 일어나지 않는다. 기업 내부에서 새로운 비즈니스 모델을 만들고 검증을 거쳐 스케일업하기까지 오랜 시간이 걸리고 위험부담이 따르기 때문이다. 또 기업 내부의 조직변동도 중요한 변수이다. 대표이사와 같은 의사결정자가 교체되면 지금까지 진행된 혁신활동은 주춤해질 수밖에 없다. 그리고 다시 새로운 시도를 하다 보면 또다시 의사결정자가 바뀌는 악순환이 일어난다. 이런 경험이 내부적으로 학습되면 복지부동하게 되는데, GS홈쇼핑에서 볼 수 있는 것처럼 구조적인 한계 때문에 내부에서 혁신이 어려운 기업은 외부에서 혁신을 시도해야 한다.

5

벤치마킹을 멈춰야
해법을 찾을 수 있다

벤치마킹은 서로를 닮아가는 것일 뿐

벤치마킹은 문제점을 찾고 개선점과 혁신방안을 찾을 때 가장 먼저 떠오르는 방법론이다. 벤치마킹은 강력한 학습 툴이 될 수 있으며 비용 절감, 생산성 향상, 고객 니즈에 맞는 상품과 서비스 개발 등에 효과가 있다. 그런 이유로 비즈니스 모델 수립, 사업전략, 제품 개발, 마케팅 활동 등 기업의 경영활동 전반에서 활용되고 있다.

그러나 생각만큼 쉽지 않다는 점을 알아야 한다. 벤치마킹하려는 기업의 환경을 분석하고 우리에게도 적용될 수 있는지 냉정히 분석해 보아야 한다. 밴치마킹은 우리 조직에 어떻게 적용할 수 있을지 충분히 분석하고 고려한 뒤 진행해도 결코 늦지 않은 방법이다.

벤치마킹은 특정 기업만의 차별화된 전략이 되기에는 많은 한계가 있다. 단순한 베끼기가 아닌 핵심가치가 내부화되어야 하기 때문이다. 벤치마킹으로 찾은 방법들은 외형에 불과하다. 본질은 외형에 있는 게 아니라 직원 개개인이 관심을 갖고 적극적으로 참여하는 조직문화에 있으며, 성공하려면 기업이 추구하는 본질을 파악하고 이를 변형해 적용하는 작업이 필요하다.

또 벤치마킹은 기업이 가진 차별점을 심각하게 훼손시킬 수도 있다. 모든 일에는 초과수요가 있어 누구에게 맡겨도 그만인 일은 보다 젊고 유능한 사람들이 대신하게 된다. 그런 면에서 우리 기업을 대체할 수 없는 전문영역으로 확장시켜야 지속적인 성장이 가능하다. 그러려면 기업이 가진 지식과 노하우에 경생력이 있어야 한다.

진정한 성공은 몰입하고 집착하는 기업에게 돌아간다. 이것저것 다 하려고 하면 정작 아무것도 이루지 못한다. 팔방미인이 되고자 하는 사람이나 팔방미인을 원하는 기업은 비범함에서 보상이 나온다는 사실을 간과해서는 안 된다. 사람들이 전문의를 찾는 이유는 병을 예측하거나 진단하는 일이 어렵기 때문이다. 실력 있는 컨설턴트를 찾는 이유도 기업의 문제점을 정확히 진단하고 대안을 제시하기 때문이다. 모든 것을 잘하려고 하기보다 한 분야에

비즈니스 모델을
혁신하는
5가지 길

서 차별화된 기업이 되었을 때 생존이 쉬운 법이다.

벤치마킹의 또 다른 문제점은 새로운 관점으로 접근하는 기업에게는 대응할 수 없다는 점이다. 택시업은 우버에 의해, 숙박업은 에어비엔비에, 금융업은 카카오뱅크에 의해 재편되고 있다. 1900년대 초에 마차를 운영하는 사업자들은 '더 빠르고 편리한 마차'를 만들기 위해 노력했지만, 핸리 포드는 컨베이어 시스템을 중심으로 제품의 표준화, 부품의 단순화, 작업의 전문화를 시도해 자동차의 대중화를 가져왔다. 마차 사업자들은 개선이 아닌 혁신을 해야 했는데 그러지 못했다. 시장 상황이 어떻게 돌아가는지 앞을 내다보고 스스로를 파괴할 수 있어야 한다. 기술의 발전과 사회통념의 변화로 혁신은 점차 공격적으로 변화하고 있다. 소비자들의 요구사항은 획일화되지 않고 점점 다양해져 간다. 소비자들의 요구사항에 맞춰 기업도 혁신을 해야 수익을 만들어낼 수 있고 성장도 할 수 있다.

누구도 경험해 보지 못한 새로운 미래가 오고 있다. 미래는 현실과 사실에 직시한 사고보다는 꿈으로 만들어진다. 그런데도 많은 기업들은 과거의 데이터로 미래를 예측한다. 확실한 걸 찾기 위해서는 과거를 볼 수밖에 없다. 하지만 논리로 이루어진 정보는 누구도 경험해 보지 못한 시대를 바라보는 데 방해가 될 수 있다는 사실도 직시해야 한다. 소니의 워크맨, 애플의 아이폰 등은 사활을 건 시장조사 끝에 나온 결과물이 아니다. 획기적인 제품 뒤에는 항상 꿈이 있었다. 비록 힘든 과정을 필요로 하지만 꿈이 현실을 만들어낸다.

비즈니스 전략은 왜 비슷해질까?

시간이 흐르면 기업의 전략은 전형적인 패턴을 따르게 된다. 이를 '중심 경향성(central tendency)'이라고 한다. 마켓컬리가 시작한 새벽 배송에 쿠팡, 동원F&B, 헬로네이처 등이 뛰어들면서 새벽 배송이 일반화된 게 그 예이다. 실제 성공적인 비즈니스 모델은 창의력이 부족한 기업들에게 벤치마킹의 대상이 된다. 플랫폼 비즈니스를 꿈꾸는 기업 중에 배달의민족을 모방하고 싶어 하지 않는 기업은 없으며, 제조업체 중에 도요타자동차의 린 생산방식을 부러워하지 않은 기업도 없을 것이다.

하나의 산업에서 비즈니스 전략이 '중심 경향성'을 보이는 이유는 모두가 동일한 방식으로 경쟁을 바라보기 때문이다. 동일한 방식으로 산업을 정의하고, 시장을 세분화하고, 벤치마킹을 하다 보니 전략이 비슷해질 수밖에 없다. 똑같은 전시회에 참석하고, 똑같은 신문과 잡지를 구독하고, 업계에 있는 동일한 전문가의 말에 주의를 기울이니 똑같은 결과를 맞이하게 되는 건 어쩌면 당연한 일이다.

전략이 비슷해지는 또 다른 이유 중 하나는 아웃소싱이다. 기업

비즈니스 모델을
혁신하는
5가지 길

은 내부적으로 즉시 획득하기 어려운 전문성이나 역량을 확보하기 위해 아웃소싱을 활용한다. 아웃소싱을 활용하면 잠재력 있는 인재풀에 광범위하게 접근할 수 있고, 그들의 복리후생을 부담할 필요도 없다는 장점이 있다.

그러나 단순한 비용 절감을 목표로 하는 아웃소싱은 실패로 이어질 가능성이 높다. 애플은 생산시설 없이 중국 등 인건비가 싼 조립공장에서 대부분 제품을 제조하는 '글로벌 아웃소싱' 정책을 유지하지만 연구개발과 마케팅 등 핵심역량은 아웃소싱을 하지 않는다. 폭스콘 등 조립업체들이 단가를 올려 달라며 집단행동에 나서고, 미국에서도 일자리 문제가 쟁점화되며 애플에 대한 비판이 거세지고 있음에도 애플만의 방식으로 경쟁우위를 극대화하고 있다.

또 오프라인 매장을 토대로 성장해 온 유통기업들이 몰락하는 것과 달리 월마트는 꾸준히 성장하고 있다. 그것은 오프라인에서 온라인으로 패러다임 전환이 진행되던 초기에 월마트만의 게임의 방식을 도입함으로써 가능했다. 절대강자로 성장한 아마존이 버티고 있는 온라인이 아니라 월마트에게 절대적으로 유리한 오프라인으로 경쟁의 판을 이동시킨 것이다. 그리고 '디지털을 도구로 한 오프라인 혁신'을 세부 전술로 하고 '온라인 플랫폼' 개발, 'IT 기술 내재화'를 추진했는데, 이는 온라인에 대한 경쟁력은 단계적으로 향상시켜 나가면서 먼저 온·오프라인 연결을 통한 오프라인 경쟁력을 강화하고자 하는 전략이었다.

월마트의 장점이 빛을 발할 수 있었던 이유는 경쟁사가 흉내 내기 힘든 무궁무진한 결정들의 연결 덕분이다. 예를 들면 이렇다. 월마트의 슬로건인 "매일 저렴한 가격"과 그에 수반하는 "할인판매 안 하기" 전략은 다른 업체들도 얼마든지 따라 할 수 있는 것들이지만, 할인판매와 판촉활동은 대부분의 소매업체에서는 엄청나게 중요한 역할을 하기 때문에 월마트를 따라 하기는 생각처럼 쉽지 않다.

게다가 월마트는 월말 재고정리를 안 해도 된다. 정교한 IT 시스템 덕분에 처음부터 물건을 많이 쌓아놓고 영업할 필요가 없고, 남는 물건이 많지 않으니 할인판매도 할 필요가 없다. 더 나아가 매장에 로봇을 적극 도입하고 있다. 트럭에서 제품 하역을 돕는 컨베이어 벨트 수준의 기계를 먼저 도입한 데 이어 바닥 청소와 재고관리까지 로봇이 도맡고 있다.

바코드 스캐너, 적시 조달 시스템, 재고관리 등의 시스템 또한 여러 가지 요소가 상호 보완적이면서 통합된 형태이다. 구조, 정책, 행동은 일관성을 이루고 있으며, 각 요소는 다른 요소에 맞게 특화되어 있다. 개별 요소만 따로 모방해서는 월마트와 같은 결과를 얻을 수 없다는 말이다. 이는 모든 산업에서 공통으로 나타나는 현상이다.

전략의 요소만 부분적으로 모방하는 행위로는 별다른 혜택을 안겨주지 못한다. 전반적인 설계가 필요하다. 그 외에도 선점효과, 비용우위의 정량화, 학습에 따른 역량 강화, 리더십의 기능,

시장 확대 등이 함께 다루어져야 한다.

사람들은 종종 비즈니스의 성공은 다른 어떤 요인보다 더 나은 의사결정에 달려 있다고 믿는다. 하지만 월마트의 사례를 분석해 보면 이러한 믿음이 틀릴 수 있음을 알게 된다. 월마트가 성공을 거둘 수 있었던 이유는 경쟁업체보다 더 나은 결정을 내렸기 때문이 아니라 다른 소매점들이 월마트의 전략을 모방하기가 힘들다는 데에 있다. 60년 가까이 지속적인 성공을 거두고 있는 이유도 그들이 내린 결정들이 유기적으로 너무나도 잘 연결되어 있음으로써 가능했다. 겉으로 보이는 한두 가지를 모방한다고 해서 달성할 수 있는 수준이 아니라는 사실을 알아야 한다.

질문을 바꿔야 새로운 통찰이 나온다

신문이 어려워진 이유는 온라인 신문 때문일까? 온라인 매체가 어려워진 이유는 검색포털이 트래픽을 점유하고 있기 때문일까? 종이책을 읽지 않는 이유는 스마트폰 때문일까? 이에 대한 해답을 찾으려면 각각의 제품과 서비스가 없어졌을 때 사람들이 무엇을 할지 생각해 보면 된다.

새로운 형태로 질문을 바꿔보자. 온라인에서 기사를 읽지 못하게 되면 종이 신문을 구독하게 될까, 아니면 아무것도 읽지 않을까? 온라인 매체가 검색포털에 콘텐츠를 내보내지 않으면 해당 사이트에 접속해서 콘텐츠를 이용할까, 아니면 다른 콘텐츠를 이용하게 될까? 손에 쥐고 있는 스마트폰을 빼앗으면 책을 읽게 될까, 아니면 다른 방식으로 시간을 보내게 될까? 이처럼 질문의 형태를 바꿔야 새로운 통찰을 얻을 수 있다.

새로운 해석과 통찰로 성장하고 있는 산업이 엔터테인먼트 사업이다. 음악을 무료로 다운로드할 수 있었던 소리바다가 나왔을 때 대부분의 음반회사들은 저작권 침해에 대응하는 방식으로 문제를 해결하려고 했다. 해적행위로 인해 음반이 판매되지 않고, 음반이 판매되지 않으면 기업의 수익성이 낮아진다고 판단한 결과였다. 그렇다면 혹 다른 방법으로 문제를 해결할 수는 없었을까?

우려와는 달리 엔터테인먼트 기업들은 새로운 형태로 문제를 해결해 나가고 있다. SM, JYP, YG 등 엔터테인먼트 기업의 주요 수익원은 음원판매보다는 국내외 콘서트에서 발생한다. 더 나아가 외식업, 뷰티, 패션, 게임 등으로 사업의 영역을 확장하고 있다. 물론, 소속 연예인의 열애설, 사고, 마약류 복용과 같은 리스크가 존재한다. 게다가 비즈니스마다 속성이 달라 연예인 콘텐츠만으로는 다양한 영역으로의 사업 확장도 쉽지 않다. 하지만 이런 부정적인 연결 관계에 매몰되지 않고 긍정적인 연결 관계를 이용하고 있다는 점에서 시사하는 바가 크다.

음악 산업이 부활한 이유는 소리바다와 싸워 이겨서가 아니다. 음원 가격을 대폭 올린 것도 아니다. 음악 산업의 성장요인은 콘서트와 같은 공연수익, 화장품 회사와의 협업 상품 출시 등 보완적인 비즈니스를 찾아냈기 때문이다. 비즈니스의 경계를 좁게 한정 짓지 않았기에 가능한 일이었다. 이와 같이 성장과 혁신은 더 나은 기술이나 콘텐츠가 아니라 더 좋고 더 저렴한 보완재를 제공했을 때 나오기도 한다. 제품과 서비스 간 연결 관계에서 성장과 혁신이 나온다는 뜻이다.

제품 간의 연결 관계라는 아이디어로 성공한 사례로 〈미슐랭 가이드〉를 들 수 있다. 〈미슐랭 가이드〉는 프랑스 타이어 회사 미쉐린(michelin)이 발간하는 여행 안내서와 레스토랑 평가서다. 출발은 1900년에 맛집과 숙박시설에 대한 정보의 무료 제공이었다. 당시만 해도 맛집과 숙박시설에 대한 정보가 없어 〈미슐랭 가이드〉의 정보는 매우 유용했다. 〈미슐랭 가이드〉를 통해 더 많은 사람들이 맛집과 숙박시설을 찾게 되었고, 운전으로 이동하는 거리만큼 타이어의 마모도 증가했다. 실제 〈미슐랭 가이드〉의 발간과 함께 미쉐린타이어는 급성장했다. 제공하는 제품과 경쟁환경을 더 발전적이면서 더 넓게 생각했기 때문에 가능한 일이었다. 〈미슐랭 가이드〉에 대한 평가는 분분하지만, 관광객 유치와 미식산업 발전에 큰 영향을 미쳤으며 미쉐린의 브랜드 가치가 올라가면서 더 많은 타이어 판매로 이어진 것만큼은 사실이다.

기업들 대부분은 새로운 기술이 나오고 강력한 경쟁자가 진입하면 부정적인 방법으로 문제를 해결하려 든다. 우버의 등장에 택시

회사들이 관련 법령을 강화하려는 형태로 대응하는 게 그 예이다.

그러나 관점을 바꿔 제품 간의 연결 관계를 받아들인다면, 대체재가 아니라 보완재로 해석한다면 다양한 기회를 접할 수 있다. PC방은 컵라면과 과자류 판매로 돈을 번다. 영화관은 티켓 판매 외에 팝콘 판매로 돈을 번다. 가수들은 유튜브에 무료로 음원을 공개한 후 공연으로 돈을 번다. 이처럼 핵심 제품을 보완재로 해석하려는 노력이 새로운 통찰을 준다.

기존 제품과 서비스를 방어하는 방식으로는 문제가 해결되지 않는다. 법적인 수단과 같은 부정적인 연결 관계보다는 그 너머에 존재하는 긍정적인 연결 관계를 찾아 새로운 가치를 만들어내야 한다. 그리고 부정적인 연결 관계라고 받아들였던 것들이 종종 긍정적인 연결 관계가 되기도 한다. 유튜브에서 무료로 음악을 들을 수 있게 되면서 더 많은 사람들이 콘서트장을 찾는 것처럼 말이다.

마치는 글

하나의 상품과 기술로 비즈니스를 정의하기 어려운 시대로 접어들었다. 예를 들면, 한국야쿠르트는 야쿠르트 아줌마 채널과 애플리케이션을 통해 국과 반찬 등을 원하는 날짜에 원하는 장소로 배달해 준다. 그렇다면 이를 반찬 전문점으로 볼 것인가, 배달업으로 볼 것인가, IT 기업으로 볼 것인가?

질문을 바꿔야 새로운 통찰이 나온다. 종이 신문이 어려워진 이유는 네이버 때문이 아니다. 대형마트가 어려워진 이유는 쿠팡 때문이 아니다. 종이책을 읽지 않는 이유는 스마트폰 때문이 아니다. '디지털화', '연결', '공유', '개인화', '글로벌화' 등으로 비즈니스 모델 자체가 변화되고 있기 때문이다.

문제는 비즈니스 모델 혁신의 방향성을 잡기가 쉽지 않다는 점이다. 크리스텐슨의 저서 《혁신기업의 딜레마》에서 다루는 것처럼 고객의 목소리를 경청하고, 새로운 기술에 공격적으로 투자하고, 시장 동향을 면밀히 살피는 '좋은 경영'이 오히려 기업을 위태롭게 할 수 있다.

누구도 경험해 보지 못한 새로운 시대가 오고 있다. 미래는 현실과 사실에 직시한 사고보다는 꿈으로 만들어진다. 이를 위해서는 새로운 관점의 혁신(革新)이 필요하다. 혁신은 '가죽 혁(革)'과 '새로울 신(新)'으로 구성된 단어이다. 기존과 같이 사용 편의성을 개선하고 생산성을 향상시키는 작업이 아닌, 글자 그대로 가죽을 벗겨내는 고통을 이겨내야 한다.

그렇다면 어떻게 비즈니스 모델을 혁신할 것인가? 이에 대한 방법론으로 본 도서에서는 비즈니스를 혁신하는 5가지의 길, 즉 '5BM-Innovation Ways'라는 개념을 제안하고 있다. 이는 비즈니스 모델 혁신을 '① 경쟁으로 바라볼 것인가?, ② 비경쟁으로 바라볼 것인가?, ③ 기업 중심의 내부혁신을 할 것인가?, ④ 고객 중심의 경험을 혁신할 것인가?, ⑤ 그리고 이 모든 것이 통합적으로 맞물려 있는 비즈니스 모델 관점으로 혁신할 것인가?'로 구성되어 있다.

비즈니스 모델에 대한 방향성을 이렇게 5가지의 길로 표현했지만, 개별적인 선택이라기보다는 전체를 아우르는 비즈니스 모델 관점으로 바라보아야 한다는 게 주요 취지이다. 기업에게 비즈니스 모델 관점의 사고가 필요한 이유는 프로세스와 연결되어야 하기 때문이다. 어떻게 실행할 수 있을지를 고려하지 않고 새로운 것만을 발견하는 창의성은 무의미한 활동이다. 반대로 지금 당장 할 수 있는 것에만 집중한다면 기업의 미래는 불투명하다고 볼 수 있다.

이 책《비즈니스 모델을 혁신하는 5가지 길(5BM-Innovation Ways)》은 비즈니스 모델 혁신에 대한 다양한 시각을 하나의 프레임으로 담아낸 책이다. 언제나 그렇듯 하나의 책을 세상에 내놓는 일은 쉽지 않다. 특히《비즈니스 모델을 혁신하는 5가지 길》은 더욱 힘든 여정이었다. 주제 자체가 광범위하기도 했지만, 어떤 시각으로 바라보느냐에 따라 해석이 달라질 수도 있어 내용 하나하나가 아주 조심스러웠다.

잘 알기 때문에 쓴 게 아니라 모르기 때문에 쓰기 시작했다는 표현이 맞을 것이다.《비즈니스 모델을 혁신하는 5가지 길》을 써오는 과정은 쉽지 않았지만 모르는 것을 알아가는 재미있는 과정이었으며, 안다고 생각했던 것의 깊이가 얼마나 얕았는지를 반성하는 과정이기도 했다. 누군가에게는 이미 다 아는 내용일 수도 있고, 누군가에게는 논리의 비약으로 비치는 부분이 있을 수도 있다. 그럼에도 용기를 갖고《비즈니스 모델을 혁신하는 5가지 길》을 세상에 내놓는 이유는 아무것도 하지 않으면 아무 일도 일어나지 않기 때문이다.

기업이 놓여 있는 상황이 달라 정형화된 해답을 말해 줄 수는 없지만, 비즈니스 모델을 혁신하고자 하는 기업들에게 큰 틀의 방향성은 제시해 줄 수 있으리라 기대한다. 창의적인 지식과 경험으로 새로운 길을 찾고자 하는 기업과 개인에게 작으나마 도움이 되었으면 좋겠다.

은종성